James Ferguson

Die Astronomie nach Newtons Grundsätzen

erklärt faßlich für die, so nicht Mathematik studieren

James Ferguson

Die Astronomie nach Newtons Grundsätzen
erklärt faßlich für die, so nicht Mathematik studieren

ISBN/EAN: 9783743686489

Hergestellt in Europa, USA, Kanada, Australien, Japan

Cover: Foto ©ninafisch / pixelio.de

Weitere Bücher finden Sie auf **www.hansebooks.com**

Die Astronomie

nach

Newtons Grundsätzen

erklärt;

faßlich für die, so nicht Mathematik studiren.

Nebst einem Anhange

vom Gebrauch der Erd= und Himmelskugel,

von Herrn J. Ferguson.

Aus dem Englischen mit einigen Zusätzen
von
M. A. J. Kirchhof.

Zwey Theile.

Neue vermehrte Auflage.

Mit Kupfern.

Berlin und Stettin,
bey Friedrich Nicolai. 1785.

Vorrede.

Die gegenwärtige kleine Abhandlung von der Astronomie ist zum Theil eine Uebersetzung des Fergusonschen Werks über eben diese Materie.

Ich schrieb sie, ihrer besondern Faßlichkeit und Deutlichkeit wegen, anfangs zum Vergnügen und zur Erholung von anderweitigen Geschäften; nachher bestimmte ich sie meinem Sohne, der der Handlung wegen nach Cadiz reisete; weil ich glaubte, es sey einem jungen angehenden Kaufmanne nützlich, die Grundsätze der Astronomie zu wissen: da ohne dieselbe keine Schiffarth, und wiederum ohne diese keine ausgebreitete Handlung bestehen kann.

Doch dieses war eine Veranlassung, daß ich nun mit mehrerer Wahl und Aufmerksamkeit zu arbeiten anfieng. Ich nahm also dasjenige, was ich bereits geschrieben, von neuem vor; übersetzte

Vorrede.

nicht mehr wörtlich, sondern zog aus Fergusons Werken alles das heraus, was zu dieser Materie gehöret, und was ich für junge Leute am brauchbarsten und nützlichsten hielte; machte hin und wieder Zusätze; zeichnete die nöthigsten Figuren; und schrieb es überhaupt in der Form eines kleinen Traktats über die Astronomie.

Wie es bis dahin fertig war, so dünkte mich, je öfterer ich es las; daß dasjenige, was darinn gesagt worden, doch für einen jeden vernünftigen Menschen von solcher Wichtigkeit sey, daß es ihm nicht deutlich und oft genug gesaget werden könnte; und daß es, wenn es öffentlich bekannt gemacht würde, vielleicht für ein und andere junge Leute eine Anleitung seyn mögte, ihre Kenntnisse in einer Wissenschaft zu erweitern, die mit so grossem Rechte die Ehre des menschlichen Verstandes genennet zu werden verdient; und die so vorzüglich zur Erkenntniß der Größe und Weisheit des Schöpfers führet.

Ob ich nun gleich nie die Absicht gehabt, fürs Publikum zu schreiben; ich mir auch sehr wohl zu bescheiden weiß, daß dieses nicht in mein Fach gehöret;

Vorrede.

höret; so muß ich dennoch gestehen, daß der Gedanke nützlich zu seyn, und die Ueberzeugung, daß ich von allen Nebenabsichten und Eigennutz frey wäre, alle andere Betrachtungen bey mir überwog, und mich zu dem Entschluß brachte, mein Manuscript Herrn Nicolai in Berlin zuzusenden. Und da kann ich nicht leugnen, war es mir sehr angenehm, als dieser einsichtsvolle Mann mir antwortete, daß er es mit Vergnügen zum Druck befördern wolle. Sollte ich nun das Glück haben, daß meine Arbeit Beyfall erhielte; und sollte diese kleine Schrift wirklich einigen Nutzen stiften: so würde das Bewußtseyn, daß ich einen Theil meiner Zeit zum Besten anderer Menschen auf die Art verwandt, die angenehmste Belohnung für mich seyn. Denn obgleich die Größe und Weisheit des Schöpfers sich durch die ganze Natur verbreitet; so offenbaret sie sich doch vorzüglich in der herrlichen Einrichtung des Weltgebäudes, und besonders in der bewundernswürdigen Harmonie, in welcher die zu unserm Sonnensystem gehörigen großen Körper ihre ungeheure Bahn nach ewigen und unveränderlichen Gesetzen durchlaufen.

Gesetze,

Vorrede.

Gesetze, deren Entdeckung das Andenken der beyden großen Männer, eines **Keplers** und eines **Newtons**, mit Recht verewigen.

Das wäre also der Zweck, nach welchem diese Schrift muß beurtheilt werden. Für Gelehrte, die die Astronomie gründlich studieren, ist sie nicht geschrieben; aus der Ursache habe ich alles weggelassen, was ohne Mathematik nicht zu erklären ist. Ich wünschte blos nützlich zu seyn; weiter muß man nichts von mir fodern. Zumal da ich Kaufmann bin, und keinen Anspruch auf Gelehrsamkeit mache, noch machen kann. Hamburg, den ersten März 1782.

N. A. J. **Kirchhoff.**

Inhalt

Inhalt der Kapitel
des ersten Theil.

                                                          Seite

Erstes Kapitel. Von der Astronomie überhaupt   3

Zweytes Kapitel. Eine kurze Beschreibung des Sonnensystems   11

Drittes Kapitel. Von der Materie und deren Eigenschaften.   56

Viertes Kapitel. Von den Centralkräften der Körper   76

Fünftes Kapitel. Beweiß, daß das Copernicanische System wahr sey   81

Sechstes Kapitel. Die physikalischen Ursachen der Bewegung der Planeten und ihrer Monde, nach den Grundsätzen Newtons   97

Siebendes Kapitel. Beschreibung der Centrifugal-Maschine, und der Experimente, so mittelst derselben gemacht werden   112

Achtes Kapit. Natur und Eigenschaften des Lichts   132

Neuntes Kapitel. Von der Atmosphäre   138

Zehntes Kapitel. Von den Ursachen der verschiedenen Länge der Tage und Nächte, und der Abwechselung der Jahrszeiten   150

                                                                   Eilftes

	Seite
Eilftes Kapitel. Vom Monde	157
Zwölftes Kapitel. Von der Fluth und Ebbe	169
Dreyzehntes Kapitel. Methode die Längen und Breiten der Oerter zu finden	184
Vierzehntes Kapitel. Von den Finsternissen	200
Funfzehntes Kapitel. Von dem Durchgange der Venus durch die Sonne, und in wie fern der Abstand der Planeten von der Sonne daraus zu beweisen sey	211

Anhang.
Vom Gebrauch der Erd- und Himmelskugel.

Allgemeine Einleitung	227
Beschreibung und Gebrauch der Erdkugel	238
Beschreibung und Gebrauch der Himmelskugel	279

Zweyter Theil.

Supplementa	301

J. Fer-

J. Fergusons
Astronomie

---

nach

Newtons Grundsätzen

erklärt.

A

Das erste Kapitel.

Von der Astronomie überhaupt.

Von allen Wissenschaften, die der menschliche Verstand erforschet und durchgedacht hat, ist die Astronomie unstreitig die erhabenste, die reizendste und die nützlichste.

Denn vermöge unserer Kenntnisse, die wir durch diese Wissenschaft erlanget haben, ist nicht nur die Figur und Größe der Erde entdeckt und bestimmet; die Lage und die Gränzen der Länder und Königreiche auf derselben festgesetzt; Handlung und Schiffart bis zu den entferntesten Oertern ausgebreitet, und die mancherley Produkte der verschiedenen Gegenden, zur Gesundheit, zur Bequemlichkeit und zum Ueberfluß ihrer Bewohner herbey geführt: sondern auch, durch die Größe der Gegenstände, mit welchen sie uns bekannt gemacht hat, sind unsere Fähigkeiten veredelt; unser Geist über die niedrigen Vorurtheile des Pöbels erhoben; und unser Verstand von dem Daseyn eines mächtigen, gütigen und vollkommenen Wesens gerührt und überzeuget worden.

Durch einen Zweig dieser Wissenschaft haben wir ferner gelernet; nach welchen Regeln oder Gesetzen der Allmächtige die wundervolle Harmonie,

Ordnung und Verbindung durch das ganzе Planetensystem verbreitet und erhält; und wir haben wichtige Ursachen den für uns so angenehmen Schluß daraus zu machen: daß Geister, die so tiefer Einsichten fähig sind, nicht nur ihren Ursprung von diesem anbetungswürdigen Wesen herleiten müssen; sondern daß sie auch dadurch zu einer vollkommenern Erkenntniß seiner Natur und einer genauern Beobachtung des Zwecks ihres Daseyn gereizt werden sollen.

Durch die Astronomie entdecken wir: daß unsere Erde eine so große Entfernung von der Sonne habe, daß sie, von dorther gesehen, nicht größer als ein Punkt sey, obgleich ihr Umkreis 5400 Meilen: und daß diese Entfernung, wenn man sie mit dem Abstande der Erde von den Firsternen vergleichet, dennoch so klein sey, daß, wenn die Bahn der Erde, in welcher sie um die Sonne läuft, eine körperliche Fläche wäre; sie doch, von einem der nächsten Firsterne gesehen, nicht größer erscheinen würde als ein Punkt, obgleich ihr Diameter 36 Millionen Meilen ausmacht. Denn die Erde ist, indem sie ihren Kreis durchläuft, einem Firsterne zu einer Zeit im Jahre 36 Millionen Meilen näher, als zu einer andern Zeit, und dennoch bleibt die scheinbare Größe, der Stand und die Entfernung dieses Sterns von einem andern immer einerley. Ja selbst ein Fernglas, das über 200mal vergrößert, vergrößert einen Firstern ganz unmerklich. Und dies beweiset, daß er wenigstens 400000mal weiter von uns, als wir von der Sonne, entfernet sey.

Man

Von der Astronomie überhaupt.

Man wird sich nicht einbilden, daß alle Sterne an einer hohlen Fläche aufgestellet wären; so daß sie alle gleich weit von uns abstünden. Nein sie stehen vielmehr in diesem gränzenlosen Raum, in unermeßlichen Entfernungen einer von dem andern ab. Und der Unterschied des Abstandes zweener benachbarter Sterne kann eben so groß seyn, als zwischen unsrer Sonne und dem Sterne, der ihr der nächste ist. Es würde daher ein Beobachter, der einem Fixsterne nahe ist, solchen für eine wirkliche Sonne halten und die übrigen als so manche scheinende Punkte ansehen, die, in gleicher Weite von ihm, ans Firmament gestellt worden.

Durch Hülfe der Ferngläser entdeckt man Tausende von Sternen, die das unbewafnete Auge nicht erreicht. Und je besser unsere Gläser sind, je mehrere werden wir gewahr: so daß wir weder ihrer Weite, noch ihrer Anzahl, Gränzen setzen können. Vielleicht giebt es einige, deren Entfernung so unermeßlich groß ist, daß ihr Licht seit ihrer Erschaffung die Erde noch nicht erreicht: obgleich die Geschwindigkeit des Lichts eine Millionmal größer ist, als die Geschwindigkeit einer Kanonenkugel. Und dieser Gedanke ist nichts weniger als übertrieben, sobald wir bedenken, daß das Weltgebäude durch eine unendliche Macht geschaffen sey, die im unendlichen Raum unendliche Wohlthaten verbreitet; folglich unsere Einbildungskraft das Ende derselben zu erreichen nimmer vermögend ist.

Die Sonne scheinet uns, in Vergleichung mit den Firsternen, sehr groß und helle zu seyn, weil wir

wir ihr, gegen die unermeßliche Weite der Sterne, sehr nahe sind. Denn ein Beobachter, der einem Firsterne eben so nahe wäre, als wir der Sonne, würde denselben von gleicher Größe und Helle erblicken, als wir die Sonne: und wenn er so weit von der Sonne wäre, als wir von den Sternen sind; so würde sie ihm eben so klein scheinen, als uns die Sterne, ohne einen einzigen von den sie begleitenden Planeten zu sehen. Ja er würde, wenn er sie bezeichnen sollte, sie zu einem von den Firsternen rechnen.

Weil die Sterne in so unermeßlichen Weiten von der Sonne abstehen, so können sie natürlicher Weise kein so helles Licht von ihr erhalten, als sie zu haben scheinen, noch Klarheit genug uns sichtbar zu werden. Denn bis die Stralen der Sonne so entfernte Gegenstände erreichen, müßten sie dergestalt auseinander geworfen und zerstreuet seyn, daß sie nimmer auf unsere Augen zurückfallen könnten, um mittelst des Widerscheins von uns gesehen zu werden. Die Sterne scheinen daher, gleich der Sonne, mit eigenthümlichem und ungeborgtem Glanze. Und da ein jeder von ihnen, eben wie die Sonne, in einem besondern Theile des Raums begränzt ist, so ist es klar, daß die Sterne von gleicher Natur mit der Sonne sind.

Es ist ganz und gar nicht wahrscheinlich, daß der Allmächtige, der alles mit solcher unbegreiflichen Weisheit geordnet und nichts umsonst gethan hat, so viele herrliche Sonnen, die zu mancherley wichtigen Endzwecken dienlich sind, sollte vergebens erschaffen

Von der Astronomie überhaupt.

schaffen und in solchen Weiten von einander gestellet haben, ohne ihnen Geschöpfe zuzufügen, die durch ihren Einfluß beglücket würden. Wer sich einbildet, daß sie blos da wären, den Bewohnern unserer Erde ein flimmernd Licht zu geben, muß eine sehr seichte Kenntniß der Astronomie und einen sehr niedrigen Begrif von der Weisheit des Schöpfers haben. Denn, wäre es der Wille des Höchsten gewesen, unserer Erde mehr Licht zu geben; so hätte es seiner Allmacht weit weniger gekostet, ihr einen zweyten Mond zuzugesellen.

Anstatt also einer Sonne und einer Erde, wie der in der Astronomie Unerfahrne gemeiniglich glaubt, entdeckt uns diese Wissenschaft eine solche unbegreifliche Anzahl von Sonnen, Systemen und Welten, die in unbegränzter Weite vertheilt sind, daß wenn unsere Sonne mit allen ihr zugehörigen Planeten, Monden und Kometen vernichtet würde; so würde ein Auge, das die ganze Schöpfung zu überschauen vermögte, sie so wenig vermissen, als ein Sandskorn am Ufer des Meers. Denn der Raum, den sie einnimmt, ist in Vergleichung des Ganzen so klein, daß er kaum eine leere Stelle machte: obgleich Saturn der äusserste von den Planeten, in einem Umkreise von 1000 Millionen Meilen um die Sonne läuft; und einige unserer Kometen bis 2000 Millionen Meilen über die Bahn des Saturns hinausgehen. Und in dieser ungeheuren Weite müssen sie dennoch der Sonne näher seyn, als einem Firsterne, weil sie der anziehenden Kraft des Sterns entgehen uns durch die Attraktion der Sonne periodisch zu ihr wieder zurückkehren.

Wir können daher aus demjenigen, was wir von unserm System wissen, vernünftigerweise schliessen; daß alle übrigen mit gleicher Weisheit geordnet, bestimmt und zum bequemen Aufenthalte vernünftiger Wesen sind eingerichtet worden. Lasset uns also das System, zu welchem wir gehören: das einzige das unser forschender Verstand erreichen kann: mit Aufmerksamkeit betrachten und dadurch uns in den Stand setzen, die Natur und den Endzweck der übrigen Systeme in der Schöpfung desto besser zu beurtheilen. Denn obgleich eine unendliche Verschiedenheit in den Theilen der Schöpfung, die wir zu untersuchen Gelegenheit haben, anzutreffen ist; so bemerken wir doch eine allgemeine Uebereinstimmung im Ganzen, und werden überzeugt, daß alles zu einem Plane, zu einer Absicht und zu einem Zwecke zusammen sey verbunden worden.

Und so muß es einem aufmerksamen Beobachter höchst wahrscheinlich zu seyn dünken, daß die Planeten unsers Systems nebst ihren Begleitern, die wir Trabanten oder Monde nennen, ohngefähr von gleicher Natur mit unserer Erde und zu eben denselben Absichten erschaffen sind. Denn sie sind feste und durchsichtige Körper, und folglich im Stande, Thiere und Gewächse zu tragen. Einige von ihnen sind größer, einige kleiner und einige mit unserer Erde in beynahe gleicher Größe. Sie laufen eben wie unsere Erde um die Sonne, und zwar nach dem Verhältnisse ihrer Entfernung in kürzerer oder längerer

Zeit;

Zeit; und sie haben, nachdem es ihrer Beschaffenheit zuträglich ist, regelmäßige Abwechslung von Frühling, Sommer, Herbst und Winter. Sie haben wärmere und kältere Gegenden, auf eben die Art, als es die verschiedenen Produkte unserer Erde erfordern: und bey denen, wo es uns zu entdecken möglich war, bemerken wir, gleich unserer Erde eine regelmäßige Umdrehung um ihre Achsen, zur abwechselnden Wiederkehr von Tag und Nacht, ohne welches weder Arbeit, noch Ruhe und Wachsthum bestehen, und ohne welches alle Theile ihrer Oberfläche von den Stralen der Sonne nicht gleichmäsig beschienen und erwärmet werden könnten.

Diejenigen von den Planeten, die am weitesten von der Sonne sind, und daher das Licht derselben am wenigsten geniessen, haben, um diesen Mangel zu ersetzen, verschiedene Monde, die sie beständig begleiten, und eben so unaufhörlich um sie herum laufen, wie unser Mond um die Erde. Der entfernteste Planet hat noch überdem einen breiten Ring, der ihn umgiebt, und gleich einem leuchtenden Bogen am Himmel das Licht der Sonne häufig auf ihn zurückwirft; so daß, wenn gleich das Sonnenlicht den weitesten Planeten blässer scheint als uns, solches Abends und Morgens durch einen oder mehrere ihrer Monde ersetzt wird, und sie des Nachts weit mehr Licht haben als wir.

Auf der Oberfläche unsers Monds bemerken wir, weil er der Erde näher ist, als einer der übrigen himmlischen Körper: eine noch genauere Aehnlichkeit

keit mit derselben. Denn durch Hülfe der Fernsgläser entdecken wir, daß er voll hoher Berge, breiter Thäler und tiefer Höhlen ist. Diese Aehnlichkeiten lassen uns keinen Zweifel übrig, daß alle Planeten und Monden im ganzen System zu bequemen Wohnplätzen für Geschöpfe bestimmt sind, die eine Fähigkeit haben, ihren wohlthätigen Schöpfer zu erkennen und anzubeten.

Da die Firsterne, gleich unserer Sonne, unermeßlich große leuchtende Körper und in unbeweglicher Weite von einander und von uns stehen; so muß man vernünftigerweise schließen, daß sie zu ähnlichen Endzwecken, wie die Sonne, erschaffen sind; daß jeder einer gewissen Anzahl Planeten Licht, Wärme und Wachsthum ertheile, und sie in seinem Wirkungskreise nach unveränderlichen Gesetzen erhalte.

Welch einen erhabenen, welch einen unaussprechlich großen Begrif: wofern der menschliche Verstand solchen jemals zu erreichen vermögend ist: giebt uns dieses von den Werken unsers Schöpfers! Tausendmal tausend Sonnen ins unendliche vermehret, rund um uns in unermeßlichen Weiten eine von der andern geordnet; begleitet von zehen tausendmal zehen tausend Welten; alle in der schnellsten Bewegung, durchlaufen stille, regelmäßig und harmonisch, die ihnen nach unveränderlichen Gesetzen bezeichnete Bahn! und alle diese Welten bevölkert mit Myriaden vernünftiger Wesen, geschaffen zu unendlichem Wachsthum an Vollkommenheit und Glückseligkeit! Ist so viel Größe, Macht, Weisheit

heit und Güte in der materiellen Schöpfung ausgebreitet, wie groß, wie weise, wie gut muß Der seyn, der das Ganze gemacht hat, regiert und erhält!

Das zweyte Kapitel.

Eine kurze Beschreibung des Sonnensystems.

Die Sonne nebst den Planeten und Kometen, die sich um sie, als ihrem gemeinschaftlichen Mittelpunkt bewegen, machen das Sonnensystem aus. Diejenigen Planeten, die der Sonne näher sind, durchlaufen ihre Bahn nicht nur in kürzerer Zeit als diejenigen, die weiter von ihr entfernet sind; sondern sie bewegen sich auch schneller in dem ihnen angewiesenen Kreise. Ihre Bewegung geschiehet von Westen nach Osten, oder linksum, wenn der Nordpol oben, und ihre Bahn ist beynahe zirkelförmig. Ihre Namen, Entfernung, Größe und periodische Umwälzung sind folgende:

Die Sonne, eine ungeheuer große, leuchtende und erwärmende Kugel, stehet beynahe im Mittelpunkte oder vielmehr im untern Brennpunkte der Planeten und Kometenkreise, und drehet sich in 25 Tagen 6 Stunden um ihre Are, welches man an den auf ihrer Oberfläche befindlichen Flecken wahrnimmt. Man rechnet ihren Durchmesser auf

auf 164000 Meilen *); und sie wird durch die mancherley anziehenden Kräfte der um ihr laufenden Planeten, mit einer kleinen Bewegung um das gemeinschaftliche Centrum Gravitatis des ganzen Systems herumgedrehet. Alle Planeten, von der Sonne aus gesehen, bewegen sich denselben Weg, und zwar nach der Ordnung der Zeichen: des Widders, des Stiers, der Zwillinge, des Krebses 2c. des abgetheilten Zirkels der Platte I. Figur 1, welcher die große Ekliptik des Himmels vorstellt. Nehme ich aber einen Planeten zum Standpunkt an; so scheinen die übrigen oft rückwärts, oft vorwärts zu gehen, oft stille zu stehen: aber nicht in Kreisen noch Ellipsen, sondern in geschlungenen Bogen, die nimmer in sich selbst zurückkehren. Die Kometen kommen von allen Seiten des Himmels und bewegen sich in mancherley Richtungen.

Da wir gesagt haben, daß die Sonne sich um ihre Achse drehe; und da wir noch oft Gelegenheit haben werden, eben dasselbe von der Bewegung der Erde und der übrigen Planeten sagen zu müssen; so wird es nöthig seyn, ein für allemal zum Besten der Anfänger, zu bemerken: das unter der Achse eines Planeten, eine durch seinen Mittelpunkt in Gedanken gezogene Linie verstanden werde, um welche er sich, als um eine Achse, herumdrehet. Die äussersten Enden dieser Linie, die auf der Oberfläche

des

---

*) Alle Meilen sind nach Deutschen gerechnet, deren 15 einen Grad des Aequators ausmachen.

Beschreibung des Sonnensystems.

des Planeten einander gegenüber stehen, nennet man seine Pole. Der Punkt, der gegen den nördlichen Theil des Himmels zeigt, heißt der Nordpol, und der andere gegen Süden, der Südpol. Eine Kugel, die auf einer ebenen Fläche aus der Hand geworfen wird, sich um sich selber drehet und zugleich ihren Weg fortläuft, bezeichnet die Linien, welche durch die Umdrehung der himmlischen Körper um ihre Achsen verstanden werden.

Nun wollen wir ferner annehmen: die Bahn der Erde sey eine dünne, feste, ebene Fläche, welche die Sonne mitten im Centro durchschnitte, und rund herum bis zum gestirnten Himmel ausgedehnt wäre, wo sie den großen Zirkel, der die Ekliptik genannt wird, beschriebe: dieser Zirkel wäre in 12 gleiche Theile getheilt, die wir Zeichen nennen; jedes Zeichen wieder in 30 Theile oder Grade; jeder Grad in 60 Theile oder Minuten; und jede Minute in 60 Theile oder Sekunden (so daß eine Sekunde der 60te Theil einer Minute; eine Minute der 60te Theil eines Grads, und ein Grad der 360te Theil eines Zirkels oder der 30te Theil eines Zeichens ist). Nun durchschnitten die Flächen aller übrigen Planetenbahnen die Sonne gleichfalls in der Mitte; allein sie bildeten, wenn sie bis zum Himmel ausgezogen wären, solche Kreise, die von den Kreisen der übrigen und auch von der Ekliptik unterschieden wären; davon aber dennoch die eine Hälfte an der Norder- und die andere an der Süderseite derselben wäre; so würde folglich die Bahn eines jeden Planeten die Ekliptik in zween

ein-

einander entgegen stehenden Punkten berühren, welche Knoten genannt werden. Diese Knoten treffen alle die Ekliptik in solchen Stellen, die von den andern unterschieden sind. Wenn daher der Gang der Planeten sichtbare Spuren am Himmel zurückließe; so würden diese gewissermaßen der Spur der Wagenräder auf einer großen Landstraße ähnlich sehen und sich bald hier bald dort durchkreuzen, aber niemals ineinander laufen. Den Knoten, oder den Punkt, wo ein Planet die Bahn der Erde durchschneidet und Nordwärts der Ekliptik hinausgehet, nennet man den aufsteigenden Knoten des Planeten; und der entgegenstehende, wo er sie Südwärts durchschneidet, wird der absteigende Knoten des Planeten genannt. Der aufsteigende Knoten des Saturns ist jetzt im 21sten Grad 13 Minuten des Krebses: des Jupiters im 7ten Grad 29 Minuten desselben Zeichens: des Mars im 17ten Grad 17 Minuten des Stiers; der Venus im 13ten Grad 59 Minuten der Zwillinge; und des Merkurius im 14ten Grad 43 Minuten des Stiers. Die Bahn der Erde wird hier zum Maaßstabe angenommen, wonach die Kreise der übrigen Planeten bestimmet sind. Wenn wir von der Bahn der Planeten reden, so verstehen wir darunter denjenigen Weg, auf welchem sie in einem freyen Raume ohne Widerstand unverrückt fortlaufen und durch die anziehende Kraft der Sonne und die ihnen vom Schöpfer anfänglich ertheilte Flugkraft beständig darauf erhalten werden. Diese beyden Kräfte sind so genau gegen einander abgemessen,

daß

daß sie niemals ihren Lauf verändern und keiner Schranken bedürfen, die ihnen Gränzen setzen.

Merkurius ist der Sonne am nächsten, und läuft um dieselbe in 87 Tagen 23 Stunden, welches die Länge eines seiner Jahre ausmacht. Weil er selten sichtbar, und keine Flecken auf seiner Oberfläche wahrzunehmen sind; so ist die Zeit seiner Umdrehung um seine Achse, oder die Länge seiner Tage und Nächte bisher noch unbekannt. Man rechnet seine Entfernung von der Sonne auf 7 Millionen Meilen und seinen Diameter 560 Meilen. Er läuft jede Stunde mit der unbegreiflichen Geschwindigkeit von 20400 Meilen um die Sonne. Das Licht und die Wärme der Sonne sind bey ihm 7mal stärker als bey uns, und die Sonne scheint ihm auch 7mal größer zu seyn, als uns. Indessen haben wir keine Ursache daraus zu schließen, daß er unbewohnt sey, weil es dem Schöpfer eben so leicht war, die körperliche Beschaffenheit seiner Bewohner zu der wahrscheinlich größern Hitze ihres Aufenthalts einzurichten, als er die unsrige zu der gemäßigten Wärme unserer Erde gebauet hat. Und es ist sehr wahrscheinlich, daß die Bewohner des Merkurius eben so von uns denken, wie wir von den Bewohnern des Jupiters und Saturns: nämlich, daß es bey uns unerträglich kalt sey, und wir bey der großen Entfernung von der Sonne nur sehr wenig Licht von derselben haben müßten.

Wenn man diesen Planeten durch ein gutes Fernglas betrachtet; so zeigt er sich uns in der verschiedenen Gestalt des Monds: ausgenommen, daß
er

er niemals voll ist, weil seine erleuchtete Seite uns nur alsdann zugekehrt stehet, wenn er der Sonne so nahe ist, daß er sich in ihren Strahlen verliert. Es ist daher klar, daß er nicht mit eigenem Lichte scheine, sondern von der Sonne erleuchtet werde: indem seine helle Seite stets der Sonne zugekehrt ist, und er uns sonst zu aller Zeit rund erscheinen müßte. Eben so klar aber ist es auch, daß er in einem Kreise läuft, der innerhalb der Bahn der Erde ist, weil er niemals in Opposition mit der Sonne, noch mehr als 56mal ihre Breite genommen, vom Mittelpunkt derselben gesehen wird. Seine Bahn neigt sich 7 Grad zur Ekliptik, und der Knoten, von welchem er nordwärts über dieselbe hinauf steigt, ist im 14ten Grade des Stiers; und südwärts hinunter im 14ten Grade des Skorpions. Die Erde ist am 6ten November und am 4ten May bey einem von diesen Punkten. Wenn daher Merkurius in seiner untern Konjunktion zu einem seiner Knoten um diese Zeit kommt; so sehen wir ihn als einen schwarzen runden Flecken vor der Sonne vorüber gehen. In allen übrigen Stellen seiner Bahn aber ist seine Konjunktion unsichtbar; weil er entweder oberhalb oder unterhalb der Sonne weggeht.

Er geht vor der Sonne über, nach der Breite von London.

1782 den 12ten Nov. um 3 Uhr 44 Min. Nachm.
1786 den 4ten May ⁚ 6 Uhr 57 Min. Vorm.
1789 den 6ten Nov. ⁚ 3 Uhr 55 Min. Nachm.
1799 den 7ten May ⁚ 2 Uhr 34 Min. Nachm.

Die

Beschreibung des Sonnensystems.

Die übrigen dazwischen fallenden Durchgänge sind bey uns nicht sichtbar.

Venus. Ist der nächste Planet in der Ordnung und der zweyte von der Sonne. Man rechnet ihre Entfernung von der Sonne auf 13 Millionen Meilen. Und da sie jede Stunde 14800 Meilen auf ihrer Bahn fortgeht; so durchläuft sie dieselbe in 224 Tagen 18 Stunden. Obgleich dieses die völlige Länge eines ihrer Jahre ausmacht, so hat sie doch, nach Bianchinis Observation, im Jahre nur $9\frac{1}{4}$ Tage; folglich sind Tag und Nacht bey ihr eben so lang als $24\frac{1}{3}$ unserer Tage und Nächte. Ihr Diameter ist 1700 Meilen; und durch die tägliche Umdrehung um ihre Achse werden die Bewohner ihres Aequators jede Stunde 9 Meilen fortgeführt, ohne die obengemeldeten 14800.

Ihre Bahn schließt die Bahn des Merkurius in sich: denn bey ihrer größten scheinbaren Entfernung von der Sonne ist sie 96mal ihrer Breite vom Mittelpunkt derselben; welches beynahe noch einmal so viel als der Abstand des Merkurius ist.

Die Bahn der Venus wird von der Bahn der Erde eingeschlossen, sonst würde sie eben so oft in Opposition als Konjunktion mit der Sonne von uns gesehen werden. Man sieht sie aber niemals 90 Grade, oder den vierten Theil eines Zirkels von der Sonne entfernt.

Wenn Venus westlich von der Sonne erscheint; so geht sie den folgenden Morgen vor derselben auf, und heißt der Morgenstern: wenn sie aber östlich von ihr erscheint; so scheinet sie nach dem Untergange

gange der Sonne, und heißt der Abendstern. Eins oder das andere währet jedesmal 290 Tage. Vielleicht mögte es anfangs unbegreiflich scheinen, daß Venus länger an der Ost- oder Westseite der Sonne bleibt, als die Periode ihres ganzen Umlaufs beträgt. Allein diese Schwierigkeit wird bald aufgelöset seyn, wenn wir bedenken, daß die Erde zu gleicher Zeit eben denselben Weg um die Sonne geht; obgleich nicht so geschwind als Venus: und daß daher ihre relative Bewegung in jeder Periode um so viel langsamer gegen die Erde seyn muß, als ihre absolute Bewegung auf ihrer Bahn, um so viel die Erde während der Zeit in der Ekliptik fortrückt: welches 220 Grade ist. Durch ein Vergrößerungsglas erscheint sie uns in der verschiedenen Gestalt des Monds.

Die Achse der Venus neigt sich 75 Grad zur Achse ihrer Bahn: welches $51\frac{1}{2}$ Grad mehr ist, als die Achse unserer Erde sich zu Ekliptik neigt. Und folglich verändern sich ihre Jahrszeiten weit mehr als die unsrigen. Der Nordpol ihrer Achse neigt sich gegen den 20sten Grad des Wassermanns; der unsrige gegen den Anfang des Krebses. Folglich haben die nordlichen Theile der Venus in denjenigen Zeichen Sommer, in welchen unsere Erde Winter hat: und umgekehrt.

Die Zeit zwischen Sonnenauf- und Untergang ist bey den Polen der Venus eben so lang, als $112\frac{1}{2}$ unsrer Tage und Nächte von 24 Stunden.

Die größte Deklination der Sonne beträgt an jeder Seite ihres Aequators 75 Grad: daher sind

ihre

Beschreibung des Sonnensystems.

ihre Tropici nur 15 Grad von ihren Polen, und ihre Polarzirkel eben so weit von ihrem Aequator. Folglich liegen die Tropici der Venus zwischen ihren Polarzirkeln und ihren Polen: welches auf unserer Erde umgekehrt ist.

Da ihr jährlicher Lauf nur $9\frac{1}{4}$ ihrer Tage enthält; so scheint die Sonne ihren Bewohnern in etwas mehr als der $\frac{3}{4}$ Theil von einem ihrer natürlichen Tage durch ein ganzes Zeichen, oder den 12ten Theil ihres Kreises zu gehen: welches beynahe eben so viel als $18\frac{3}{4}$ unserer Tage und Nächte ausmacht.

Weil jeder ihrer Tage einen so großen Theil ihres Jahrs ausmacht; so verändert die Sonne ihre Deklination in einem Tage so sehr, daß, wenn sie senkrecht über einem gewissen Ort des Tropici geht, den folgenden schon 26 Grad von demselben entfernt: und wenn sie über einem Ort des Aequators geht, am andern Tage schon $36\frac{1}{4}$ Grad weiter ist: so daß die Sonne ihre Deklination jeden Tag ohngefähr 14 Grad auf der Venus mehr verändert, als auf unserer Erde in 3 Monaten. Es scheinet dieses vom Schöpfer weislich also geordnet zu seyn, damit die Wirkung der Sonnenstralen, welche auf der Venus zweymal so stark ist als auf unserer Erde, gemildert werde: so daß diese Stralen jetzt nicht zween Tage nacheinander senkrecht auf einen Platz fallen können, und die erhitzten Gegenden Zeit haben, sich abzukühlen.

Wofern die Bewohner der nordlichen Gegenden der Venus ihren Süden, oder ihre Mittags-

20   Das zweyte Kapitel.

linie durch den Punkt des Himmelszeichen, wo die Sonne zu ihrer größten Höhe oder Norderdeklination kommt, und diejenigen Gegenden, welche 90 Grade an jeder Seite von dem Punkte entfernt sind, wo die Meridianlinie den Horizont durchschneidet, Ost und West nennen; so haben sie folgende merkwürdige Erscheinungen:

Die Sonne wird $22\frac{1}{2}$ Grad nordlich von Osten aufgehen: und indem sie $112\frac{1}{2}$ Grad, nach der Fläche des Horizonts gemessen, fortrückt; so wird sie den Meridian in der Höhe von $12\frac{1}{2}$ Grad durchkreuzen. Wenn sie alsdann ihren gänzlichen Umlauf, ohne unterzugehen vollendet hat; so wird sie denselben abermals in der Höhe von $48\frac{1}{2}$ Grad durchschneiden. Beym nächsten Umlauf durchkreuzt sie den Meridian, wenn sie zu ihrer größten Höhe und Deklination kommt, in 75 Grad: wo sie sodann nur 15 Grade vom Zenith oder dem vertikalen Punkte des Himmels ist. Von da geht sie in einer schraubenförmigen Linie wieder herunter, kreuzt den Meridian zuerst in der Höhe von $48\frac{1}{2}$ Grad: hierauf in der Höhe von $12\frac{1}{2}$ Grad; rückt von da $112\frac{1}{2}$ Grad weiter, und geht, $22\frac{1}{2}$ Grad Norden, zum Westen unter: so daß sie, nachdem sie $4\frac{5}{8}$ ihres Umlaufs über dem Horizont gewesen, untergeht, um eben dieselben Erscheinungen am Südpol hervorzubringen.

Bey jedem ihrer Pole verweilt die Sonne im Sommer ein halbes Jahr, ohne unterzugehen; und eben so lange im Winter, ohne aufzugehen. Folglich haben die Bewohner der Pole, gleich den Polen

Beschreibung des Sonnensystems.

len unserer Erde, nur einen Tag und eine Nacht im Jahre. Nur ist der Unterschied zwischen der Hitze im Sommer und der Kälte im Winter, oder zwischen Mittag und Mitternacht, auf der Venus weit größer als auf der Erde: weil die Sonne daselbst ein halbes Jahr unverändert überm Horizont verbleibt, und den größten Theil dieser Zeit nahe beym Scheitelpunkt stehet; dagegen aber die andere Hälfte des Jahrs stets unterm Horizont und größtentheils 70 Grade davon stehet: wogegen die Sonne bey den Polen unserer Erde, ob sie gleich ebenfalls ein halbes Jahr daselbst überm Horizont verweilt, doch niemals mehr als $23\frac{1}{2}$ Grad herauf steigt oder hinunter sinkt. Wenn die Sonne in der Mittellinie oder in dem Kreise ist, der die nordliche Hälfte des Himmels von der südlichen theilet; so wird die halbe Scheibe derselben über dem Horizont des Nordpols der Venus, und die andere halbe über dem Horizont des Südpols gesehen, so daß ihr Centrum in dem Horizonte beyder Pole ist: und indem sie alsdann nach und nach unter den Horizont des einen hinunter sinkt, steigt sie im gleichen Verhältnisse über den andern hinauf. Daher hat jeder Pol jährlich einen Frühling, einen Herbst, einen Sommer, so lang als beyde, und einen Winter, so lang als alle drey zusammen.

Bey den Polarzirkeln der Venus sind die Jahrszeiten fast dieselben wie beym Aequator, weil der Unterschied zwischen beyden nur 15 Grad ausmacht; ausgenommen daß die Winter nicht völlig so lang, noch die Sommer so kurz sind, sondern die 4 Jahrszeiten jährlich zweymal herumkommen.

Bey den Tropicis verweilt die Sonne 15 unserer Wochen ohne unterzugehen, und eben so lange im Winter ohne aufzugehen. Denn, weil sie mehr als 15 Grade vom Aequator ist, so geht sie den Bewohnern des einen Tropici niemals auf, noch den andern unter: wogegen sie unsern Erdtropicis täglich auf- und untergeht.

Die Jahrszeiten sind bey den Tropicis der Venus beynahe dieselben wie bey den Polen; bloß daß die Sommer ein wenig länger und die Winter ein wenig kürzer sind.

Bey ihrem Aequator sind die Tage und Nächte stets von gleicher Länge; und dennoch sind die beyden Bogen, welche die Sonne am Tage und bey der Nacht beschreibt, sehr verschieden: vornehmlich wenn die Sonne ohngefähr in ihrer größten Deklination ist: weil ihre mittägliche Höhe alsdann oft zweymal so groß als ihre mitternächtliche Tiefe seyn kann, und zur andern Zeit umgekehrt. Wenn die Sonne in ihrer größten Deklination ist: es sey Norden oder Süden; so fallen die Stralen derselben beym Aequator der Venus eben so schief als am kürzesten Tage bey uns. Daher haben die Bewohner ihres Aequators in jedem Jahre zween Sommer, zween Winter, zween Herbste und zween Frühlinge. Weil aber die Sonne bey den Tropicis einige Zeit verweilt, und über den Aequator so schnell hingeht; so wird jeder Winter beynahe zweymal so lang seyn, als jeder Sommer: denn die

vier

Beschreibung des Sonnensystems.

vier Jahrszeiten kommen in der Zeit, die nur aus $9\frac{1}{4}$ Tagen besteht, zweymal herum.

Diejenigen Gegenden auf der Venus, welche zwischen den Polen und Tropicis, und zwischen den Tropical = und Polarzirkeln, ingleichen zwischen den Polarzirkeln und Aequator liegen, nehmen an den Phenomenen dieser Kreise mehr oder weniger Antheil, nachdem sie mehr oder weniger davon entfernt sind.

Die schnelle Veränderung der Sonnendeklination ist die Ursache, daß, wenn sie an einem Tage gerade in Osten aufgeht, sie nicht, wie bey uns, gerade in Westen untergeht. Denn, wenn der Ort, wo sie gerade in Osten aufgeht, im Aequator liegt; so geht sie an dem Tage beynahe West=Nord=West, oder $18\frac{1}{2}$ Grad Norden nach Westen unter. Liegt er aber auf 45 Grad Norderbreite; so geht sie an dem Tage, wenn sie in Osten aufgeht, Nordwest bey West, oder 33 Grad Norden nach Westen unter. Liegt er endlich auf 62 Grad Norderbreite, und sie geht in Osten auf, so geht sie gar nicht unter, sondern berührt so eben den Horizont auf 10 Grad Westen nach Norden: steigt wieder in die Höhe, und bleibt $3\frac{1}{4}$ ihres Umlaufs überm Horizont ohne unterzugehen. Daher ist an keinem Orte Vormittag und Nachmittag gleich lang, ohne beym Aequator oder bey den Polen.

Der Ort, wo die Sonne den Aequator der Venus paßirt, hat das folgende Jahr an eben demselben Tage und in eben derselben Stunde schon 9 Grade Deklination; als so viel sie weiter nach

Westen drüber geht. Folglich ist die Zeit der Tag- und Nachtgleiche jedes Jahr um einen Vierteltag: oder ohngefähr 6 unserer Tage, später. Ob nun gleich die Spirallinie, worinne sich die Sonne bewegt, an und für sich jedes Jahr dieselbe ist; so ist sie dennoch im ganzen genommen, nicht dieselbe: weil die Sonne nicht wiederum senkrecht über eben dieselben Oerter geht, als bis vier Jahre verflossen sind.

Diese große jährliche Veränderung der Tag- und Nachtgleichen und Sonnenwenden, würde in ihrer Zeitrechnung eine beträchtliche Irrung hervorbringen, wenn sie nicht alle 4 Jahre einen Tag einschalteten. Thun sie dieses, so können sie ihre Zeit wieder gleich machen.

Die Bahn der Venus neigt sich $3\frac{1}{2}$ Grad zur Bahn der Erde und kreuzet sie im 14ten Grade der Zwillinge und des Schützen. Wenn daher die Erde, zu der Zeit der Venus in ihrer untern Konjunktion, bey diesen Punkten ist; so sehen wir sie als einen runden Flecken in der Sonne: und wir haben dadurch Gelegenheit, die Entfernung der Planeten von der Sonne genauer zu berechnen, als durch jede andere bisher bekannte Methode. Es geschiehet aber sehr selten, und, so viel wir wissen, war Horrox der erste und der einzige Mann auf dem Erdboden, der den Durchgang der Venus im Jahre 1639 auf den 24sten November berechnete, und ihn zu Hool in der Gegend von Manchester, des Nachmittags von 3 Uhr 15 Minuten bis 3 Uhr 50 Minuten

Beschreibung des Sonnensystems.

nuten beobachtete, denn sein Freund Crabtree, dem er davon Nachricht gab, sahe sie zu Manchester um 3 Uhr 35 Minuten nur eine ganz kurze Zeit. Der zweyte Durchgang war den 6ten Junius 1761, und der dritte den 3ten Junius 1769. Der vierte wird im Jahre 1874 einfallen. Diese Durchgänge ausgenommen, zeigt sie uns jedes achte Jahr regelmäßig dieselben Erscheinungen. Ihre Konjunktion, ihr Abstand, die Zeit des Auf- und Untergangs fallen alle fast auf eben dieselben Tage, wie das vorigemal. Vielleicht hat Venus einen Trabanten oder Mond, ob wir ihn gleich bisher noch nicht entdeckt haben. Dieses ist auch nicht zu bewundern, wenn wir bedenken, wie unvortheilhaft unsere Lage ist, ihn zu sehen: denn er kann seine erleuchtete Seite uns nur alsdann zukehren, wenn Venus jenseit der Sonne steht. Und da sie selbst zu der Zeit nicht größer ist, als ein gewöhnlicher Stern, so mag ihr Mond vielleicht so klein seyn, daß wir ihn in der Entfernung nicht sehen können. Steht sie zwischen uns und der Sonne, so hat ihr voller Mond uns seine dunkle Seite zugekehrt: und dann können wir ihn eben so wenig sehen, als den unsrigen beym Neumond. Ist sie endlich in ihrem größten Abstande von der Sonne, so müßte ihr Mond im ersten oder letzten Viertel gesehen werden: vielleicht ist er aber auch alsdann zu weit von uns. Die einzige Möglichkeit wäre gewesen, ihn bey dem Durchgange im Jahre 61 oder 69 zu entdecken, weil die Venus damals 6 Stunden vor der Sonne verweilte: allein man

man hat bey der genauesten Aufmerksamkeit keine Trabanten wahrgenommen.

Die Erde ist im Sonnensystem der nächste Planet nach der Venus. Sie ist 18 Millionen Meilen von der Sonne, und umläuft sie von einem längsten oder kürzesten Tage, bis wieder zu demselben, in 365 Tagen 5 Stunden 49 Minuten. Von der Sonne gesehen aber, von einem Firsterne bis wieder zu denselben in 365 Tagen 6 Stunden und 9 Minuten. Das erste nennt man die Länge eines Tropical = und das zweyte eines Sydereal= jahrs. Sie läuft jede Stunde 12500 Meilen, oder 120mal geschwinder als eine Kanonenkugel. Ihr Durchmesser ist 1720 Meilen; und sie drehet sich in 24 Stunden von Westen nach Osten um ihre Achse. Durch diese Umdrehung verursachet sie nicht nur eine scheinbare Bewegung aller himmlischen Körper von Osten nach Westen; sondern es werden auch die Bewohner ihres Aequators jede Stunden 225 Meilen, und die Bewohner der Breite von Hamburg 120 Meilen fortgeführt, ohne die obigen 12500 Meilen, welche allen Oertern gemein sind.

Die Achse der Erde macht mit der Aesche ihrer Bahn einen Winkel von $23\frac{1}{2}$ Grad; und diese schiefe Richtung behält sie durchs ganze Jahr, indem sie immer gegen dem Sterne stehet, den wir den Nordstern nennen. Hieraus entstehet die periodische Abwechselung von Frühling, Sommer, Herbst und Winter, wovon in der Folge ein mehreres.

Die

Die Erde ist rund wie eine Kugel. Man sie‍het solches

1) an ihrem Schatten in den Mondfinsternissen, wo er zu aller Zeit in einer Zirkellinie be‍gränzt ist,

2) an den Masten der Schiffe, welche allemal eher zum Vorschein kommen, als der Körper des Schiffs; indem dieser durch die Runde der Wasserfläche noch verdeckt bleibt:

3) weil verschiedene Seefahrer sie rund umse‍gelt sind.

Die Berge benehmen der Rundung der Erde in Vergleichung nicht mehr als der Staub auf un‍sern künstlichen Erdkugeln thut. Daß die Erde rund sey wie eine Kugel, läßt sich durch ein sehr einfaches Experiment beweisen: man hänge eine Kugel an einen Faden, und eine runde Scheibe an einen andern Faden. Hierauf halte man zuerst den Faden, woran die Kugel hängt, an einen Ort, wo sie von der Sonne beschienen werden kann, und stelle ein gerade stehendes Brett dahinter. Wenn man nun den Faden drehet, so wird die Kugel rund laufen und allemal einen runden Schatten auf das Brett werfen, gleich als wenn sie gar nicht gedre‍het würde. Alsdann nehme man die Scheibe; halte sie auf eben die Art, und lasse sie an dem Fa‍den rund laufen; so wird man sehen, daß, wenn die breite Seite der Sonne zugekehrt ist, der Schat‍ten rund sey: wenn sie weiter herumgeht, wird er länglicht, und wenn die Ecke gegen der Sonne steht,

als

als ein gerader Strich erscheinen. Hieraus folgt: daß, wenn der Schatten der Erde auf den Mond fällt, wir dann sagen: der Mond ist verfinstert. Nun können diese Verfinsterungen sich zu verschiedener Zeit zutragen, da die Erde bald diese bald jene Stellung hat. Und da demohngeachtet der Erdschatten beständig rund ist und bleibt; so ist ausgemacht, daß die Erde eine kugelrunde Figur haben müsse. Denn wäre sie von einer andern Figur; so würde sie bald rund, bald länglicht, bald als ein gerader Strich erscheinen. Da sie aber beständig rund bleibt, so muß sie nothwendig kugelförmig seyn.

Das Verhältniß zwischen See und Land auf der ganzen Erdkugel hat Doktor Lang angegeben, wie 349 zu 124.

Der Mond ist kein Hauptplanet, sondern ein Trabant oder Begleiter der Erde. Er geht um die Erde von Neumond zu Neumond in 29 Tagen 12 Stunden 44 Minuten; und jedes Jahr zugleich mit der Erde um die Sonne. Sein Diameter ist 470 Meilen, und sein Abstand vom Mittelpunkt der Erde 52000 Meilen.

Er durchläuft seine Bahn in 27 Tagen 7 Stunden 43 Minuten; jede Stunde ohngefähr 500 Meilen. Er dreht sich ganz genau in eben derselben Zeit um seine Achse, in welcher er um die Erde läuft: daher kehrt er uns immer eine und eben dieselbe Seite zu, und seine Tage und Nächte sind so lang als unsere Mondsmonate.

Beschreibung des Sonnensystems. 29

Daß er sich um seine Achse drehe, kann man durch folgendes Experiment beweisen: man nehme eine kleine Kugel, lasse ein Loch darein bohren, und stecke einen dünnen Stock hinein. Alsdann halte man den Stock zwischen den Daumen und Vorderfinger fest, und führe die Kugel um ein kleines rundes Gefäß (allenfalls die Unterschüssel einer Theetasse) herum; so wird man sehen, daß alle Seiten der Kugel den Rand des Gefäßes berühren. Hierauf mache man auf einer Stelle der Kugel ein Zeichen, und versuche, ob man sie so herumführen könne, daß das Zeichen stets den Rand des Gefäßes berühre; so wird man finden, daß dieses nicht angehe, es sey denn, daß man den Stock oder die Achse der Kugel zwischen den Fingern rund gehen lasse. Dieses beweiset, daß, wenn der Mond uns immer dieselbe Seite zukehren soll, er sich nothwendig um seine Achse drehen müsse.

Der Mond ist, gleich unserer Erde, eine dichte undurchsichtige Kugel, und sein Schein ist nichts als das zurückgeworfene Licht der Sonne: daher muß auch die eine Hälfte seiner Kugel immer dunkel seyn; während daß die andere, so der Sonne zugekehrt, erleuchtet ist. Er ist also uns unsichtbar, wenn er zwischen der Erde und der Sonne steht, weil er alsdann uns seine dunkele und der Sonne seine helle Seite zukehrt. Sobald er weiter fortrückt, sehen wir von seiner erleuchteten Seite etwas weniges. Und dieses nimmt nach dem Maaße, als er vorwärts gehet, beständig zu, bis er der Sonne gegenüber, und unsere Erde zwischen ihm und der Sonne steht.

steht. Alsdann ist seine ganze erleuchtete Seite der Erde zugekehrt; und er erscheint in einem völlig runden erleuchteten Zirkel, welches wir den Vollmond nennen. Vom Vollmond an scheint er nach und nach wieder abzunehmen: indem er alsdann die andere Hälfte seines Kreises durchläuft, bis er zur nächsten Konjunktion mit der Sonne kommt, und wie vorher, uns abermals unsichtbar wird.

Um sich hievon einen sinnlichen Begrif zu machen, setze man ein brennendes Licht auf einen etwas hohen Tisch, und stelle sich dem Lichte in einiger Entfernung gegen über: hierauf lasse man einen andern die Kugel des vorigen Experiments nehmen, solche an dem Stocke in die Höhe halten, daß sie von dem Lichte beschienen werde, und mit derselben in einem Kreise herumgehen, so wird man sehen, daß, wenn man im Mittelpunkte dieses Kreises stehet, und sich herumdreht die Kugel zu betrachten; selbige bald gar nicht, bald etwas weniges, bald halb und bald ganz erleuchtet seyn wird, je nachdem sie in diesem oder jenem Stande von dem Lichte beschienen werden kann.

Diese stete Abwechselung der Gestalt des Monds beweiset, daß er nicht mit einem ihm eigenthümlichen Lichte scheine; sondern von einem andern erleuchtet werde, weil wir ihn sonst beständig in völlig rundem Lichte sehen müßten wie die Sonne.

Der Mond hat fast gar keine Abwechselungen der Jahrszeiten, weil seine Achse der Ekliptik beynahe perpendikular ist. Was aber das sonderbarste ist, ist dieses, daß seine eine Hälfte niemals dun-

Beschreibung des Sonnensystems. 31

kel wird: denn die Erde giebt ihr in Abwesenheit der Sonne ein sehr helles Licht; während daß die andere Hälfte wechselsweise 14 Tage erleuchtet und 14 Tage dunkel ist.

Unsere Erde ist dem Monde ein Mond, und nimmt wie er wechselsweise ab und zu: nur ist sie ihm 13mal größer und giebt ihm 13mal mehr Licht als er uns. Wenn er uns Neumond ist, ist die Erde ihm in vollem Lichte: sehen wir sein erstes Viertel, ist die Erde ihm im Letzten, und umgekehrt. Allein von der einen Hälfte des Monds kann die Erde gar nicht gesehen werden: von der Mitte der andern Hälfte wird sie allemal über Kopf gesehen, indem sie sich 30mal geschwinder dreht als der Mond. Von dem Kreise, wo uns der Mond sichtbar ist, wird ihm nur die ihm zunächststehende Hälfte der Erde sichtbar. Die andre Hälfte liegt allen Oertern dieses Kreises unterm Horizont verborgen. Den Mondsbewohnern scheint die Erde der größte Körper in der ganzen Schöpfung zu seyn, weil sie ihnen 13mal größer ist, als der Mond uns.

Der Mond hat keine Atmosphäre von sichtbarer Dichtigkeit um sich, wie die unsrige ist. Denn, wenn er sie hätte, so würden wir seinen Rand niemals so scharf abgerundet erblicken, sondern es würde eine Art von Nebel oder Dunst um ihn seyn, wodurch die Sterne blasser schienen, wenn wir sie dahinter sähen. Es ist aber durch oftmalige Beobachtungen bestätigt, daß Sterne, die vom Monde bedeckt werden, ihren völligen Glanz behalten,

bis

bis sie seinen Rand berühren, und alsdann im Augenblick verschwinden.

Verschiedene Astronomen haben dieses sehr oft bemerkt: vornehmlich Caßini an dem Sterne v, in der Brust der Jungfrau, welcher mit bloßen Augen einfach und rund zu seyn scheint, wie jeder anderer. Wenn man ihn aber durch ein sehr gutes Fernglas betrachtet, so siehet man, daß es zween Sterne sind, die so nahe bey einander stehen, daß ihre Entfernung nicht größer zu seyn scheint, als einer ihrer scheinbaren Durchmesser. Er bemerkte, daß der Mond am 21sten April 1720 vor ihnen übergehen würde, sahe aber, daß sie sich, als der Rand des Monds ganz nahe kam, nicht im mindesten weder an Farbe, noch an Stellung veränderten. Um 12 Uhr 25 Minuten 14 Sekunden wurde der westliche von diesen beyden Sternen vom Monde bedeckt, und 30 Sekunden nachher auch der östliche. Jeder von ihnen aber verschwand im Augenblick, ohne einige vorhergegangene Verminderung der Größe oder Klarheit. Dieses hätte nicht geschehen können, wenn der Mond eine Atmosphäre gehabt; weil der eine Stern alsdann schief vor den andern eingefallen seyn, und durch die Refraktion oder Stralenbrechung, entweder seine Farben, oder seinen Stand gegen den andern Stern, der noch nicht in den Dunstkreis eingetreten, verändert haben würde. Allein, alle solche Veränderungen wurden nicht bemerkt, obgleich die Observation, vornehmlich in der Absicht mit der größten Genauigkeit angestellet wurde, und sehr bequem war, diese

Ent-

Beschreibung des Sonnensystems. 33

Entdeckung zu machen. Das schwache Licht, welches man bey totalen Finsternissen rund um den Mond bemerkt hat, scheint mehr von der Atmosphäre der Sonne als des Monds herzurühren: vielleicht auch von seiner kugelförmigen Figur; weil man gefunden, daß dessen Mittelpunkt mit dem Mittelpunkte der Sonne zusammentrift. Denn, wenn es vom Monde käme, so müßte der Mittelpunkt desselben mit dem Monde fortgerückt seyn.

Wofern es Meere im Monde giebt, so können sie weder Wolken, noch Sturm und Regen haben wie die unsrigen, weil er keine Atmosphäre hat, die Dünste, woraus jene entstehen, zu tragen. Es weiß auch jedermann, daß der Mond, wenn er des Nachts über unserm Horizont ist, sichtbar sey, wofern ihn nicht die Wolken unserer Atmosphäre verdecken, und daß alle seine Theile jederzeit mit gleich heiteren, hellen und ruhigem Blicke scheinen. Allein die dunkeln Stellen des Monds, von denen man ehemals glaubte, daß es Seen wären; hat man nun für große tiefe Thäler und Oerter erkannt, welche das Licht der Sonne nicht so stark als die andern zurückwerfen: und man hat ferner befunden, daß diese Oerter viele Hölen und Gruben haben, deren Schatten in sie selbst fällt, und die an der Sonnenseite allemal dunkel sind: welches beweiset, daß sie hohl seyn müssen. Die meisten dieser Gruben haben kleine Knöpfe, gleich Hügeln, die inwendig drinnen stehen, und ebenfalls einen Schatten werfen. Daher scheinen diese Stellen dunkler zu seyn, als andere, die wenigere, oder

C nicht

nicht so beträchtliche Gruben haben. Alle diese Erscheinungen beweisen, daß es keine Meere im Monde giebt: denn wenn einige da wären, so müßten ihre Oberflächen eben so glatt und eben seyn, wie auf unserer Erde.

Diese Ungleichheit oder Rauhigkeit der Oberfläche des Monds ist für uns von großem Nutzen, indem er dadurch das Sonnenlicht von allen Seiten zurückwirft. Denn, wäre der Mond gleich einem Spiegel glatt und polirt, oder wäre er mit Wasser bedeckt: so könnte er das Licht der Sonne nicht rund umher verbreiten, sondern er würde uns sein Licht nur als einen Punkt, in verschiedenen Stellungen, zeigen. Und dieser Punkt würde so helle seyn, daß unsere Augen ihn nicht zu ertragen vermögten.

Da der Mond keinen Dunstkreis hat, so muß der Himmel einem Mondsbewohner, wenn er seinen Rücken der Sonne zukehrt, eben so dunkel aussehen, als uns bey der Nacht: und die Sterne müssen ihm alsdann eben so helle, als uns des Nachts erscheinen. Denn daß der Himmel uns am Tage so helle zu seyn scheinet, rührt einzig von der Atmosphäre her.

Aus der Stellung des Monds und seiner Lage gegen die Erde ist zu schließen, daß seine Jahre mit den unsrigen von gleicher Länge sind. Nur sind sie in der Zahl der Tage verschieden. Denn wir haben $365\frac{1}{4}$ und die Mondsbewohner nur $12\frac{7}{19}$ Tage: daher ist jeder Tag und Nacht bey ihnen so lang als $29\frac{1}{2}$ der unsrigen.

Mars,

Beschreibung des Sonnensystems.

Mars, ist der nächste Planet in der Ordnung, und der erste ausserhalb der Bahn der Erde. Man rechnet seinen Abstand von der Sonne auf 27 Millionen Meilen. Und da er jede Stunde 10000 Meilen läuft; so vollendet er seine Bahn um die Sonne in 686 Tagen 23 Stunden, welches die Länge eines seiner Jahre und $667\frac{3}{4}$ seiner Tage ausmacht, indem Tag und Nacht bey ihm 40 Minuten länger sind, als bey uns. Sein Diameter ist 952 Meilen, und durch die tägliche Umdrehung um seine Achse werden die Bewohner seines Aequators jede Stunde 120 Meilen fortgeführt. Er hat nur halb so viel Licht und Wärme von der Sonne wie wir, und sie scheint ihm nur halb so groß zu seyn, als uns.

Da dieser Planet nur den 5ten Theil so groß als unsere Erde ist; so muß sein Mond, wofern er einen hat, sehr klein seyn: daher man ihn auch mit unsern besten Ferngläsern noch nicht hat entdecken können. Er ist von einer feuerrothen Farbe, und scheinet mit einem sehr dicken Dunstkreise umgeben zu seyn, welches man, wenn er einen Fixstern decket, bemerken kann. Er erscheint zwar oft höckericht, aber niemals gehörnt. Beydes beweiset, daß seine Bahn die Bahn der Erde einschließt, und daß er nicht mit eigenem Lichte scheinet.

Unsere Erde und unser Mond müssen den Bewohnern des Mars zween Monde, ein großer und ein kleiner zu seyn scheinen, die oft ihre Stelle verändern und zuweilen gehörnt, zuweilen aber halb oder dreyviertel erleuchtet aussehen, niemals aber voll und mehr als ¼ Grad von einander entfernt sind, ob sie gleich 52000 Meilen von einander abstehen.

Unsere Erde scheint den Bewohnern des Mars so groß zu seyn, wie uns die Venus: und sie sehen sie niemals über 48 Grad von der Sonne entfernt. Oft scheint sie ihnen, eben wie Merkur und Venus, vor der Sonne überzugehen, ob sie gleich, wenn sie solche Augen haben wie wir, den Merkur ohne Fernglas nicht sehen können, und die Venus eben so selten, wie wir den Merkur. Jupiter und Saturn sind ihnen so sichtbar wie uns. Die Achse dieses Planeten ist der Ekliptik perpendikulär, und seine Bahn neiget sich 2 Grad zu derselben.

Jupiter, der größte von allen Planeten, stehet noch entfernter in unserm System, und ist über 92 Millionen Meilen von der Sonne. Er läuft jede Stunde 5400 Meilen, und vollendet seine Bahn in 11 Jahren 314 Tagen 12 Stunden. Sein körperlicher Innhalt ist über 1000mal größer wie unsere Erde, da sein Diameter 17400 Meilen beträgt, welches mehr als 10mal den Diameter der Erde ausmacht. Er drehet sich in 9 Stunden 56 Minuten um seine Achse; so daß sein Jahr 10470 Tage enthält, und die tägliche Bewegung seiner Aequatorealtheile schneller ist, als die Geschwindigkeit, mit welcher er seine Bahn durchläuft: ein besonderer Umstand, so weit wir ihn kennen. Durch diese erstaunlich schnelle Umdrehung werden die Bewohner seines Aequators jede Stunde 5600 Meilen

Beschreibung des Sonnensystems. 37

len fortgeführt; folglich 200 Meilen mehr als die Bewohner des Erdäquators in 24 Stunden.

Der Jupiter ist mit dünnen Substanzen umgeben, die wir Streifen nennen, und die sich so oft und in so mancherley Figur verändern, daß man sie, allgemein genommen, für Wolken hält. Denn einige von ihnen sind anfänglich unterbrochen und getrennt gewesen, und zuletzt oft gar verschwunden.

Oft hat man sie auch von verschiedener Breite gesehen, und nachher sind sie alle gleich breit geworden. Oft hat man in den Streifen große Flecken gesehen: und wenn alsdann der Streif verschwand, verlor sich der daran stoßende Flecken zugleich mit. Die abgebrochenen Enden einiger Streifen haben sich, wie man gemeiniglich beobachtet hat, mit den Flecken zugleich fortgewälzt; nur mit dem Unterschiede, daß die, so nahe beym Aequator sind, solches in kürzerer Zeit thaten, als die bey den Polen: vermuthlich, weil die Sonnenhitze beym Aequator größer ist; da die Streifen und der Gang der Flecken parallel mit ihm läuft. Verschiedene große Flecken, die anfänglich rund erscheinen, werden nach und nach länglich, und theilen sich zuletzt in 2 oder 3 runde Flecken. Die periodische Zeit der Flecken ist, nach D. Smiths Optik, beym Aequator 9 Stunden 50 Minuten, nahe bey den Polen aber 9 Stunden 56 Minuten.

Die Achse des Jupiters ist seiner Bahn beynahe perpendikulär, so, daß er fast keine Abwechselung der Jahreszeiten hat. Dieses ist ein großer Vortheil für ihn, und scheint von dem Urheber der

Natur weislich also geordnet zu seyn. Denn, wenn die Achse dieses Planeten eine Neigung von vielen Graden hätte; so würden gerade so viele Grade rund um seine Pole, wechselsweise beynahe 6 Jahre in der Dunkelheit leben. Und da jeder Grad eines großen Zirkels im Jupiter wenigstens 150 deutsche Meilen ausmacht, so kann man urtheilen, welche große Strecken Landes dadurch unbewohnbar seyn würden.

Die Sonne scheint den Bewohnern des Jupiters nur den 28sten Theil so groß als uns; und folglich haben sie auch nur in diesem geringen Verhältnisse Licht und Wärme. Das letztere ist ihnen durch die schnelle Wiederkehr derselben, und das erstere durch 4 Monden, wovon einige größer und einige kleiner als unsere Erde sind, wiederum ersetzt. Und da dieselben stets um ihn herumlaufen, so ist fast keine einzige Stelle auf diesem großen Planeten, die nicht während der ganzen Nacht von einem oder mehrern seiner Monde erleuchtet wäre: ausgenommen bey den Polen, wo der weiteste seiner Monde nur gesehen werden kann, und wo ihr Licht nicht vermisset wird; weil die Sonne daselbst beständig im oder nahe am Horizont herumgeht, und wahrscheinlich durch die Refraktion der Atmosphäre bey den Polen stets sichtbar bleibt.

Tab. I. fig. 1. Die Kreise dieser Monde sind auf der ersten Kupfertafel in dem Entwurf des Sonnensystems vorgestellet, durch die Zirkel 1, 2, 3, 4; sie sind aber in der Proportion 50mal zu groß gezeichnet.

Der

Beschreibung des Sonnensystems. 39

Der erste seiner Monden, der dem Jupiter am nächsten ist, läuft um ihn in 1 Tage 18 Stunden 36 Minuten, und stehet 49000 Meilen von seinem Mittelpunkte. Der zweyte in 3 Tagen 13 Stunden 15 Minuten; und stehet 78000 Meilen von ihm. Der dritte in 7 Tagen 3 Stunden 59 Minuten, und stehet 124000 Meilen von ihm. Und der vierte in 16 Tagen 18 Stunden 30 Minuten, und stehet 215000 Meilen vom Centro des Jupiters.

Die Winkel, unter welchen die Kreise der Jupiterstrabanten in der mittlern Entfernung von der Erde gesehen werden, sind folgende: Der erste, 3′ 55″; der zweyte, 6′ 14″; der dritte, 9′ 58″, und der vierte, 17′ 30″. Ihre Entfernungen aber vom Jupiter, nach ihren halben Durchmessern gerechnet, der erste, $5\frac{2}{3}$, der zweyte, 9, der dritte, $14\frac{23}{60}$, und der vierte, $25\frac{18}{60}$.

Wenn dieser Planet von seinem nächsten Monde gesehen wird, so erscheint er ihm 1000mal größer, als uns unser Mond. Er nimmt auch wechselsweise ab und zu, und zwar jedesmal in $42\frac{1}{2}$ Stunden. Die 3 nächsten Monden des Jupiters fallen in seinen Schatten, und werden in jedem Umlaufe verfinstert. Die Bahn des vierten aber neiget sich so sehr, daß er in seiner Opposition dem Jupiter vorbey gehet, ohne jedesmal in dessen Schatten zu fallen: doch geschiehet es von 6 Jahren immer 2 Jahre. Durch diese Verfinsterungen haben die Astronomen entdeckt: daß das Licht der Sonne

Sonne 8¼ Minuten Zeit gebrauche, zu uns zu kommen, und daß man dadurch die Längen der Oerter auf dem Erdboden besser bestimmen könne, als durch jede andere bisher bekannte Methode. Der Unterschied zwischen dem Aequatoreal- und Polardurchmesser des Jupiters ist 1350 Meilen. Denn der erstere verhält sich zu dem letztern wie 13 zu 12; so daß seine Pole seinem Centro 700 Meilen näher sind, als sein Aequator. Dieses rührt von der schnellen Umdrehung seiner Achse her. Denn die flüßigen und leichten Theile werden dadurch von den Polen weggeführt, oder weggewaschen; treten, weil die Pole in Ruhe bleiben, zurück und häufen sich beym Aequator, wo die Bewegung am schnellsten ist, bis daß sie sich in genugsamer Menge daselbst gesammlet und den Abgang der Gravität, die durch die Centrifugalkraft verloren worden, wieder ersetzt haben; wie solches allemal bey einer geschwinden Umdrehung um eine Achse geschiehet. Sobald aber der Abgang des Gewichts oder der Gravität der Theile durch eine verhältnißmäßige Anhäufung wieder ersetzt ist; so entsteht ein Gleichgewicht und die Aequatorealtheile werden nicht höher. Unsere Erde, die nur ein so kleiner Planet in Vergleichung mit dem Jupiter ist, und sich viel langsamer um ihre Achse bewegt, ist durch ihre Umdrehung weit weniger abgeflächet: denn der Unterschied ihrer Polar- und Aequatorealdiameter ist nur wie 230 zu 229 oder 8 Meilen.

Die Bahn des Jupiters neigt sich ein Grad 20 Minuten zur Ekliptik. Ihr nördlicher Knoten ist

Beschreibung des Sonnensystems. 41

ist im 7ten Grade des Krebses, und ihr südlicher im 7ten Grade des Steinboks.

Saturnus, der entfernteste von allen Planeten, ist ohngefähr 170 Millionen Meilen von der Sonne. Er durchläuft seine Bahn in 29 Jahren 167 Tagen 5 Stunden (welches eins seiner Jahre ausmacht), und jede Stunde ohngefähr 4000 Meilen. Sein Diameter ist 14500 Meilen, folglich beynahe $8\frac{1}{2}$ mal größer als der Diameter der Erde.

Dieser Planet ist mit einem dünnen breiten Ring umgeben, welcher, wenn man ihn durch ein gutes Fernglas betrachtet, die meiste Zeit so aussiehet, wie er in der Figur gezeichnet worden, nämlich doppelt und schiefliegend. Er neigt sich 30 Grade zur Ekliptik, und ist ohngefähr 4500 Meilen breit, auch eben so weit von allen Seiten vom Saturn entfernt. Man hat Ursache zu glauben, daß dieser Ring sich um eine Achse drehe, weil er zu der Zeit, wenn er uns beynahe seine scharfe Seite zukehrt, an einer Seite des Planeten oftmals dicker zu seyn scheint, als an der andern, auch diese dickere Ecke an verschiedenen Seiten seines Körpers ist wahrgenommen worden. Bisher hat man noch keine Flecken auf dem Körper des Saturns entdecken können; daher ist auch die Zeit der Umdrehung um seine Achse, die Länge seiner Tage und Nächte, und die Richtung seiner Achse annoch unbekannt. Die Sonne scheint den Bewohnern des Saturns nur den 90sten Theil so groß zu seyn, als uns; und sie haben auch nur in diesem

Verhältniß Licht und Wärme von ihr. Dieses zu ersetzen, hat er 5 Monde, die ausserhalb des Ringes, und beynahe in gleicher Fläche mit demselben, um ihn herumlaufen. Der erste oder nächste gehet um ihn in 1 Tage 21 Stunden 19 Minuten, und ist 30000 Meilen vom Mittelpunkte des Saturns entfernt. Der zweyte in 2 Tagen 17 Stunden 40 Minuten, und ist 40000 Meilen von seinem Mittelpunkte. Der dritte in 4 Tagen 12 Stunden 25 Minuten, und ist 56000 Meilen von ihm. Der vierte in 15 Tagen 22 Stunden 41 Minuten, und ist 130000 Meilen von ihm. Und der fünfte in 79 Tagen 7 Stunden 48 Minuten, und stehet 400000 Meilen von seinem Mittelpunkte.

Tab. I. fig. I. Ihre Kreise sind in dem Entwurfe des Sonnensystems Fig. I. durch die Zirkel 1, 2, 3, 4, 5 bey der Bahn des Saturns bezeichnet. Sie sind aber, in Verhältniß gegen die Bahn des Planeten, 50 mal zu groß. Die Sonne scheint beynahe 15 unserer Jahre an der einen Seite des Ringes, ohne unterzugehen, und wechselsweise eben so lange an der andern Seite: so daß der Ring den Bewohnern des Saturns 15 Jahr sichtbar und 15 Jahr unsichtbar seyn muß; wofern die Achse des Planeten keine Neigung gegen den Ring hat. Hat sie aber dieselbe, und wir nehmen sie z. E. auf 30 Grade an, so wird der Ring allen Bewohnern, die innerhalb 30 Graden an beyden Seiten des Aequators leben, jeden natürlichen Tag einmal erscheinen und verschwinden, und die Sonne in einem Saturnstage oftmals verfinstern. Zudem wird durch

durch solche Neigung der Achse des Saturns zu seinem Ringe, dieselbe alsdann mit seiner Bahn perpendikulär seyn, und dadurch wird der Unbequemlichkeit der Jahrszeiten auf diesem Planeten abgeholfen. Denn, wenn man die Länge eines seiner Jahre bedenkt, welches beynahe 30 der unsrigen gleich ist; in welchem fürchterlichen Zustande müßten sich die Bewohner seiner Polargegenden befinden, wenn sie 15 Jahre des Lichts und der Wärme der Sonne beraubt wären! Doch dieses wäre, wenn die Achse des Planeten dem Ringe perpendikulär seyn sollte, noch nicht alles; sondern der Ring würde auch großen Strecken Landes, zu beyden Seiten des Aequators, das Licht der Sonne 13 oder 14 Jahre nacheinander entziehen: und zwar bald an der Süder- und bald an der Norderseite, je nachdem die Achse sich zu oder von der Sonne kehrte. Das Gegentheil aller dieser Unbequemlichkeiten ist ein zweyter muthmaßlicher Beweiß: daß die Achse des Saturns sich zu seinem Ringe neige, und folglich mit seiner Bahn perpendikulär sey.

Den Bewohnern des Saturns muß der Ring ein großer leuchtender Bogen am Himmel zu seyn scheinen, der nicht zu dem Planeten gehört. Wir sehen seinen Schatten auf dem Köper des Saturns am breitesten, wenn er am meisten offen ist. Nachher wird der Schatten sowohl als der Ring immer schmäler, bis die Sonne durch die jährliche Bewegung des Saturns, gegen den scharfen Rand des Ringes über kommt, und wir ihn, weil solcher alsdann uns zugekehrt steht, seiner Dünne wegen,

gar

gar nicht sehen. Dieses geschieht in jedem Umlaufe des Saturns zweymal, nämlich wenn er im 19ten Grade der Fische und der Jungfrau ist. Wenn er in der Mitte zwischen diesen beyden Punkten stehet, so sehen wir ihn am meisten offen, und alsdenn ist sein längerer Durchmesser zu seinem kürzern wie 9 zu 4.

Wofern die Bewohner des Saturns solche Augen haben wie die unsrigen sind, und sich durch keine Instrumente zu helfen wissen, so ist ihnen kein anderer Planet sichtbar als der Jupiter, und den Bewohnern des Jupiters kein anderer als der Saturn. Sie müssen also entweder weiter sehen wie wir, oder sie müssen auch sehr gute Instrumente haben, um wissen zu können, daß ein solcher Körper wie unsere Erde in der ganzen Schöpfung sey. Denn vom Jupiter scheint unsere Erde nicht größer als einer seiner Trabanten. Und wofern sein grosser Körper nicht zuerst unsere Aufmerksamkeit erregt und unsere Neugierde gereitzt hätte, ihn durch ein Fernglas zu betrachten, und dieses ganz zufällig gegen die kleine Stelle des Himmels zu richten, wo sich zu der Zeit der Beobachtung seine Monde befanden, so würden wir niemals etwas von ihnen gewußt haben. Und eben dasselbe müssen wir auch von den Monden des Saturns sagen.

Die Bahn des Saturns neigt sich $2\frac{1}{2}$ Grad zur Ekliptik oder der Bahn unserer Erde, und berührt sie im 21sten Grad des Krebses und des Steinbocks; so daß Saturns Nodus nur 14 Grade

von

von dem Modus des Jupiters ist. Das wenige Licht, das die Bewohner des Jupiters und Saturns von der Sonne genießen, da sie den erstern nur den 28sten und den letztern nur den 90sten Theil so groß scheint als uns, könnte uns bewegen zu glauben, daß diese beyden Planeten gar nicht zu Wohnplätzen vernünftiger Wesen erschaffen wären. Allein, daß ihr Licht nicht so schwach seyn könne, als wir uns einbilden, beweiset einestheils ihr heller nächtlicher Glanz, und anderntheils das merkwürdige Phenomen: daß, wenn bey einer Sonnenfinsterniß die Sonne so weit bedeckt worden, daß nur der 40ste Theil ihrer Scheibe noch frey und unverfinstert bleibt, dennoch die Abnahme des Lichts nicht ganz ausserordentlich groß ist; ja, daß selbst gegen das Ende einer totalen Sonnenfinsterniß, wenn der westliche Rand der Sonne nur wie ein dicker Silberdrath hervorscheint, man über den hellen Glanz erstaunen muß, mit welchem dieser kleine Theil der Sonne leuchtet. Wenn unser Mond voll ist; so giebt er einem Wanderer Licht genug, seinen Weg nicht zu verfehlen, und doch ist er nach D. Smiths Optik nicht heller, als der neunzigtausendste Theil des Lichts der Sonne. Das ist: das Licht der Sonne ist neunzigtausendmal stärker als das Licht des vollen Monds. Folglich giebt die Sonne dem Saturn tausendmal und dem Jupiter dreytausendmal mehr Licht als der volle Mond uns: so daß diese beyden Planeten, auch wenn sie keine Monde hätten, weit mehr erleuchtet sind, als wir uns einbilden; und da sie

deren

deren so viele haben, ganz füglich bequeme Wohnplätze vernünftiger Wesen seyn können.

Ihre Wärme, in soferne solche von den Sonnenstralen abhängt, ist freylich geringer wie die unsrige. Ohne Zweifel sind aber die Körper ihrer Bewohner eben so gut dazu eingerichtet, als unsere Körper zu unsern Jahrszeiten. Und wenn wir bedenken, daß der Jupiter selbst bey seinen Polen niemals Winter hat (welches vermuthlich der nämliche Fall beym Saturn ist), so kann die Kälte auf diesen beyden Planeten nicht so heftig seyn, als wir gewöhnlich denken. Zudem kann auch die Natur ihres Bodens wärmer seyn, als die unsrige: da wir sehen, daß unsere Hitze nicht allemal von den Stralen der Sonne herrührt. Denn, wenn dieses wäre, so müßten wir jährlich in eben denselben Monaten gleiche Wärme und gleiche Kälte haben. Wir finden aber sehr oft das Gegentheil; denn unterweilen ist es im Februar wärmer als im May: welches den Ausdünstungen der Erde zugeschrieben werden muß.

Ein jeder vernünftiger Mensch, der dieses alles bedenkt, und das System der Monde, die zum Jupiter und Saturn gehören, mit einander vergleicht, muß über die ausserordentliche Größe dieser beyden Planeten und ihre erhabene Begleitung erstaunen, sobald er unsere kleine Erde dagegen betrachtet. Und er wird sich nie überreden, daß ein unendlich weiser Schöpfer alle seine Creaturen und Gewächse blos unserer Erde zugetheilt und alle andere Planeten von vernünftigen Geschöpfen entblößt und

und leer gelassen habe. Vorzugeben, daß er nur einzig unser Bestes zur Absicht gehabt, als er alle diese Monde erschuf, und ihnen ihre Bewegung um den Jupiter und den Saturn mittheilte: sich einzubilden, daß diese großen Körper nur unserntwegen da wären, da er doch wohl wußte, daß sie nur von einigen wenigen Astronomis, die sie durch ein Fernglas belauschten, gesehen werden konnten; und da er den Planeten ihre regelmäßige Abwechselung von Tag und Nacht, und verschiedene Jahrszeiten nach eines jeden Bedürfniß gab, ohne daß dieses uns, ausgenommen was unserm Planeten, der Erde, widerfährt, etwas nützen konnte. Sich also einzubilden, sage ich, daß der Schöpfer dieses alles blos unserntwegen gethan habe, wäre eben so boshaft, als ihn zu beschuldigen: er habe vieles umsonst gethan, und eben so thöricht, als zu glauben: daß in unserer Erde wiederum eine kleine Sonne und ein Planetensystem erschaffen wäre, wovon wir doch nicht den geringsten Nutzen hätten.

Diese Betrachtungen führen uns zu nichts geringerm, als zu einem überzeugenden Beweise, daß alle Planeten bewohnt sind. Denn, wenn sie es nicht wären, wozu denn alle die Vorsorge, sie mit so vielen Monden zu versehen und dadurch denen, die am weitesten von der Sonne sind, so viel mehr Licht zu verschaffen? Sehen wir nicht, daß, je weiter ein Planet von der Sonne ist, je größere Zurüstung ihm in dieser Rücksicht mitgetheilet worden (den einzigen Mars ausgenommen, der, weil er ein so kleiner Planet ist, vielleicht zu kleine

Monde hat, um von uns gesehen zu werden.)
Wir wissen, daß die Erde um die Sonne läuft,
und sich um ihre Achse drehe: damit durch das erstere die Abwechselung der Jahrszeiten, und durch
das letztere Tag und Nacht zum Wohl ihrer Bewohner hervorgebracht werde. Mögen wir nicht
aus gleichen Gründen überzeugend schließen: daß
der Zweck und die Absicht aller übrigen Planeten
eben dieselben seyn? und stimmt dieses nicht mit
der unvergleichlichen Harmonie überein, die durchs
ganze Weltgebäude hervorleuchtet? Gewiß! es ist
unläugbar, und erweckt in uns die erhabensten Begriffe von einem höchsten Wesen, das allen seinen
Geschöpfen, zu allen Zeiten und an allen Orten
gegenwärtig ist, um seine Macht, Weisheit und
Güte über die ganze Schöpfung zu verbreiten, und
unzählbaren Arten erschaffener Wesen, Segen und
Glückseligkeit mitzutheilen *).

In

*) Am 13ten März 1781 entdeckte Hr. William Her-
schel, zu Bath in England, durch ein von ihm
selbst verfertigtes 7schuhiges Spiegeltelescop, das
222mal vergrößerte, einen neuen periodischen
Stern, in der Milchstraße zwischen den Stiers-
hörnern und den Füßen der Zwillinge, der sich
unter einer nordlichen Breite, von etwa 12 Minuten, mit der Ekliptik parallel, nach Osten bewegte.

Nach erhaltener Nachricht ward er in eben
demselben Monate auch von Herrn Maskelyne
zu Greenwich und im April von Hrn. Meßier zu
Paris beobachtet; und im August desselben Jahres von dem geschickten Berlinischen Astronom
Herrn Bode.

Der

Beschreibung des Sonnensystems. 49

In der zweyten Figur haben wir die verhältniß- Tab.
mäßige Breite der Sonnenscheibe gezeichnet, wie sie I.
von den Planeten gesehen wird. Unter der Num- fig.
mer 1, vom Merkurius. Unter Nr. 2, von der 2.
Venus. Nr. 3, von der Erde. Nr. 4, vom Mars,
Nr. 5, vom Jupiter. Nr. 6, vom Saturn. Dieses zu beweisen, sey der Zirkel B, die Sonne, wie fig.
sie in gegebener Entfernung von einem Planeten 3.
gesehen wird; so wird sie folglich von einem andern Planeten, in doppelter Entfernung, nur halb
so breit, nämlich wie A, welches den vierten Theil
der Oberfläche von B ausmacht, gesehen werden.
Denn alle Zirkel verhalten sich gegen einander wie
die Quadrate ihrer Durchmesser. Wenn wir daher die Durchmesser obiger Zirkel gegen einander
vergleichen; so werden wir finden, daß die Sonne,
in

    Der letzte hat seinen Lauf mit vieler Genauig-
keit bemerket, und hält dafür, daß dieser Stern
ein uns noch nicht bekannter Hauptplanet unsers
Sonnensystems sey, der fast noch einmal so weit
wie Saturn von der Sonne stehet, und 82 Jahr
zu seinem Umlauf brauche. Diese Meynung ist
gar nicht unwahrscheinlich. Denn wie können wir
der Allmacht des Schöpfers Grenzen setzen, und wie
sind wir vermögend zu bestimmen, ob nicht in diesem unermeßlichen Raum noch mehrere zu unserm
System gehörige Planeten schweben, die unsere
Ferngläser nicht zu erreichen im Stande. Zudem
streitet die ungeheure Entfernung dieses Sterns
auf keine Weise mit den Gesetzen der Attraktion;
sobald wir bedenken (wie bereits angeführet),
daß die Kometen, ungeachtet ihrer erstaunenden
Weite, dennoch durch die Attraktion der Sonne
periodisch wiederum zu ihr zurückkehren.

in runder Zahl, dem Merkurius 7mal so groß scheine als uns: uns 90mal größer als dem Saturn, und dem Merkurius 630mal größer als dem Saturn.

fig. 4. In der 4ten Figur siehet man die verhältnißmäßige Größe der Planeten gegen einander; wenn man annimmt, daß die Sonne durch eine Kugel von 2 Fuß im Diameter vorgestellt werde. Die Erde ist also 27mal größer als Merkurius: ein klein wenig größer als Venus, und 5mal größer als Mars. Dagegen ist Jupiter 1049mal, Saturn (seinen Ring ausgeschlossen) 586mal, und die Sonne 877650mal größer als die Erde. Sollten die Planeten, so wie sie in der Figur gezeichnet sind, von einer Sonne, die 2 Fuß im Diameter hält, in ihrem wahren Abstande gestellet werden; so müßte Merkurius von dem Mittelpunkte der Sonnenkugel stehen (nach hamburgischen Maaße) 89 Fuß 10 Zoll. Venus 164 Fuß 8 Zoll. Die Erde 226 Fuß 9 Zoll. Mars 345 Fuß 6 Zoll. Jupiter 1189 Fuß 3 Zoll. Saturn 2440 Fuß 6 Zoll. Und der Komet von A. 1680 in seiner größten Entfernung von der Sonne 34520 Fuß. Dagegen würde der Abstand des Monds vom Centro der Erde nur 8 Zoll ausmachen.

Weil die Erde nicht im Mittelpunkte der Planetenkreise stehet; so kommen diese ihr von Zeit zu Zeit bald näher, und bald sind sie weiter von ihr. Daher scheinen sie auch zuweilen größer und zuweilen kleiner zu seyn. Folglich giebt die scheinbare

Größe

Beschreibung des Sonnensystems.

Größe der Planeten nicht allemal eine gewisse Regel, wobey wir sie erkennen.

Um unserer Einbildungskraft zu Hülfe zu kommen, daß man sich einigermaßen einen Begrif von der ungeheuren Weite der Sonne, der Planeten und der Sterne machen könne, wollen wir annehmen: daß ein Körper von der Sonne abgeworfen würde, der mit der Geschwindigkeit einer Kanonenkugel, das ist: in einer Stunde beynahe 105 deutsche Meilen flöge; so würde er die Bahn des Merkurius in 7 Jahren 221 Tagen: der Venus, in 14 Jahren 8 Tagen: der Erde, in 19 Jahren 91 Tagen: des Mars, in 29 Jahren 85 Tagen: des Jupiters, in 100 Jahren 280 Tagen: des Saturns, in 184 Jahren 240 Tagen: des Kometen von 1680, in seiner größten Entfernung von der Sonne, in 2660 Jahren, und den nächsten Firstern in ohngefähr 7 Millionen 600000 Jahren erreichen.

So ungeheuer groß auch alle diese Welten scheinen mögen, so hat man dennoch gefunden, daß sie bisher zu klein angenommen worden. Denn aus der Berechnung der beyden Durchgänge der Venus von Ao. 61 und 69 ergiebt sich, daß der Abstand der Sonne von der Erde zwischen 20 und 21 Millionen Meilen sey, da man ihn sonst nur immer auf 18 Millionen rechnete. Und, nach gleichem Verhältniß ist die Weite der übrigen Planeten ebenfalls größer.

Die Kometen sind feste undurchsichtige Körper, mit langen dünnen durchscheinenden Schweifen, die an derjenigen Seite des Kometen hervorgehen, die von der Sonne abgekehrt steht. Sie bewegen sich um die Sonne in sehr eccentrischen Ellipsen. Ihr periodischer Umlauf, oder die Zeit ihrer Wiederkehr zur Sonne, ist noch nicht mit zuverläßiger Gewißheit bestimmt; ob man sie gleich für 3 Kometen berechnet hat. Der erste von diesen dreyen war in den Jahren 1531, 1607 und 1682 sichtbar, und hätte müssen 1758 und in jedem folgenden 75sten Jahre wiederkommen. Der zweyte erschien im Jahre 1532 und 1661, und ist vermuthlich im Jahre 1789 und in jedem folgenden 129sten Jahre wieder sichtbar. Der dritte erschien zum letzten male An. 1680, kann aber vor Ao. 2255 nicht wiederkommen, da seine Periode eine Zeit von 575 Jahren ausmacht. Dieser letzte Komet war in seinem größten Abstande beynahe 2400 Millionen Meilen von der Sonne, und in seiner größten Annäherung, etwas weniger als den dritten Theil ihres halben Durchmessers von ihr entfernt. In diesem Theile seines Kreises, wo er der Sonne so nahe war, flog er in einer Stunde mit einer unermeßlichen Geschwindigkeit 188000 Meilen, und die Sonne schien ihm 100 Grade breit, das ist 40000mal größer zu seyn als uns. Die ungeheure Weite, die dieser Komet im leeren Raume fortlief, erregt in unsern Gemüthern eine Vorstellung der großen Entfernung, so zwischen der Sonne und dem nächsten Firsterne seyn müsse; da die Kometen der Anziehungskraft der Sterne entgehen, und dennoch periodisch zurückkehren, ihren Lauf um die

Sonne

Beschreibung des Sonnensystems. 53

Sonne zu vollführen. Zugleich aber beweiset es auch, daß die nächsten Sterne, welches wahrscheinlich die sind, so uns am größesten zu seyn scheinen, so groß wie unsere Sonne, und mit ihr von gleicher Natur seyn müssen, weil sie sonst in der unbeschreiblichen Weite nicht so helle glänzen könnten.

Der dicke Dunstkreis, die Hitze der Sonne, und der wüste Zustand der Kometen scheinen beym ersten Anblick anzuzeigen, daß sie zur Erhaltung des thierischen Lebens der Kreaturen gänzlich ungeschickt, und für vernünftige Geschöpfe ein höchst elender Aufenthalt seyn müßten. Allein, wenn wir auf der andern Seite bedenken, daß es der unendlichen Macht und Güte des Schöpfers ein leichtes war, Creaturen zu schaffen, deren körperlicher Bau ihrem Zustand, und ihren Bedürfnissen angemessen; daß die Materie einzig und allein der vernünftigen Wesen wegen da sey: und daß wir sie allerwärts, wo wir sie finden, mit Leben, und mit den Nothwendigkeiten des Lebens befruchtet sehen: daß die erstaunliche Verschiedenheit der Thierarten auf und in der Erde, im Wasser und in der Luft, daß jedes Kraut, jedes Blat, und jedes Fluidum mit Leben erfüllet sey: und daß jedes Geschöpf sich seines Daseyns und des Genusses der Wohlthaten der Natur, nach dem Maaße sie seinen Bedürfnissen angemessen sind, erfreuen könne. Wenn wir ferner erwägen, daß man vor ohngefähr 300 Jahren noch behauptete, daß ein großer Theil der Erde unbewohnbar sey: die heisse Zone wegen ihrer ausserordentlichen Wärme, und die beyden kalten Zonen

D 3 wegen

wegen ihrer unerträglichen Kälte: bis die Erfahrung uns eines bessern belehrte: so scheint es höchst wahrscheinlich, daß so große und zahlreiche Massen fester Materie, als die Kometen sind, so wenig ähnliches sie auch mit unserer Erde haben mögen, nicht von Kreaturen leer gelassen worden, die fähig wären, die Weisheit, Uebereinstimmung und Schönheit der Schöpfung mit Bewunderung zu betrachten, und mit Dankbarkeit zu verehren: wozu sie auf ihrer weiten Bahn mehr Gelegenheit, als wir in unserm eingeschränkten Kreise haben. Zudem, da es eine ausgemachte Wahrheit ist, so eingeschränkt auch unsere Kenntnisse in Ansehung der Bestimmung dieser Körper seyn mögen: daß, allerwärts, wo die Gottheit Beweise ihrer Macht sehen lassen, sie auch Beweise ihrer Weisheit und Güte offenbaret habe.

Das Sonnensystem, nach vorhergegangener Beschreibung, scheint den Alten, und besonders dem Pythagoras schon bekannt gewesen zu seyn. Es war aber in spätern Zeiten verlohren gegangen, bis der berühmte polnische Philosoph Nikolaus Copernicus, welcher im Jahre 1473 zu Thorn gebohren wurde, es wieder herstellete. Ihm folgten die größten Mathematiker und Philosophen, die seitdem gelebt haben, als: Kepler, Galilaei, Descartes, Gassendus, und der unsterbliche Newton.

Der letzte hat dieses System auf einen ewig daurenden Grund von mathematischen und physikalischen Beweisen gebauet, der nicht erschüttert werden kann, und kein vernünftiger Mensch, der diese
Beweise

Beweise zu begreifen fähig ist, kann weiter einigen Zweifel gegen dieses Lehrgebäude hegen.

Im Ptolomaeischen System behauptete man, daß die Erde im Mittelpunkte des ganzen Weltgebäudes fest stünde, und daß der Mond, Merkurius, Venus, die Sonne, Mars, Jupiter und Saturn um die Erde herumliefen. Ueber die Planeten setzte man das Firmament der Sterne, und über dieses wieder zwo krystallene Sphären: alles aber sey in ein primum mobile eingeschlossen, von welchen es seine Bewegung in 24 Stunden um die Erde von Osten nach Westen erhalte. Da aber dieser rohe Entwurf bey näherer Untersuchung und angestellter Beobachtung, nicht vermögend war, die Probe zu halten; so wurde er bald von allen wahren Philosophen verworfen, so sehr auch die hartnäckige blinde Wuth unwissender und scheinheiliger Eiferer sich dagegen empörte.

Dem Ptolomaeischen folgte das Tychonische System, wurde aber nicht so allgemein angenommen. In diesem setzte man fest, daß die Erde im Mittelpunkte des Universi, oder des Firmaments der Sterne fest stünde; und die Sonne jede 24 Stunden um sie herumlaufe; die Planeten hingegen, als Merkurius, Venus, Mars, Jupiter und Saturn sich in eben derselben Zeit wieder um die Sonne bewegten. Dagegen behaupteten einige von Tycho's Schülern: daß die Erde eine tägliche Bewegung um ihre Achse habe, und die Sonne mit allen übrigen Planeten in einem Jahre um die Erde gehe, in welcher Zeit die Planeten wieder um die Sonne liefen. Dieses theils wahre,

wahre, theils falsche System wurde von einigen wenigen angenommen, mußte aber bald dem einzigen wahren und vernünftigen Lehrgebäude weichen, welches Copernicus herstellte, und Newton bewieß.

Bis dahin hätten wir demnach die ersten allgemeinen Begriffe der Astronomie erklärt, und eine kurze Beschreibung unsers Sonnensystems, nach zuverläßigen Beobachtungen, gegeben. Ehe wir aber weiter gehen, und die Gesetze beweisen, nach welchen die Bewegung aller himmlischen Körper vom Schöpfer geordnet wurde, und nach welchen sie auf ihrer Bahn unverrückt fortlaufen; wird es nöthig seyn, zuvor von den Eigenschaften der Materie, und den Centralkräften der Körper etwas zu sagen.

Das dritte Kapitel.

Von der Materie und deren Eigenschaften.

Unter dem Worte Materie wird hier ein jedes Ding verstanden, das Länge, Breite und Dicke hat, und dem Anrühren widersteht.

Die wesentlichen Eigenschaften der Materie sind: Ausdehnung, Unwirksamkeit, Beweglichkeit und Theilbarkeit.

Die Ausdehnung entsteht dadurch, daß die materielle Sache Länge, Breite und Dicke hat. Aus dieser Ursache stellt man sich alle Körper unter dieser oder jener Form vor; und deswegen verhindert ein

jeder

Von der Materie u. deren Eigenschaft. 57

jeder Körper alle andere, eben denselben Platz ein: zunehmen, den er schon eingenommen hat. Denn, wenn ein Stück Holz oder Metall noch so stark zwischen zwo Platten gequetscht wird, so können sich diese doch niemals berühren. Selbst Wasser oder Luft hat die Eigenschaft, daß, wenn nur ein geringer Theil davon zwischen andern Körpern eingeschlossen ist, diese nicht zusammengebracht werden können.

Die zweyte Eigenschaft der Materie ist Unwirksamkeit oder Unthätigkeit. Vermöge dieser ist sie stets geneigt in dem Zustande, worinn sie ist zu bleiben, es sey Ruhe oder Bewegung. Wenn daher ein Körper zwey oder dreymal soviel Materie in sich enthält als ein anderer Körper, so hat er auch zwey oder dreymal soviel Unthätigkeit: das ist, es wird zwey oder dreymal soviel Kraft erfordert, ihm einen gleichen Grad der Bewegung zu geben, oder ihn aufzuhalten, wenn er in solche Bewegung gebracht worden.

Daß die Materie sich von selbst nicht bewegen könne, weiß jedermann. Denn man sieht, daß ein Stein, der auf einer ebenen Fläche der Erde liegt, sich nimmermehr von selbst bewege: es fällt auch niemand ein, zu denken, daß er solches könne. Daß jede Materie eine Neigung habe von dem Zustande der Bewegung in den Zustand der Ruhe zu verfallen, oder sich wieder darinn zu setzen, haben zwar einige geglaubt, weil sie sahen, daß eine Kanonenkugel oder ein Stein, wenn sie mit noch so großer Kraft in die schnellste Bewegung gebracht worden, sich

den=

dennoch bald wieder senken und stille liegen; sie bedachten aber nicht, daß dieses verursacht werde:

1) durch die Schwere oder das Gewicht dieses Körpers, welches ihn, ungeachtet des Triebs in diesem Zustande zu bleiben, zur Erde niederdrückt: und

2) durch den Widerstand der Luft, durch welche er sich bewegt, und welche seine Schnelligkeit jeden Augenblick vermindert, bis er fällt.

Eine Kugel läuft nur eine kurze Zeit auf einem mit Grase bewachsenen Platze; weil die Rauhigkeit und Unebenheit der Oberfläche so viel Reibung macht, daß jene bald aufgehalten wird. Wenn dieser Platz aber vollkommen wagerecht, und mit polirtem Glase bedeckt wäre, und die Kugel wäre vollkommen hart, rund und glatt; so würde sie einen viel weitern Weg laufen, weil sie keinen Widerstand hätte als die Luft. Wenn alsdann auch die Luft weggenommen wäre, so würde die Kugel, ohne Reibung, fortlaufen, und folglich ohne Verminderung der Schnelligkeit, die sie beym Anfange ihres Laufs hatte. Wäre die Kugel viele Meilen hoch über die Erde erhoben, und würde von da in einer wagerechten Richtung mit solcher Schnelligkeit fortgeworfen, daß sie in der Zeit, wenn sie, vermöge ihrer Schwere, sich zur Erde senken wollte, einen Raum durchliefe, der größer wäre als der halbe Durchmesser der Erde, und es wäre ihr alsdann kein anders Medium im Wege; so würde die Kugel ganz und gar nicht zur Erde fallen, sondern sie würde fortfahren sich stets auf derselben Bahn

Von der Materie u. deren Eigenschaft. 59

Bahn herumzuwälzen, und mit eben der Schnelligkeit denselben Punkt wieder durchzulaufen, von dem sie im Anfange war abgeworfen worden. Auf diese Weise läuft der Mond um unsere Erde, ob er gleich an und für sich eben so todt und unwirksam ist, als jedweder Stein der auf der Erde liegt.

Die dritte Eigenschaft der Materie ist Beweglichkeit: denn wir finden, daß alle Materie bewegt werden kann, wenn ein genugsamer Grad der Kraft angewandt wird, ihre Unwirksamkeit oder ihren Widerstand zu überwinden.

Die vierte Eigenschaft der Materie ist die Theilbarkeit. Diese geht bis ins Unendliche. Denn, weil die Materie niemals vernichtet werden kann, so können wir uns keinen Theil, er sey so klein er immer wolle, anders gedenken, als daß er zwo Seiten eine obere und eine untere habe: und daß, wenn man diesen Theil auf eine Tafel legt, die obere Seite weiter von der Tafel entfernt seyn müsse als die untere. Es ist daher lächerlich, wenn man sagt, daß der größte Berg auf der Erde mehr halbe, viertel, oder zehntel Theile habe, als der kleinste Theil der Materie.

Man hat verschiedene Erfahrungen, die uns beweisen, zu welcher erstaunlichen Feinheit die Materie durch Kunst getheilt werden könne. Unter diesen sind folgende beyde sehr merkwürdig:

1) Wenn ein Pfund Silber und ein einziges Gran Gold zusammengeschmolzen werden, so wird alsdenn das Gold durch die ganze Masse des Silbers gemischt oder vertheilt. Nimmt man

man nun von dieser Masse wiederum einen Gran, in welchem nicht mehr als der 5760ste Theil des einen Grans Gold enthalten seyn kann, und löset ihn in Scheidewasser auf, so fällt das Gold auf den Boden des Gefäßes.

2) Die Goldschläger können einen Gran Gold soweit ausdehnen, daß ein Blatt daraus wird, welches 50 Quadratzolle hält: und dieses Blatt kann man in 500000 Theile theilen, von welchen ein jeder sichtbar ist. Denn ein Zoll kann in 100 Theile nach der Länge getheilt werden, wovon man jeden mit blossen Augen sehen kann: folglich kann ein Quadratzoll in 10000, und 50 Quadratzolle in 500000 Theile getheilt werden. Betrachtet man diesen Theil durch ein Vergrößerungsglas, das den Diameter nur 10mal, und folglich das Feld 100mal vergrößert: so ist der 100ste Theil des 500000sten Theils eines Grans: das ist, der 50 Millionen Theil eines Grans Gold sichtbar. Man braucht diese Blätter gewöhnlich zur Vergoldung, und sie sind so dünne, daß, wenn 124500 derselben auf einander gelegt, und zusammengepreßt werden, sie nicht über einen Zoll in der Dicke ausmachen.

Doch dieses ist alles nichts, in Vergleichung der unendlichen Weite, welche die Natur in Theilung der Materie gegangen ist. Leuwenhoek fand, daß mehr Saamenthierchen in der Milch eines einzigen Cabeljau enthalten, als Menschen auf dem ganzen Erd-

Von der Materie u. deren Eigenschaft. 61

Erdboden sind; und daß, wenn man diese Thierchen durchs Mikroscopium mit einem gemeinen Sand, korn vergleicht, solcher größer ist als 4 Millionen derselben. Nun muß doch jedes Thierchen ein Herz, Pulsadern, Blutader, Muskeln und Nerven haben, sonst könnte es nicht leben oder sich bewegen: wie unbegreiflich klein müssen denn die Particheln ihres Bluts seyn, um durch die kleinsten Zweige und Verbindungen ihrer Puls- und Blutadern durchzukommen.

Man hat durch Ausrechnung gefunden, daß ein Particel ihres Blut im Verhältniß gegen den Diameter des zehnten Theils eines Zolles, eben so groß ist, als dieser zehnte Theil in Verhältniß gegen die ganze Erdkugel. Und doch, wenn man diesen Theil mit einer Particel der Lichtstralen vergleicht, so wird man finden, daß diese mit jenen wiederum in einem solchen Verhältnisse stehen, als ein großer Berg mit einem Sandkorn. Denn die Kraft, mit welcher ein Körper gegen einen Widerstand stößt, ist wie die Quantität der Materie multiplicirt mit seiner Geschwindigkeit. Da nun die Geschwindigkeit der Lichtstralen wenigstens eine Millionmal größer ist als die Geschwindigkeit einer Kanonenkugel, so ist es klar, daß, wenn eine Million dieser Particel nur so groß wäre als ein einziges Sandkorn, so dürften wir uns nicht unterstehen, unsere Augen den Lichtstralen zu öfnen; eben so wenig als wir es wagen dürften, vor eine Kanone zu treten, die mit Sand geladen uns in die Augen abgefeuert würde.

Daß

62 Das dritte Kapitel.

Tab. II. fig. 1.

Daß die Materie unendlich theilbar sey, läßt sich sehr leicht mathematisch beweisen. Denn, es sey A. B. die Länge eines Theils der getheilt werden soll, und C. D. und E. F. zwo Parallellinien, die ihn an beyden Enden berühren, und über D. und F. ins Unendliche fortgehen. Nun theile man die untere Linie in gleiche Theile zur rechten Hand von B. und wähle auf der obern einen Punkt, z. E. in R. ziehe aus diesem Punkte die Linien R. G. R. H. ꝛc. deren jede einen Theil von der Linie A. B. abschneiten wird. Hat man nun eine unendliche Zahl solcher Linien gezogen, so wird zuletzt doch immer noch ein Theil oben übrig bleiben, der nicht abgeschnitten werden kann. Denn, weil die Linien D. R. und E. F. parallel sind, so kann keine Linie von dem Punkte R., zu einem Punkte der Linie E. F. gezogen werden, der mit der Linie R. D. zusammen treffe. Folglich enthält A. B. mehr als eine endliche Anzahl von Theilen.

Eine fünfte Eigenschaft ist Attraktion oder Anziehung, welche aber der Materie mitgetheilt, und mehr zufällig als wesentlich zu seyn scheint. Von dieser giebt es viererley Arten, nämlich: Cohäsion (Anklebung), Gravitation (Neigung zum Mittelpunkte), Magnetismus und Elektricität.

Die Attraktion als Cohäsion ist das, wodurch kleine Theile der Materie sich untereinander ansaugen, und zusammenhängen. Hiervon haben wir verschiedene Beyspiele, und unter andern folgende:

1) Wenn eine enge an beyden Enden offene Glasröhre in Wasser eingetaucht wird, so

steigt

Von der Materie u. deren Eigenschaft. 63

steigt das Wasser in der Röhre ungleich höher als das Wasser in dem Gefäße steht. Dieses muß von der Anziehung der Particfeln herrühren, welche in dem innern Ringe der gläsernen Röhre rund herum liegen, und zwar unmittelbar über denen, zu welchen das Wasser hinaufsteigt. Ist es aber so hoch gestiegen, daß das Gewicht der Wassersäule der Attraktion der Röhre gleich ist, alsdann steigt es nicht höher. Man kann dieses auf keine Weise dem Drucke der Luft auf die Oberfläche des Wassers in dem Gefäße zuschreiben: denn, da die Röhre oben offen ist, so ist sie über dem Wasser voller Luft, und diese drückt auf das Wasser in der Röhre eben so stark, als die äussere Luft auf eine Säule von gleichem Durchmesser auf das Wasser in dem Gefaße. Und man findet auch keinen Unterschied, wenn dieses Experiment unter einem ausgeleerten Recipienten auf der Luftpumpe gemacht wird.

2) Ein Stück Zucker zieht Feuchtigkeit, und ein Schwamm zieht Wasser an sich: und nach diesem Grundsatze steigt der Saft in den Bäumen.

3) Wenn zween Tropfen Quecksilber nahe an einander hingeschüttet werden, so laufen sie zusammen, und machen einen großen Tropfen.

4) Wenn zwey Stücke Bley sauber geschabt, zusammen getrieben und an einander gepreßt werden, so ziehen sie einander so stark an, daß eine größere Kraft als ihr eigenes Gewicht erfor-

erfordert wird, sie von einander zu trennen. Man kann dieses keinesweges dem Drucke der Luft zuschreiben; denn es geschieht eben dasselbe in einem luftleeren Recipienten.

5) Wenn zwo polirte meßingene oder marmorne Platten zusammengedrückt, vorher aber mit ein wenig Oel beschmiert werden, um die Poros ihrer Oberfläche auszufüllen, damit sich keine Luft darinn aufhalte, so hängen sie, selbst im luftleeren Raume, so fest an einander, daß das Gewicht der untern Platte nicht vermögend ist, sich von der obern loszureissen.

6) Wenn zwey Stücke Kork von gleichem Gewichte in ein Gefäß mit Wasser neben einander geworfen werden, so bewegen sie sich, mit zunehmender Geschwindigkeit, gleich schnell, bis sie sich begegnen. Und wenn alsdann eins von beyden fortgestoßen wird, so zieht dieses das andere nach sich. Sind sie hingegen von ungleichem Gewichte, so nähern sie sich nach dem Verhältnisse dieses Gewichts mit vermehrter Geschwindigkeit: das ist, der leichtere Kork bewegt sich um soviel schneller, um soviel der schwere ihn an Gewicht übertrift. Dieses beweiset, daß die Anziehung eines jeden Korks seinem Gewichte oder seinem Inhalte gleich ist.

Diese Art von Attraktion erstreckt sich aber nur auf eine geringe Weite; denn zween Tropfen Quecksilber laufen nicht zusammen, sobald man sie in Staub herumwälzt, weil die Staubpartickeln sie aus der Sphäre ihrer Anziehung bringen.

Wo sich die Sphäre der Anziehung endiget, da fängt eine zurückstoßende Kraft an. So stößt z. B. Wasser die mehresten Körper von sich, bis sie naß sind, und eine kleine Nadel, die trocken ist, schwimmt auf selbigem.

Die zurückstoßende Kraft flüßiger Partickeln ist nur sehr geringe. Wenn daher ein Fluidum getheilt wird, so vereinigt es sich leicht wieder. Wenn aber Glas oder eine andere harte Substanz in kleine Theile gebrochen wird, so kann man sie nicht das hin bringen, daß sie zusammenhängen; es sey denn, daß man sie naß mache. Die Zurückstoßung ist zu groß um eine Wiedervereinigung zuzulassen. Die zurückstoßende Kraft zwischen Wasser und Oel geht so weit, daß es fast unmöglich ist diese beyden Flüssigkeiten so zu vereinigen, daß sie sich nicht wieder trennen. Wenn daher ein Ball von leichtem Holze erstlich in Oel getaucht, und dann in Wasser geworfen wird, so tritt das Wasser so zurück, daß es eine Art von Kanal rund um den Ball formirt.

Die zurückstoßende Kraft der Luftpartickeln ist von solcher Stärke, daß man sie niemals durch Zusammenpressung dahin bringen kann, daß sie untereinander anhängen, oder sich vereinigen. Daher rührt es, daß eine geringe Quantität Luft einen unendlich größeren Raum einnehmen kann, als sie vorher that, sobald das Gewicht der äussern Atmosphäre weggenommen ist.

Attraktion oder Gravitation ist die Kraft, nach welcher entfernte Körper sich zu einander neigen.

Hiervon haben wir täglich Beyspiele an Körpern die zur Erde fallen. Durch diese Kraft der Erde fallen Körper an allen Seiten derselben in senkrechten Linien auf sie nieder, und folglich an der uns entgegengesetzten Seite, in entgegengesetzter Richtung: alle aber zum Mittelpunkte der Erde, wo die Kraft der Gravitation vereinigt ist. Und durch eben diese Kraft werden Körper auf allen Seiten an der Oberfläche der Erde festgehalten, daß sie nicht davon fallen können. Da nun dieses auf alle Körper, nach dem Verhältniß ihrer eigenthümlichen Quantität der Materie, ohne Absicht auf ihre äussere Form und Figur wirkt, so bestimmt es dadurch ihr Gewicht. Also:

Wenn zween Körper, welche eine gleiche Quantität Materie in sich enthalten, in einer noch so großen Entfernung von einander gestellt wären, und nun in einem leeren Raume losgelassen würden, so würden sie, wofern kein dritter Körper in dem ganzen Weltgebäude wäre, der sie hinderte, durch die Kraft der Anziehung gleich schnell gegen einander fallen. Und diese Schnelligkeit würde, nach dem Maaße wie sie sich einander näherten, immer zunehmen, und endlich würden sie auf halbem Wege in einen Punkt zusammentreffen. Hingegen:

Wenn zween Körper, die eine ungleiche Quantität Materie in sich enthalten, auf die nämliche

liche Art von einander gestellt, und losgelaſ-
ſen würden, ſo würden ſie mit einer Schnelligkeit, die dem Verhältniß ihres wechſelſeiti-
gen Inhalts der Materie gleich wäre, gegen
einander fallen, und ſie würden, mit vermehrter Geſchwindigkeit, endlich in einen Punkt
zuſammentreffen, der der Stelle, wovon der
ſchwere Körper zu fallen angefangen, ſoviel
näher wäre, ſoviel der ſchwere den leichtern
an Materie übertráfe. Alle uns bekannten
Körper haben Schwere oder Gewicht. Denn,
daß kein ſolches Ding in der Natur ſey, das
gar keine Schwere habe: ſelbſt Dünſte, Dampf
und Rauch nicht ausgenommen, das kann
man durch Experimente der Luftpumpe beweiſen. Denn, wenn gleich der Dampf einer
Kerze in einem ſchmalen Recipienten nach
oben zu ſteigt, ſo lange dieſer voll Luft iſt,
ſo fällt er doch zu Boden, ſobald derſelbe
Luftleer geworden. Eben ſo ſchwimmt ein
leichtes Stück Holz, in einem mit Waſſer
angefüllten Gefäße, auf der Oberfläche des
Waſſers: wenn dieſes aber ausgegoſſen iſt,
ſo fällt jenes auf den Boden.

Da jede Partickel der Materie ihre eigenthümliche Schwere hat, ſo muß die Wirkung des Ganzen mit der Anzahl der anziehenden Partickeln:
das iſt, mit der Vielheit der Materie des ganzen
Körpers im Verhältniß ſtehen. Man kann dieſes
durch Experimente des Pendulums beweiſen: denn,
wenn ſie von gleicher Länge ſind, ſo machen ſie in glei-

cher Zeit gleiche Schwingungen, ihr Gewicht sey noch so verschieden. Nun ist es klar, daß, wenn ein Pendulum zwey oder dreymal so schwer ist als ein anders, so wird eine zwey oder dreymal gröſſere Kraft erfodert, es mit eben der Geschwindigkeit zu bewegen: so wie es eine zwey- oder 3mal gröſſere Kraft erfordern würde, eine Kugel von 20 oder 30 Pfund mit der nämlichen Schnelligkeit zu werfen als eine von 10 Pfund. Hieraus erhellet, daß die Kraft der Schwere allemal mit der Quantität der Materie eines Körpers im Verhältniß stehe, seine Form oder seine Figur sey welche sie wolle.

Die Schwere nimmt also, gleich allen andern Kräften oder Ausflüssen, die aus einem Mittelpunkte entstehen und hervordringen, nach dem Verhältniß ab, als die Entfernung, in sich selbst multiplicirt, zunimmt. Das ist: ein Körper, der in einer doppelten Entfernung von einem andern Körper ist, zieht nur mit einem vierten Theile Kraft an: in einer dreyfachen Entfernung, mit einem neunten Theile: in einer vierfachen, mit einem sechzehnten Theile u. s. f. Dieses wird durch Vergleichung der Weite bestätigt, die der Mond in einer Minute in gerader Linie aus seiner Bahn herabfallen würde, mit der Weite, die schwere Körper nahe an der Erde in eben derselben Zeit fallen: und durch Vergleichung der Kräfte, die die Trabanten des Jupiters in ihren Kreisen erhalten, zu ihrer verschiedenen Entfernung vom Jupiter selbst. Diese Kräfte sollen in der Folge näher erkläret werden.

Die

Von der Materie u. deren Eigenschaft. 69

Die Geschwindigkeit, welche Körper, wenn sie frey durch die Kraft ihrer Schwere fallen, nahe an der Erde erreichen, stehet mit der Zeit ihres Fallens in Verhältniß. Denn, da die Kraft der Schwere nicht in einem einmal empfangenen Stoße besteht, sondern stets auf gleiche Art fortwährend wirkt; so muß sie in gleicher Zeit auch gleiche Wirkung hervorbringen; und also in einer doppelten oder dreyfachen Zeit, eine doppelte oder dreyfache Wirkung.

Um diesen Punkt etwas ausführlicher zu beweisen, laßt uns annehmen: daß ein Körper anfienge sich mit einer Geschwindigkeit zu bewegen, die beständig stufenweise zunähme, und zwar so, daß sie ihn in einer Minute eine Meile weit forttriebe, so würde er am Ende derselben einen solchen Grad von Geschwindigkeit erreicht haben, die zureichend wäre ihn in der folgenden Minute zwo Meilen fortzustoßen, wenn er gleich von eben der Kraft, die ihn zuerst in Bewegung setzte, keinen neuen Antrieb bekommen hätte. Wofern aber diese beständig fortführe auf ihn zu wirken, so hätte sie ihn schon eine Meile weiter gebracht, und alsdann wäre er am Ende der zwo Minuten vier Meilen gelaufen. Nun würde er einen solchen Grad der Geschwindigkeit erreicht haben, als hinlänglich wäre ihn in noch einmal soviel Zeit, einen doppelten Raum, das ist, 8 Meilen in 2 Minuten durchzutreiben, wenn gleich die beschleunigende Kraft zu wirken aufhörte. Weil diese aber noch immer gleichförmig fortwirkt, so wird sie auch wieder in gleicher Zeit gleiche Wirkung hervorbringen, so,

daß,

daß, wenn sie ihn eine Meile weiter getrieben, sie verursacht, daß er in der dritten Minute 5 Meilen gelaufen, indem die bereits empfangene und noch stets empfangende Geschwindigkeit, jede ihre völlige Wirkung ausüben. Hieraus lernen wir, daß, wenn ein Körper sich in der ersten Minute eine Meile bewegt, so bewegt er sich in der zweyten 3, in der dritten 5, in der vierten 7, in der 5ten 9 Meilen u. s. w.

Es folgt demnach, daß die Weiten, welche in einer gleichen auf einander folgenden Zeit, durch eine stets zunehmende geschwindere Bewegung beschrieben werden, sich wie die ungeraden Zahlen 1, 3, 5, 7, 9 2c. und folglich die ganzen Weiten, wie die Quadraten der Zeiten, oder der zuletzt erlangten Geschwindigkeit verhalten. Denn die wiederhohlte Addition der ungeraden Zahlen giebt die Quadrate aller Zahlen von Eins an. So ist 1 die erste ungerade Zahl, und das Quadrat von 1 ist 1, 3 ist die zweyte ungerade Zahl, addirt zu 1 macht 4, das Quadrat von 2, 5 ist die dritte ungerade Zahl, addirt zu 4 macht 9, und so ins Unendliche. Weil daher die Zeiten und Geschwindigkeiten gleichförmig fortgehen als 1, 2, 3, 4 2c. Die Weiten hingegen in jeder gleichen Zeit beschrieben werden, als 1, 3, 5, 7 2c. so ist es klar, daß die angegebene Weite sey

in 1 Minute als - - - - - 1 das Quadrat von 1
2 Min. als $1+3$ $=4$ — von 2
3 — als $1+3+5$ $=9$ — — 3
4 — als $1+3+5+7=16$ — — 4 2c.

Von der Materie u. deren Eigenschaft. 71

Da schwere Körper durch ihre Gravitation im Niederfallen an Geschwindigkeit gleichförmig zunehmen; so ist es klar, daß sie durch eben dieselbe Kraft im Aufsteigen gleichförmig zurückgeführet werden können. Daher ist die Geschwindigkeit, welche ein Körper im Fallen erreicht, hinlänglich, ihn zu derselben Höhe wieder hinauf zu bringen, wovon er gefallen war: nur daß der Widerstand der Luft, oder ein anderes Medium, worinn er sich bewegt, abgerechnet werde. Es wird daher der Körper D., wenn er die schiefe Fläche A. B. herunter rollt, zu der Zeit, wenn er in B. kommt, eine solche Geschwindigkeit erreicht haben, die ihn auf der schiefen Fläche B. C. beynahe wiederum nach C. hinaufzubringen vermögend wäre. Sie würde ihn auch völlig hinaufbringen, wenn die Fläche und der Körper vollkommen glatt wären, und die Luft keinen Widerstand machte. Eben so, wenn ein Pendulum in einem völlig luftleeren Raume in Bewegung gebracht wäre, und es hätte keinen andern Widerstand, auch keine Reibung am Aufhängepunkt; so würde es sich in Ewigkeit fort bewegen: denn, die Geschwindigkeit, die es durch den niedersinkenden Theil seines Bogens im Fallen erreicht, würde immer vermögend seyn, es eben so hoch durch den aufsteigenden Theil desselben wieder hinaufzubringen.

Tab. II. fig. 2.

Das Centrum Gravitatis, der Schwer- oder Ruhepunkt, ist derjenige Punkt eines Körpers, in welchem die ganze Kraft seiner Schwere, oder seines Gewichts vereinigt ist. Was daher diesen Punkt unterstützt, trägt das Gewicht des ganzen Körpers:

E 4 und

und so lange solcher unterstützt bleibt; so lange kann der Körper nicht fallen, weil alle seine Theile in vollkommenem Gleichgewichte um diesen Punkte sind.

Eine von dem Schwerpunkte eines Körpers zum Mittelpunkte der Erde, in Gedanken, gezogene Linie, wird die Direktionslinie genannt. In dieser Linie fallen alle schwere Körper, wenn sie nicht aufgehalten werden.

Weil demnach das ganze Gewicht eines Körpers in diesem Mittelpunkte seiner Schwere vereinigt ist; so müssen wir annehmen: daß, wenn solcher steige oder falle, der ganze Körper eben dasselbe thue. Weil es aber der Natur schwerer Körper zuwider ist, aus eigener Bewegung in die Höhe zu steigen, oder nicht zu fallen, wenn man sie losläßt: so ist ausgemacht, daß, wenn das Centrum Gravitatis nicht unterstützt ist, der ganze Körper umstürzen oder fallen werde. Daher rührt es, daß Körper auf ihrer Grundfläche stehen, wenn die Direktionslinie innerhalb ihrer Grundfläche fällt: weil der Körper alsdann nicht zum Fallen gebracht werden kann; es sey denn, daß man das Centrum höher bringe, als es zuvor war. So steht der sich neigende Körper A. B. C. D., dessen Centrum Gravitatis in C. ist, fest auf seiner Grundfläche C. D. I. K., weil die Direktionslinie innerhalb derselben fällt. Wenn aber ein Gewicht A. B. G. H. oben darauf gelegt wird, so ist das Centrum Gravitatis des Körpers und des Gewichts bis in I. erhöhet. Da aber alsdann die Direktionslinie I. D. ausserhalb der Grundfläche in D. fällt; so ist das Centrum nicht mehr unterstützt,

Tab. II. fig. 3.

und

und der Körper fällt zusammt dem Gewichte nieder. Hieraus erhellet die Unbesonnenheit der Leute, die in einer Kutsche oder in einem Boote, wenn sie fürchten umgeworfen zu werden, schnell aufstehen: denn sie erhöhen dadurch den Schwerpunkt, so daß sie das Fahrzeug wirklich über seine Grundfläche bringen; und sind Ursache, daß eben dasjenige, was sie vermeiden wollen, desto eher geschehen kann. Hätten sie sich dagegen platt auf dem Boden niedergesetzt; so hätten sie die Direktionslinie, und folglich auch das Centrum Gravitatis weiter innerhalb der Grundfläche gebracht, und sich dadurch gerettet.

Je breiter die Grundfläche, und je näher die Direktionslinie dem Mittelpunkte eines Körpers ist, desto fester steht derselbe. Je schmaler hingegen die Basis, und je näher die Direktionslinie den Seiten desselben ist; desto leichter kann der Körper umfallen: weil eine geringe Veränderung der Stellung hinreicht, die Direktionslinie im letztern Falle eher über die Grundfläche hinauszubringen als im erstern. Daher kommt es, daß eine Rundung so leicht auf einer horizontalen Fläche fortgerollet werden kann; und daß es so schwer, ja fast unmöglich ist, ein scharf zugespitztes Ding auf seinen Punkt zu stellen.

Aus dem, was bisher gesagt worden, erhellet demnach: daß, wenn die Fläche, worauf der schwere Körper gestellet ist, schief liegt, derselbe alsdann darauf herunter gleiten wird, so lange die Direktionslinie innerhalb seiner Grundfläche fällt: daß er aber überstürzt, so bald sie ausserhalb derselben fällt.

Tab. II. fig. 4. fällt. Auf diese Weise wird der Körper A. auf der schiefen Fläche C. D. nur heruntergleiten; der Körper B. hingegen darauf herunterfallen.

Wenn die Direktionslinie innerhalb der Grundfläche unserer Füße fällt, so stehen wir; und wir stehn am festesten, wenn sie in der Mitte fällt. Fällt sie aber ausserhalb derselben; so fallen wir uns verzüglich. Es ist daher nicht allein lustig, sondern selbst bewundernswürdig, wenn man die verschiedenen unbedachten Arten und Posituren bemerkt, welche wir anwenden diese Stellung zu behalten, oder sie wieder zu erlangen, wenn wir sie verloren haben. Aus der Ursache biegen wir unsern Körper vorwärts, wenn wir vom Stuhle aufstehen, oder die Treppe hinansteigen. Und aus eben der Ursache geht ein Mensch vorwärts gebückt, wenn er eine Last auf dem Rücken trägt: hinterwärts, wenn er sie vor der Brust; und zur rechten oder linken, wenn er sie an der entgegengesetzten Seite trägt. Man kann diesen noch eine Menge anderer Beyspiele hinzufügen.

Die Quantität der Materie steht in allen Körpern mit ihrer Schwere in genauem Verhältniß, ihre Figur sey welche sie wolle. Daher sind schwere Körper von derselben Figur als leichte, soviel dichter und gedrungener, soviel sie diese an Gewicht übertreffen.

Alle Körper sind porös, oder voller materieleeren Räume: und selbst im Golde, welches der schwerste von allen Körpern ist, findet sich vielleicht eine größere Menge Raum als Materie. Denn
die

Von der Materie u. deren Eigenschaft. 75

die Partickeln der Hitze und der magnetischen Kraft finden durch die Poros des Goldes einen leichten Durchgang: und selbst Wasser ist durch Gold gepresst worden. Ueberdem, wenn wir bedenken, wie leicht die Lichtstralen in allen Richtungen durch einen so festen Körper als Glas, dringen; so werden wir veranlasset zu glauben, daß die Körper viel poröser sind als wir gemeiniglich denken.

Alle Körper empfinden mehr oder weniger, auf eine oder die andere Art die Wirkung der Hitze und des Feuers: und die metallischen Körper werden dadurch in die Länge, Breite und Dicke ausgedehnt. Eine eiserne Stange von 3 Fuß Länge, ist im Sommer beynahe den 70sten Theil eines Zolles länger als im Winter.

Ueber die vorher gemeldeten allgemeinen Eigenschaften der Körper giebt es einige, die diesen oder jenen besonders eigen sind. Dahin gehört die magnetische Kraft. Die merkwürdigsten Eigenschaften des Magnets sind:

1) Er zieht Eisen und Stahl an, und sonst nichts.

2) Er drehet, wenn er an einen Faden gehangen wird, der sich nicht kraußelt, beständig eine Seite nach Norden, und die andere nach Süden.

3) Er theilt seine Eigenschaften einem Stücke Eisen oder Stahl mit, wenn dieses an ihm gerieben wird, ohne etwas von den seinigen zu verlieren ꝛc.

Einige

Einige Körper, besonders Harz, Glas, Siegellack, Agate, und fast alle edlen Steine haben eine eigenthümliche Kraft leichte Körper anzuziehen, und wegzustoßen, wenn sie zuvor durch Reiben sind erhitzt worden. Dieses nennt man die elektrische Attraktion. Endlich kann auch die sogenannte chemische Attraktion noch hieher gerechnet werden.

Das vierte Kapitel.

Von den Centralkräften der Körper.

Wir haben schon erwiesen, daß es eine nothwendige Folge der Unempfindlichkeit oder Unwirksamkeit der Materie sey, daß alle Körper eine Neigung haben, in dem Zustande, worinn sie sich befinden, zu verbleiben; es sey Ruhe oder Bewegung. Wenn der Körper A. irgendwo in einem freyen Raume wäre hingestellt worden, und es wäre nichts, was ihn hier oder dorthin triebe; so würde er ewig auf derselben Stelle bleiben, weil er von sich selbst keinen Antrieb hat, diesen oder jenen Weg zu laufen. Bekäme er einen einfachen Stoß als von A. nach B. so würde er in dieser Richtung fortgehen: denn von sich selbst könnte er niemals von der geraden Linie abgehen, noch seinen Lauf aufhalten. — Wenn er die Weite A. B. durchgelaufen wäre, ohne einen Widerstand anzutreffen; so würde seine Geschwindigkeit eben dieselbe in B. seyn, die sie in A. war:

Tab. II. fig. 5.

und

und diese Geschwindigkeit würde ihn, in noch einmal soviel Zeit, noch einmal so weit von B. nach C. bringen; und so ferner bis in Ewigkeit. Wenn wir daher sehen, daß ein Körper sich bewegt, so urtheilen wir, daß eine andere Sache ihm diese Bewegung müsse mitgetheilt haben. Und wenn wir sehen, daß ein Körper aus der Bewegung zur Ruhe kommt; so schliessen wir, daß ein anderer Körper, oder eine andere Ursache ihn müsse aufgehalten haben.

Da alle Bewegung von Natur geradlinigt ist: so folgt, daß eine Kugel, die aus der Hand geworfen oder aus einer Kanone geschossen wird, sich ewig nach derselben Richtung in gerader Linie bewegen würde, wenn keine andere Kraft sie davon ablenkte.

Sobald wir daher gewahr werden, daß ein Körper sich nach einer krummen Linie bewegt; so schliessen wir, daß wenigstens zwo Kräfte zugleich auf ihn wirken: eine, die ihn in Bewegung gebracht, und eine andere, die ihn von dem geraden Laufe, darinn er sonst sich zu bewegen fortfahren würde, abgebracht habe. Denn, sobald die Kraft, die die Bewegung des Körpers von der geraden Linie zur krummen zwingt, aufhört; sobald wird der Körper sich wieder nach der geraden Linie bewegen, und zwar von dem Punkte des Bogens an, den er berührte, als die Kraft nachließ. Z. B. ein Kieselstein, wenn man ihn noch so lange, mittelst einer Schleuder, in der Runde herumgeschwungen, wird den Augenblick, da man das Ende des Schleuderdrats los, und ihn in Freyheit

heit läßt, wegfliegen, und zwar in einer geraden Linie von dem Punkte des Bogens, den er den Augenblick berührte, als man ihn frey ließ. Und diese Linie würde wirklich ganz gerade seyn; wenn die Attraction der Erde nicht auf den Stein wirkte, und ihn niederwärts zöge. Dies beweiset, daß die natürliche Neigung des Steins, wenn er in Bewegung gebracht worden, ihn zur geraden Linie treibt; ob er gleich durch die Kraft, so die Schleuder führt, sich hat im Zirkel bewegen müssen. Die Veränderung der Bewegung eines Körpers von der geraden Linie stehet mit der angewandten Kraft in Proportion. Denn die Wirkungen der natürlichen Dinge stehen allemal mit der Kraft oder Gewalt dieser Dinge im Verhältniß. Nach diesen Gesetzen ist es leicht zu beweisen: daß ein Körper, der durch zwey vereinte oder vielmehr zusammenwirkende Kräfte getrieben wird, die Diagonallinie eines Vierecks oder eines Parallelogramma beschreiben muß; anstatt daß er durch eine einfache Kraft nur eine der Seitenlinien beschreiben wird.

Tab. II. fig. 6.
Es sey demnach der Körper A. ein Schiff auf der See; solches würde vom Winde nach der geraden Linie A. B. getrieben, und zwar mit einer Kraft, die es von A. nach B. in einer Minute bringen könnte. Nun nehme man an, daß ein Strom in der Richtung A. D. mit einer solchen Stärke flösse, daß er dieses Schiff in gleicher Weite von A. nach D. ebenfalls in einer Minute treiben könnte; so würde das Schiff, mittelst dieser beyden Kräfte, die zusammen in einem rechten Winkel gegen einander wirken, die

Linie

Linie A. E. C. in einer Minute beschreiben: welche Linie (weil die Kräfte gleich und senkrecht gegen einander sind) die Diagonallinie eines vollkommenen Vierecks ist.

Dieses Gesetz durch ein Experiment zu beweisen, lasset einen viereckten hölzernen Rahmen A. B. C. D. machen, und zwar so, daß ein zweyter E. F. in den ersten nach Gefallen aus- und eingeschoben werden könne. An diesem letztern befestiget eine Rolle H., welche in H. ist, wenn der Rahmen eingeschoben, und in h., wenn er ausgezogen worden. Hierauf lasset unter der Rolle einen geraden metallenen Drath K. an derselben anschrauben, auf welchem eine Kugel G. auf- und niedergeschoben werden könne. An dieser Kugel befestiget eine Schnur, welche bey I. über die Rolle geht. Mittelst dieser Schnur kann die Kugel, wenn der Rahmen völlig eingeschoben ist, an dem Metalldrath, mit der Seite A. D. parallel in die Höhe gezogen werden. Wird aber der Rahmen ausgezogen; so zieht er die Kugel der untern Seite D. C. parallel mit sich. Auf solche Art kann die Kugel entweder perpendikulär an dem Drath in die Höhe gezogen, oder horizontal mit dem Rahmen fortgeschoben werden, und zwar in gleicher Weite und in gleicher Zeit, weil jede Kraft gleich stark und für sich darauf wirkt. Befestiget man aber die Schnur mit dem obern Ende an dem Knopf I. oben im Winkel des festen Rahmens, und der bewegliche wird alsdann ausgezogen; so wirken beyde Kräfte gemeinschaftlich auf die Kugel. Denn einmal wird sie durch die Schnur aufwärts gezogen, und zum andern wird

Tab. II. fig. 7.

wird sie durch den Rahmen seitwärts fortgeführt: während welcher Zeit sie sich nach der Diagonallinie L. bewegt, und sich oben in G. befinden wird, wenn der Rahmen eben so weit als vorher ausgezogen worden.

Sind die Kräfte gleich, die Winkel aber gegen einander schief; so werden die Seiten des Parallelogramma auch so seyn: und die Diagonallinie, welche der sich bewegende Körper durchläuft, wird länger oder kürzer seyn, nach dem Maaße die Winkel mehr oder weniger schief sind. So, wenn zwo gleiche Tab. Kräfte gemeinschaftlich auf den Körper A. wirken, II. und die eine ihn durch die Weite A. B. in derselben fig. Zeit treibt, daß die andere ihn durch eine gleiche 8. Weite nach A. D. bringet; so wird er in eben der Zeit, in welcher die einzelnen Kräfte, jede besonders, ihn eine der Seiten würde haben beschreiben lassen, die Diagonallinie A. G. C. beschreiben. Ist die eine Kraft größer wie die andere; so wird die eine Seite des Parallelogramma so viel länger seyn. Denn, wenn eine Kraft allein den Körper durch die Weite A. E. in derselben Zeit treibt, daß die andere ihn würde durch die Weite A. D. getrieben haben; so wird die vereinte Kraft von beyden ihn in eben der Zeit durch die Diagonallinie A. H. des schiefen Parallelogramma A. D. E. F. treiben.

Wenn zwo Kräfte auf solche Art auf einen Körper wirken, daß sie ihn gleich stark bewegen; so wird die Diagonallinie, die er beschreibt, eine gerade Linie seyn. Wirken sie hingegen so auf ihn, daß die eine
Kraft

Kraft den Körper immer schneller und schneller bewegt; so wird die beschriebene Linie einen Bogen ausmachen. Und dieses ist der Fall bey allen Körpern, die in geradelinigter Richtung fortgestossen sind, und auf welche zugleich die Kraft ihrer Schwere wirkt; als welche eine fortwährende Neigung hat, die Bewegung derselben, in der Direktion, worinn sie wirkt, zu beschleunigen.

Hiervon wollen wir im folgenden Kapitel ausführlicher reden.

Das fünfte Kapitel.

Beweis, daß das jetzt angenommene Copernicanische System wahr sey.

Ob wir gleich in den beyden vorhergehenden Kapiteln über die Eigenschaften der Materie und die Centralkräfte der Körper bereits ausführlich geredet haben: so wird es doch nicht überflüßig seyn, die vornehmsten Wahrheiten nochmals kürzlich zu wiederholen: um sie dem Gedächtnisse besser einzuprägen, und uns den Weg zu den nachfolgenden Beweisen zu erleichtern.

Die Materie ist an und für sich selbst unwirksam, und zur Bewegung so wenig als zur Ruhe geneigt. Ein Körper der in Ruhe ist, kann sich nimmer von selbst in Bewegung setzen: und ein

Körper der in Bewegung ist, kann nimmer von selbst stille stehen, oder langsamer laufen. Wenn wir daher sehen, daß ein Körper sich bewegt; so schliessen wir, daß eine andere Substanz, oder ein anderes Ding ihm diese Bewegung müsse gegeben haben. Und wenn wir sehen, daß ein Körper, der in Bewegung ist, nun sich in Ruhe setzt, oder aufhört sich zu bewegen, so urtheilen wir billig: daß ein anderer Körper oder eine andere Ursache daran Schuld sey.

Alle Bewegung ist von Natur geradelinicht. Eine Kugel aus der Hand geworfen, oder aus einer Kanone geschossen, wird in ihrer anfänglichen Richtung beständig fortgehen, wenn keine andere Kraft sie von ihrem Laufe ablenkt. Sobald wir also wahrnehmen: daß ein Körper sich in einer krummen Linie, oder in einem Bogen bewegt; so schliessen wir: daß wenigstens zwo Kräfte zugleich auf ihn wirken; eine, die ihn in Bewegung gebracht; und eine andere, die ihn von seinem geraden Laufe, in welchem er würde geblieben seyn, abgebracht habe.

Die Kraft, durch welche Körper zur Erde fallen, nennt man Anziehung oder Schwere. Durch diese Kraft der Erde fallen alle Körper, es sey an welcher Seite es wolle, in einer Linie, die der Oberfläche perpendikulär ist, auf sie nieder. An den entgegenstehenden Seiten der Erde fallen sie in entgegenstehender Richtung; alle aber zum Mittelpunkte, wo die ganze Kraft der Schwere gleichsam vereinigt ist. Die Wirkung, die diese Kraft auf allen Körpern an der Erde hervorbringt, ist, daß sie alle daran fest

gehal

Beweiß des Copernicanischen Systems.

gehalten werden, und nimmer davon abfallen noch sie verlassen können. Körper, die in einer schrägen Linie fortgestoßen worden, werden durch diese Kraft gezwungen, sich von der geraden Richtung in einen Bogen zu bewegen, bis sie niederfallen. Je größer die angewandte Kraft ist, mit welcher sie fortgestoßen werden; je größer ist die Weite die sie durchlaufen, ehe sie fallen. Wenn wir annehmen, daß ein Körper viele Meilen über die Erde erhaben wäre, und daselbst mit einer solchen Gewalt in horizontaler Richtung, fortgestoßen würde, daß er in der Zeit, da er durch seine Schwere zur Erde fallen wollte, über den halben Diameter der Erde hinausflöge; so würde er, wofern kein widerstehendes Medium ihm im Wege wäre, gar nicht zur Erde fallen, sondern auf gleichem Wege um sie herumlaufen, und mit eben der Schnelligkeit, die er anfänglich hatte, zu dem Punkte wiederkommen, wovon er fortgestoßen wurde. Wir finden, daß der Mond in einem beynahe völlig runden Kreise um die Erde läuft. Es müssen daher zwo Kräfte auf ihn wirken: eine, die ihn in gerader Linie forttreibt: und eine andere, die ihn von dieser Linie zur krummen zwingt. Diese anziehende Kraft muß ihren Sitz in der Erde haben; weil kein anderer Körper innerhalb der Bahn des Monds ist, der ihn anziehen könne. Folglich erstreckt sich die anziehende Kraft der Erde bis zum Monde, und verursacht, in Gemeinschaft mit der fortstoßenden oder Flugkraft, daß der Mond sich auf gleiche Art rund um die Erde bewegt, als der oben in Gedanken angenommene Körper.

Man

Man hat bemerkt, daß die Monde des Jupiters und Saturns um ihre Planeten herumlaufen: es müssen daher diese Planeten eine anziehende Kraft besitzen. Alle Planeten laufen um die Sonne, und nehmen sie für den Mittelpunkt ihrer Bewegung an: folglich muß die Sonne mit einer anziehenden Kraft begabt seyn, eben wie die Erde und die Planeten. Von den Kometen kann man dasselbe beweisen: so daß alle Körper oder Materie des Sonnensystems diese Kraft von Natur besitzen; und vielleicht ist nichts in der Schöpfung das sie nicht besitzt.

So wie nun die Sonne die Planeten mit ihren Trabanten, und die Erde den Mond anzieht; so ziehen die Planeten und ihre Trabanten, zugleichen der Mond die Erde sich wiederum wechselseitig an: denn Wirkung und Gegenwirkung sind sich immer verhältnißmäßig gleich. Dieses wird durch Erfahrung bestätigt, indem der Mond die Fluth im Ocean hebt, und die Planeten und Trabanten sich einander in ihrer Bewegung beunruhigen. Jeder Theil der Materie besitzt von Natur eine anziehende Kraft: folglich muß die Wirkung des Ganzen mit der Anzahl der anziehenden Theile, das ist, mit der Vielheit der Materie des Körpers im Verhältniß stehen. Dieses beweisen die Experimente des Pendulums. Denn, wenn die Pendula von gleicher Länge sind; so machen sie in gleicher Zeit gleiche Schwingungen: ihre Gewichte mögen so verschieden seyn als sie wollen. Wenn daher das eine doppelt so schwer ist als das andere; so muß die Kraft der Gravität oder der Anziehung auch doppelt seyn, damit es mit gleicher

Beweiß des Copernicanischen Systems.

cher Geschwindigkeit schwingen könne. Hat es dreymal soviel Schwere; so erfordert es dreymal soviel Kraft der Gravität, daß es sich mit gleicher Schnelligkeit bewege u. s. f. Hieraus ist klar: daß die Kraft der Schwere oder der Gravität, allemal mit der Vielheit der Materie in den Körpern im Verhältniß stehe, ihre Form oder Figur sey welche sie wolle.

Die Schwere nimmt daher, gleich allen andern Kräften oder Ausflüssen, die einen Körper zu einem Mittelpunkte treiben oder hinziehen, nach dem Maaße ab, als das Quadrat der Entfernung zunimmt. Das ist: Ein Körper in der doppelten Entfernung zieht den andern nur mit einem vierten Theile Kraft an: in der vierfachen Entfernung nur mit einem sechszehnten Theil u. s. w. Es ist dieses durch Beobachtung bestätigt. Denn, man hat die Weite, die der Mond in einer Minute in gerader Linie von seiner Bahn herabfallen würde, mit der Weite verglichen, die Körper nahe an der Erde in eben derselben Zeit fallen: und eben so hat man die Kräfte verglichen, welche Jupiters Monden in ihren Kreisen halten.

Dieses soll im folgenden Kapitel weiter erklärt werden.

Die wechselseitige Anziehung der Körper läßt sich am besten durch das Beyspiel eines großen Schiffs und eines kleines Boots, die beyde auf dem Wasser liegen, und durch ein Seil mit einander verbunden sind, deutlich machen.

Lasset einen Mann entweder in dem Schiffe oder in dem Boote das Seil zu sich ziehen (die Wirkung ist immer dieselbe, er ziehe an welchem Ende

Ende er wolle, weil das Seil stets gespannt seyn wird) so wird das Schiff und das Boot gegen einander gezogen; nur mit dem Unterschiede: daß das Boot sich soviel schneller bewegen wird als das Schiff, soviel das Schiff schwerer ist als das Boot. Gesetzt aber: das Boot sey eben so schwer als das Schiff; so werden sie beyde gleich schnell gegen einander gezogen werden, und gerade in die Mitte ihrer ersten Entfernung zusammentreffen. Es versteht sich, daß der größere Widerstand des Wassers gegen den größern Körper hier nicht in Betrachtung kommt. Ist das Schiff tausend oder zehntausendmal schwerer als das Boot; so wird das Boot 1000 oder 10000mal schneller gezogen werden als das Schiff, und wird ihm nach diesem Verhältniß, von der Stelle entfernt wo das Schiff zuerst lag, begegnen. Nun laßt, während der Zeit der eine Mann den Strick anzieht, um das Schiff und das Boot zusammen zu bringen, einen andern Mann in dem Boote versuchen, das Boot aus allen Kräften seitwärts, oder mit dem Stricke im rechten Winkel wegzurudern; so wird der erste, anstatt daß er im Stande sey das Boot anzuziehen, Mühe genug haben das Boot zu halten, daß es nicht weiter abgehe: während daß der andere, der es in gerader Linie wegrudern will, durch die Anziehung des erstern genöthigt seyn wird, das Boot, so lang der Strick ist rund um das Schiff herum zu rudern. Hier mag die Kraft, die angewandt wird, das Schiff und das Boot gegen einander zu bringen, die wechselseitige Attraktion der Sonne und der Planeten vor-

vorstellen, durch welche die Planeten mit einer sehr schnellen Bewegung gegen die Sonne fallen, und im Fallen die Sonne wiederum an sich ziehen würden. Und die Kraft, die angewendet wird, das Boot wegzurudern, mag die fortstoßende oder Flugkraft vorstellen, die den Planeten anfänglich ertheilt worden, in rechten Winkeln gegen die Attraktion der Sonne, oder derselben beynahe perpendikulär wegzufliegen. Durch diese beyden Kräfte sind sie genöthiget stets um die Sonne herumzulaufen, und werden zugleich verhindert auf sie herabzufallen. Wollte man aber, an der andern Seite, versuchen, ein großes Schiff um ein kleines Boot herum laufen zu machen; so würden beyde eher zusammen kommen, als das Schiff herum käme; oder das Schiff würde auch das Boot mit sich fortschleppen.

Wenn wir nun obige Grundsätze auf die Sonne und die Erde anwenden, so werden sie, ohne daß der geringste Zweifel übrig bleibe, beweisen, daß die Sonne und nicht die Erde im Mittelpunkte unsers Systems stehe: und daß die Erde, wie alle übrigen Planeten, um die Sonne laufe. Denn, liefe die Sonne um die Erde; so müßte die anziehende Kraft der Erde, die Sonne von der fortlaufenden geraden Linie zu sich ziehen, damit sie sich in einen Kreis bewegte. Da aber die Sonne wenigstens 227tausendmal schwerer ist als die Erde, weil sie soviel Quantität Materie mehr hält; so müßte sie sich 227tausendmal langsamer gegen die Erde bewegen als die Erde gegen die Sonne. Folglich würde die Erde in sehr kurzer Zeit auf die Sonne fallen, wofern sie

F 4 nicht

nicht eine sehr starke Flugkraft hätte, die sie wegführte. Es müssen daher die Erde sowohl als die übrigen Planeten, einen Antrieb haben, nach einer geraden Linie fortzulaufen, wodurch sie abgehalten werden, auf die Sonne zu fallen.

Wollte man sagen: die Gravitation erhalte alle andere Planeten in ihrer Bahn; nur nicht die Erde, die zwischen dem Mars und der Venus läuft; so wäre dieses eben so albern, als wenn man behaupten wollte: sechs Kanonenkugeln wären in verschiedenen Höhen aufwärts in die Luft geschossen; fünf davon wären wieder zur Erde niedergefallen; die sechste aber, die weder die höchste noch die niedrigste gewesen, wäre in der Luft hängen geblieben, und fiele niemals wieder nieder, sondern die Erde liefe rund um sie herum.

In der ganzen Natur ist nichts zu finden, welches beweiset, daß ein schwerer Körper um einen leichten, als den Mittelpunkt seiner Bewegung, herumlaufe. Ein kleiner Kieselstein, den man mittelst einer Schnur an einen Mühlstein bevestigt, kann durch einen geringen Stoß dahin gebracht werden, daß er um den Mühlstein herumlaufe; aber kein Stoß ist vermögend den Mühlstein dahin zu bringen, daß er um einen losen Kiesel laufe; sondern der Mühlstein würde wegrutschen und den Kiesel mit sich fortschleppen.

Die Sonne ist unermeßlich viel größer als die Erde, so daß, wenn sie von ihrer Stelle wegrückte, nicht nur die Erde, sondern alle Planeten, auch wenn sie in einer Masse vereiniget wären, auf eben
die

Beweiß des Copernicanischen Systems.

die Art mit der Sonne würden weggeführt werden als der Kiesel mit dem Mühlsteine.

Wenn wir das Gesetz der Gravitation oder der Schwere, welches durchs ganze Planetensystem herrscht; aus einem andern Gesichtspunkte betrachten; so werden wir noch überzeugender einsehen, daß die Erde in einem Jahre um die Sonne laufe und nicht die Sonne um die Erde. Wir haben oben schon bewiesen, daß die Kraft der Schwere sich nach dem Maaße vermindert, als das Quadrat der Entfernung zunimmt. Hieraus folgt mit mathematischer Gewißheit: daß, wenn zween oder mehrere Körper sich um einen andern als ihren Mittelpunkt bewegen; so ist das Quadrat der Zeit ihrer periodischen Bewegung, in gleichem Verhältnisse als die Cubi ihrer Entfernung von dem Körper, der im Mittelpunkte ist, oder um den sie sich herum bewegen. Dieses trift ganz genau mit den Planeten um die Sonne, und den Trabanten um die Planeten zu, deren relative Entfernungen zuverläßig bekannt sind. Sobald wir daher annehmen, daß die Erde um die Sonne laufe, und ihre Periode, nach obiger Regel, mit der Mondsperiode vergleichen; so wird sich finden, daß die Sonne 173510 Tage gebrauchte um die Erde herum zu kommen: in welchem Falle unser Jahr 475mal länger seyn müßte, als es nun ist. Hiezu kommt, daß die scheinbare Zunahme und Abnahme der Planeten: die Zeit, worinn sie still zu stehen, oder bald rückwärts und bald vorwärts zu gehen scheinen, ganz genau mit der Bewegung der Erde zutrift;

keinesweges aber mit der Bewegung der Sonne; oder man müßte die ungereimtesten und ausschweifendsten Meynungen behaupten, wodurch alle Harmonie, Ordnung und Uebereinstimmung im ganzen System verwirret und zerstöret würden.

Ferner ist gewiß: daß, wenn man annimmt, daß die Erde stille stehe, und die Sterne in 24 Stunden um sie herumlaufen, alsdann die Kräfte, wodurch die Sterne sich in ihren Kreisen bewegen, nicht gegen die Erde, sondern gegen die Mittelpunkte der verschiedenen Kreise gerichtet sind; das ist, der verschiedenen Parallelzirkel, welche die Sterne täglich an unterschiedlichen Seiten des Equators beschreiben. Und dasselbe muß auch von der angeblichen täglichen Bewegung der Planeten gelten; weil sie auf ihrem Laufe, im Verhältniß gegen den gestirnten Himmel, nur zweymal in der Equinoktiallinie sind. Daß aber Kräfte gegen keinen Centralkörper, von dem sie physikalisch abhangen, sondern gegen unzählbare, in der Einbildung angenommene Punkte der Achse der Erde bis zu den Polen des Himmels fortgeführt, gerichtet seyn sollten, ist eine so thörichte Hypothese, daß sie kein vernünftiger Mensch annehmen kann. Und eben so thöricht ist es, sich einzubilden, daß diese Kräfte ganz genau im Verhältniß der Entfernungen von dieser Achse zunehmen sollten. Denn dieses wäre eine Anzeige von einer Zunahme ins Unendliche; da man doch gefunden, daß die Kraft der Anziehung sich vermindert, je weiter sie sich von der Quelle entfernt, woraus sie fließt.

Ferner:

Ferner: je weiter ein Stern von dem ruhenden Pole ist, desto größer muß der Kreis seyn, den er beschreibt. Und dennoch sieht man, daß er in eben derselben Zeit rund zu gehen scheint, in welcher der nächste am Pole rund geht. Und wenn wir zuletzt die zwiefache Bewegung bedenken, die wir an den Sternen gewahr werden: nämlich die eine von 24 Stunden um die Erde, und die andere von 25920 Jahren um die Achse der Ekliptik; so würden wir zuletzt eine solche verwickelte Zusammensetzung der mancherley Kräfte zu erklären haben, die auf keine Weise mit einer einzigen physikalischen Theorie bestehen könnte.

Es ist nur ein einziger Einwurf von einigem Gewichte gegen die Bewegung der Erde um die Sonne möglich, und zwar dieser: daß nämlich die Achse der Erde, weil sie bey den entgegenstehenden Punkten ihrer Bahn allemal in paralleler Richtung bleibt, in ihrem jährlichen Laufe nothwendig gegen mehreren Firsternen zeigen müßte; welches sich doch, wie die Erfahrung lehrt, nicht also verhält, da sie beständig gegen einem und eben denselben Stern stehet.

Allein dieser Einwurf ist leicht gehoben, sobald man die unermeßliche Weite der Sterne bedenkt, und solche gegen den Diameter der Bahn der Erde vergleicht, der gegen jene nur wie ein Punkt zu rechnen ist. Wenn wir ein Lineal an der Ecke eines kleinen vierecketen Tisches anlegen, und längs demselben hinuntersehen, so daß es auf die Spitze eines etwa zwo Meilen entfernten Kirchthurms zei-

get;

get; und dann das Lineal an der andern Ecke des Tisches mit der vorigen Lage parallel legen; so wird solches ebenfalls auf den Kirchthurm hinzeigen: weil unsere Augen, auch selbst mit den besten Fernsgläsern, nicht vermögend sind, bey einer so großen Weite eine so kleine Veränderung zu unterscheiden.

Der berühmte Doktor Bradley hatte durch vieljährige genaue Beobachtungen wahrgenommen, daß die Firsterne eine kleine scheinbare Bewegung, durch die Abänderung ihres Lichts hätten; er fand aber nachher, daß solches so genau mit der jährlichen Bewegung der Erde übereinstimme, daß es dieselbe bis zur mathematischen Gewißheit beweiset.

Wahr ist es, daß die Sonne ihren Platz täglich zu verändern scheint, gleich als wenn sie jährlich den Himmel rund liefe. Allein es wird immer dasselbe seyn, es mag die Sonne oder die Erde rund laufen. Denn, wenn die Erde an einer Stelle des Himmels steht, so wird die Sonne an der entgegenstehenden Stelle erscheinen. Und daher kann dieser Anschein für keinen Einwurf gegen die Bewegung der Erde gelten.

Es ist einem jeden, der auf ebenem Wasser gesegelt, oder bey stillem Wetter durch einen Strom fortgeführet worden, zur Genüge bekannt, daß, wenn das Fahrzeug auch noch so geschwind geht, er dennoch dessen fortrückende Bewegung nicht merket. Nun ist aber die Bewegung der Erde sanfter und gleichförmiger als eines Schiffes, oder als jeder andern Maschine, die jemals die menschliche

Kunst

Kunst hervorbringen kann: folglich können wir uns gar nicht vorstellen ihre Bewegung zu fühlen. Wir finden, daß die Sonne, und diejenigen Planeten, auf welchen wir sichtbare Flecken wahrnehmen, sich um ihre Achsen drehen; weil die Flecken regelmäßig über ihren Discum, oder ihre Scheibe gehen. Hieraus können wir vernünftigerweise schliessen: daß die andern Planeten, auf denen wir keine Flecken sehen, eben solche Umdrehungen machen. Weil wir aber nicht vermögend sind, die Erde zu verlassen, und sie in einiger Entfernung zu betrachten: ihre Bewegung auch so sanft und gleichförmig ist; so können wir weder sehen, wie sie, noch wie die Planeten sich um ihre Achsen drehen, und eben so wenig können wir die Bewegung der Erde fühlen. Indessen setzt uns doch eine Wirkung dieser Bewegung in den Stand mit Gewißheit zu beurtheilen, ob die Erde sich um ihre Achse drehe oder nicht. Alle kugelförmigen Körper, die sich nicht um ihre Achsen drehen, sind vollkommen rund, wegen der Gleichheit des Gewichts der Körper auf ihren Oberflächen, vornehmlich der flüßigen Theile derselben. Allein alle Kugeln, die um ihre Achsen herumlaufen, sind gedruckte Spheroiden; das ist, ihre Oberflächen müssen höher oder weiter vom Centro in den mittlern Equatorealgegenden, als in den Polargegenden seyn. Denn, weil die Equatorealtheile sich am schnellsten bewegen; so treten sie am weitesten von der Achse der Bewegung zurück, und vergrößern den Equatorealdurchmesser. Daß unsere Erde wirklich eine solche Figur habe, ist aus

den

den ungleichen Schwingungen des Pendulums, und aus der ungleichen Länge der Grade in verschiedenen Breiten zu beweisen. Da nun die Erde beym Equator höher ist als bey den Polen; so würde die See, welche natürlicherweise niederwärts, oder nach den Oertern, die dem Mittelpunkte am nächsten sind, zuläuft, gegen die Polargegenden laufen, und die Equatorealgegenden trocken lassen, wenn die Centrifugalkraft dieser Gegenden, wodurch das Wasser dahin geführt worden, es nicht hielte, daß es nicht zurücklaufen könnte. Der Durchmesser der Erde ist beym Equator 8 Meilen länger als bey den Polen.

Alle Körper sind bey den Polen schwerer als beym Equator, weil sie näher beym Centro der Erde sind, wo die ganze Kraft der Erd-Attraktion gleichsam zusammengehäuft ist. Sie sind aber auch deßwegen schwerer, weil ihre Centrifugalkraft geringer, indem ihre tägliche Bewegung langsamer ist. Aus diesen beyden Ursachen verlieren alle Körper, die von den Polen zum Equator gebracht werden, allmählich an ihrem Gewichte. Wiederholte Experimente beweisen, daß ein Pendulum, welches Sekunden schwingt, beym Equator langsamer schwingt als bey den Polen; welches beweiset, daß es daselbst leichter sey, oder weniger Attraktion habe. Um es in eben derselben Zeit schwingen zu machen, hat man von der Länge etwas abnehmen müssen. Man hat die verschiedenen Längen des Sekunden-Pendulums unter dem Equator

und

und zu London mit einander verglichen, und gefunden, daß ein Pendulum beym Equator $2\frac{188}{1000}$ Linien kürzer seyn müsse als bey den Polen.

Wofern sich die Erde in 84 Minuten 43 Sekunden um ihre Achse drehete; so würde die Centrifugalkraft, der Kraft der Schwere beym Equator gleich seyn. Drehete sie sich noch geschwinder; so würden sie alle davon fliegen.

Die unveränderliche, immer gleiche Bewegung der Erde um ihre Achse, kann eben so wenig empfunden werden als jemand die Bewegung des Schiffs in der Cajüte fühlt, wenn sich solches gelinde, und allmählig rund drehet. Es kann daher dieses für keinen Einwurf gelten; daß wir die tägliche Bewegung der Erde nicht fühlen: eben so wenig als der scheinbare Lauf der himmlischen Körper ein Beweiß ist, daß sie wirklich um uns herumlaufen. Denn ob sie sich oder wir uns drehen, der Anschein ist einerley. Wenn jemand durch die Kajütenfenster eines Schiffs sieht, indem das Schiff rund gehet; so scheint ihm das Land herumzulaufen, und nicht das Schiff.

Es wären also nunmehr die gewöhnlichsten Einwendungen gegen die Umdrehung der Erde beantwortet; so wie wir zugleich bewiesen haben, daß sie sich drehen könne, ohne daß wir es sehen oder fühlen. Allein es giebt noch einige, die da glauben, daß, wenn die Erde sich ostwärts drehete (wie sie thun muß, wenn sie sich wirklich drehet) so müßte eine Kugel, die aufwärts gerade in die Luft geschossen würde, auf einer Stelle wieder niederfallen,

die

die schon etwas weiter westwärts von dem Orte läge, wo sie abgeschossen worden. Diese Einwendung, die beym ersten Anblick einiges Gewicht zu haben scheint, hat, bey näherer Betrachtung, gar keins, sobald wir bedenken, daß die Flinte sowohl als die Kugel an der Bewegung der Erde Antheil haben. Und weil daher die Kugel eben so geschwinde mit der Luft fortgeführt wird, als die Luft und die Erde sich drehet; so muß sie nothwendig auf derselben Stelle wieder niederfallen. Wenn man einen Stein von der obersten Spitze des großen Masts herunterfallen läßt; so fällt er am Fuße des Masts aufs Verdeck, das Schiff mag segeln oder stille liegen. Wenn man eine Bouteille voll Wasser umgekehrt an die Decke der Kajüte hängt, und in den Kork ein kleines Loch bohrt, damit das Wasser durchtröpfeln könne; so fallen die Tropfen immer vorwärts, das Schiff segle oder nicht. Und Fliegen und Mücken laufen eben so leicht und ungestört in einer fortsegelnden Kajüte herum als in einer feststehenden Stube. Was endlich die Ausdrücke in der Bibel anbetrift; so wissen wir wohl: daß die Bibel nicht dazu geschrieben worden, ein Lehrbuch der Astronomie zu seyn.

Das sechste Kapitel.

Physikalische Ursachen der Bewegung der Planeten und ihrer Monde nach den Grundsätzen Newtons.

Aus der gleichförmigen nach einer geraden Linie fortlaufenden Bewegung der Körper, und aus der allgemeinen Kraft der Anziehung entstehen die bogenförmigen Bewegungen aller Planeten.
Dieses ist die Grundregel des großen Gesetzes, nach welchem der Allmächtige die wundervolle Harmonie der Bewegung aller himmlischen Körper, und das herrliche Gleichgewicht in der Natur angeordnet und bestimmt hat. Dieses Gleichgewicht der Natur besteht darinn: daß, wenn zween Körper von ungleicher Schwere, in gleichem Zeitraume, um einander laufen, der schwere soviel langsamer geht, soviel die Quantität seiner Materie größer: und hingegen der leichtere soviel geschwinder geht, soviel die Quantität seiner Materie geringer ist: daß folglich dasjenige, was dem einen an Geschwindigkeit abgeht, durch die Quantität seiner Materie: und was dem andern an Quantität der Materie abgeht, durch seine Geschwindigkeit wieder ersetzt wird; so, daß ihre Centrifugalkräfte ihrer gegenseitigen Attraktion gleich sind. Und da diese Attraktion sie verhindert aus ihrer Bahn wegzufliegen; so verhindert die Centrifugalkraft sie wiederum, daß sie nicht durch

Das sechste Kapitel.

durch ihre gegenseitige Attraktion auf einander fallen. Das menschliche Geschlecht hat diese wichtige Entdeckung dem unsterblichen Newton zu verdanken: und wir wollen uns nunmehr bemühen, es so faßlich als es uns möglich ist, zu erklären.

Tab. III. Wenn der Körper A. in einem freyen Raume, wo er keinen Widerstand findet, nach der geraden Linie A. B. fortgestoßen wäre: und keine andere Kraft ihn seitwärts ablenkte; so würde er mit einerley Geschwindigkeit, ewig in derselben Richtung fortlaufen. Denn, die Kraft, die ihn in einer gegebenen Zeit von A. nach B. bringt, wird ihn in noch einmal soviel Zeit von B. nach X. bringen; und so immer fort; weil nichts ist, das seinen Lauf aufhält oder ablenkt. Wenn aber in der Zeit, daß diese fortstoßende Kraft ihn z. E. nach B. fortführt, der Körper S. anfängt, ihn mit einer gewissen bestimmten Kraft, die seiner Bewegung nach B. perpendikulär ist, an sich zu ziehen; so wird er von der geraden Linie A. B. X. abgezogen und gezwungen werden in dem Kreise B. Y. T. U. um den Körper S. herumzulaufen.

Wenn er alsdann nach U. oder nach einer jeden andern Stelle seines Kreises kommt; und der kleine Körper u. daselbst, innerhalb der Anziehungssphäre des größern, nach der geraden Linie L., mit einer der Anziehung von U. perpendikulären Kraft, fortgestoßen ist; so wird U. in dem Kreise W. rund um U. herumlaufen, und ihn auf seinem ganzen Wege um den Körper S. begleiten. Hier mag S. die Sonne; W. die Erde, und u. den Mond bedeuten.

bebeuten. Senkte sich der Planet bey B., oder
würde er so von der Sonne angezogen, daß er in
eben derselben Zeit von B. nach y. gefallen wäre,
in welcher ihn die fortstossende Kraft würde von B.
nach X. geführt haben; so wird er durch die vereinte Wirkung dieser beyden Kräfte den Bogen B.
Y. in eben derselben Zeit beschreiben, in welcher
ihn die fortstossende Kraft allein, von B. nach x.;
oder die anziehende Kraft allein von B. nach y.
würde gebracht haben. Und wenn diese beyden
Kräfte verhältnißmäßig bestimmt, und einander
perpendikulär sind; so folgt er beyden, und bewegt
sich in dem Kreise B. Y. T. U. Damit aber die
Flugkraft der anziehenden Kraft genau das Gleichgewicht halte, und der Körper genöthigt sey, sich in
einem Kreise zu bewegen; so muß die Flugkraft
von der nämlichen Stärke seyn, als wenn er durch
die anziehende Kraft allein den halben Radius des
Zirkels heruntergefallen wäre. Wenn während der
Zeit, daß die fortstossende Kraft den Planeten von
B. nach b. geführet, die Attraktion der Sonne,
welche die Schwerkraft des Planeten ausmacht,
ihn sollte von B. nach I. niedergezogen haben; so
würde die letztere gegen die erste zu stark seyn, und
den Planeten zwingen, den Bogen B. C. zu beschreiben. Kommt er alsdann nach C.; so wird
die anziehende Kraft, welche stets nach dem Maaße
zunimmt als das Quadrat der Entfernung von S.
sich vermindert; noch stärker gegen die fortlaufende,
oder Flugkraft, seyn: die Bewegung des Planeten,
indem sie sich in gewisser Maaße damit vereinigt,

G 2 auf

auf seinem ganzen Wege von C. nach K. beschleunigen, und verursachen, daß er die Bogen B. C., C. D., D. E., E. F. ꝛc. alle in gleicher Zeit beschreibt. Wenn seine Bewegung auf die Art ist beschleunigt worden; so hat er soviel Centrifugalkraft, oder Neigung bey K. in der Linie K. k. wegzufliegen gewonnen, als hinlänglich ist, der Attraktion der Sonne zu widerstehen. Und weil also die Centrifugalkraft zu stark ist, als daß der Planet der Sonne näher kommen, oder auch nur in dem Kreise K. l. m. n. ꝛc. sich um sie bewegen könne; so geht er ab: steigt in den Bogen K. L. M. N. ꝛc. aufwärts, und seine Bewegung vermindert sich stufenweise von K. nach B. in gleichem Grade, als sie sich vorher von B. nach K. vermehret; weil die Attraktion der Sonne nun ganz genau eben so stark gegen die Flugkraft des Planeten wirkt, als sie vorher mit derselben wirkte. Wenn er bis B. wieder herumgekommen; so ist seine Flugkraft von ihrer mittlern Stärke bey G. oder N. in eben dem Verhältnisse wieder vermindert, als sie bey K. vermehrt war; und alsdann ist die Attraktion der Sonne stark genug, den Planeten zu halten, daß er nicht bey B. wegfliege; folglich beschreibt er, durch die Wirkung eben derselben Kräfte, wiederum eben denselben Bogen als vorher. „Eine doppelte fortlaufende oder „Flugkraft hält einer vierfachen Anziehungs- oder „Schwerkraft allemal das Gleichgewicht.“

Gesetzt; es hätte der Planet bey B. einen doppelt so starken Antrieb nach x. als er vorher hatte: das ist: er wäre in eben derselben Zeit, da er in der

der vorigen Ausgabe von B. nach b. getrieben wurde, nun von B. nach c. getrieben worden; so erfordert es eine viermal stärkere Gravität ihn in seinem Kreise zu halten: das ist, er muß in der Zeit, daß ihn die Flugkraft von B. nach c. getrieben, von B. nach 4. niederfallen; sonst könnte er den Bogen B. D. nicht beschreiben, wie aus der Figur zu ersehen ist.

Allein in eben der Zeit, darinn er sich in dem obern Theile seines Kreises von B. nach C. bewegt, bewegt er sich in dem untern Theile desselben von I. nach K. oder von K. nach L.; weil er durch die vereinte Wirkung beyder Kräfte auf seinem ganzen Laufe in gleichen Zeiten gleiche Areas beschreiben muß. Diese Areae sind durch die Triangel B. S. C., C. S. D., D. S. E., E. S. F. ꝛc. bezeichnet, deren Inhalte in der ganzen Figur einander gleich sind.

Da die Planeten sich, in jedem Umlaufe, einmal der Sonne nähern, und einmal weiter von ihr sind; so möchte es vielleicht einige Schwierigkeit haben, die Ursache zu begreifen, warum durch die Kraft der Gravität, wenn sie einmal über die Flugkraft die Uebermacht bekommen, nicht der Planet in jedem Umlaufe, der Sonne immer näher komme: zuletzt auf sie falle, und sich mit ihr vereinige? oder, warum die Flugkraft, wenn sie über die Gravität die Oberhand bekommen, den Planeten nicht immer weiter von der Sonne wegführe; ihn ganz und gar aus der Anziehungssphäre derselben bringe, und alsdann in gerader Linie ewig forttreibe? Allein diese Schwierigkeit wird gehoben seyn, wenn wir die Wirkungen der beyden Kräfte bedenken, wie sie vorher beschrieben sind. Man nehme an: es wäre ein Planet bey B. durch die Flugkraft in der Zeit von B. nach b. getrieben, in welcher die Gravität ihn von B. nach I. niedergezogen hätte; so wird er, vermöge dieser beyden Kräfte, den Bogen B. C. beschreiben. Kommt der Planet herunter nach K.; so ist er nur halb so weit von der Sonne S. als er in B. war. Und weil er nun viermal stärker gegen sie fällt; so würde er in eben derselben Zeit von K. nach U. fallen, in welcher er in dem obern Theile seines Kreises von B. nach I., das ist, durch einen viermal größern Raum sich müßte gesenkt haben. Weil aber seine Flugkraft alsdann bey K. so sehr zugenommen hat, daß sie ihn in eben derselben Zeit von K. nach k. wegführen würde, wo sie doppelt so groß ist als sie in B. war; so ist sie folglich gegen die Schwerkraft zu stark, daß diese weder den Planeten zur Sonne ziehen, noch ihn zwingen kann, daß er in dem Kreise K. L. m. n. ꝛc. rund laufe; weil er alsdann von K. nach W., oder vielmehr durch einen größern Raum fallen müßte, als die Gravität, in der Zeit, daß die fortstoßende Kraft ihn würde von K. nach k. geführt haben, ziehen kann. Er muß daher in dem Bogen K. L. M. N. in die Höhe steigen, und aus bereits angeführten Ursachen nach und nach an Geschwindigkeit abnehmen.

Wir haben oben gesagt: daß, wenn ein Planet, z. E., die Erde auf ihrer Bahn um die Sonne, einen kleinern Körper anträfe, der innerhalb ihrer

Anziehungssphäre, mit einer, der Anziehung der Erde, als des größern Körpers perpendikulären Kraft, nach der geraden Linie wäre fortgestossen worden; so würde der kleinere Körper um den grössern herumlaufen, und ihn auf seinem ganzen Wege um die Sonne begleiten. Hierbey ist zu bemerken: daß alsdann aber die Erde nicht mehr ganz genau auf ihrer Bahn bleiben; sondern daß der Kreis, den sie machen würde, wenn sie keinen Mond zum Begleiter hätte, nunmehr durch das gemeinschaftliche Centrum Gravitatis der Erde und des Monds beschrieben werde: und daß selbst die Sonne nicht im Centro der Planetenkreise stehen könne; sondern eine kleine Bewegung um das allgemeine Centrum Gravitatis des ganzen Systems machen müsse, dieses aber, ihrer ungeheuren Größe wegen, noch im Körper der Sonne liege. Wir werden dieses in der Folge durch ein Experiment beweisen. Um uns zugleich einen Begrif von den bogenförmigen Linien zu machen, die durch zween Körper, so um ihr gemeinschaftliches Centrum Gravitatis laufen, beschrieben werden, während daß sie sich, nebst einem dritten Körper, um das gemeinschaftliche Centrum Gravitatis von allen dreyen bewegen; so wollen wir zuvörderst annehmen, daß sie sich alle in völlig runden Kreisen bewegen: daß E. die Sonne, und e. die Erde sey, die um die Sonne laufe ohne vom Monde begleitet zu seyn: und daß ihre Bewegungskräfte nach oben erwähnten Gesetzen bestimmt wären. In diesem Falle wird die Erde in dem punktirten Zirkel R. S. T. U. V. W. X. ꝛc. um die

Tab. IV.

Sonne gehen. Nun wollen wir den Mond q. mit dazu nehmen, und auf einen Augenblick voraussetzen: daß die Erde keine fortrückende Bewegung um die Sonne hätte; so würde sie in dem Kreise S. 13, deßen Mittelpunkt das gemeinschaftliche Centrum Gravitatis der Erde und des Monds ist, herumgehen: während daß der Mond in seinem Kreise A. B. C. D. herumläuft, weil sie durch ihre Attraktion mit einander verbunden sind.

Da es aber eine bekannte Wahrheit ist: daß während der Zeit der Mond um die Erde läuft, die Erde um die Sonne laufe; so verursacht der Mond, daß die Erde einen etwas irregulären Bogen um die Sonne macht: und daß nun das gemeinschaftliche Centrum Gravitatis der Erde und des Monds, denjenigen Kreis beschreibt, worinn die Erde sich würde bewegt haben, wenn sie den Mond nicht zum Begleiter gehabt hätte. Denn, gesetzt, der Mond beschriebe in der Zeit, daß die Erde sich von e. nach f. bewegt, ein Viertel seiner fortrückenden Bahn um die Erde; so ist es klar: daß, wenn die Erde nach f. kommt, der Mond sich in r. befinden wird; in welcher Zeit ihr gemeinschaftliches Centrum Gravitatis, den regulären punktirten Bogen R, 1, S.: die Erde, die krumme Linie R, 5, f.: und der Mond, die Krümme: q, 14, r. beschrieben haben wird. Ist der Mond das zweyte Viertel seiner Bahn durchgelaufen; so beschreibt das Centrum Gravitatis der Erde und des Monds, den punktirten Bogen S, 2, T.: die Erde, die krumme Linie f, 6, g.: und der Mond, die Krümme r, 15, s. u. s. f. Folglich: während

daß

daß der Mond auf seiner fortrückenden Bahn, einmal um die Erde geht, beschreibt ihr gemeinschaftliches Centrum Gravitatis den regulären Theil eines Zirkels, R 1, T 2, U 3, V 4 ꝛc. Die Erde, die irreguläre Krümme R 5, f 6, g 7, h 8. ꝛc. und der Mond, den noch irregulären Bogen q 14, r 15, s 16, f 17. ꝛc. und alsdann geht es wieder als zuvor.

Das Centrum Gravitatis der Erde und des Monds, ist 1300 Meilen vom Mittelpunkte der Erde. Daher ist der Kreis, den die Erde um dieses Centrum Gravitatis, in jedem Umlauf des Monds beschreibt, 2600 Meilen im Diameter: und folglich kommt der Mittelpunkt der Erde, zur Zeit des Vollmonds, der Sonne 2600 Meilen näher als zur Zeit des Neumonds.

Um alle Verwirrungen bey einer so kleinen Figur zu vermeiden, haben wir angenommen, daß der Mond nur $2\frac{1}{2}$mal um die Erde gehe, in der Zeit, daß die Erde einmal um die Sonne geht: weil es unmöglich ist, alle Umwälzungen, die er in einem Jahre macht, durch eine genaue Figur seines Laufs anzudeuten: es sey denn, daß man den halben Durchmesser der Bahn der Erde wenigstens 95 Zoll groß gezeichnet hätte: und alsdann würde der halbe Durchmesser der Bahn des Monds, doch nur nach diesem Verhältnisse $\frac{1}{4}$ Zoll groß geworden seyn. Machte der Mond eine vollständige Anzahl Umwälzungen um die Erde, während daß die Erde eine um die Sonne macht; so würden ihre Bahnen am Ende eines jeden Jahrs wieder in sich selbst zusammentreffen. Allein dieses geschiehet nur ohngefähr nach 19 Jahren: in welcher Zeit die Erde beynahe 19mal um die Sonne, und der Mond 235mal um die Erde läuft.

Die Kreise aller Planeten sind Ellipsen, und nur wenig von runden Zirkeln verschieden. Hingegen sind die Bahnen der Kometen sehr lange Ellipsen: der unterste Brennpunkt von allen aber ist in der Sonne. Nun wissen wir, daß, nach oben erwähnten Gesetzen, Körper sich in allen Arten von Ellipsen bewegen können, sie mögen lang oder kurz seyn, wenn nur der Raum, worinn sie sich bewegen, ihnen keinen Widerstand entgegenstellt. Der Unterschied bestehet blos darinn: daß diejenigen, die sich in langen Ellipsen bewegen, soviel weniger Flugkraft in den obern Theilen ihrer Kreise haben; und daß ihre Geschwindigkeit, wenn sie zur Sonne herunter kommen, durch die Attraktion derselben so erstaunlich vermehret ist, daß ihre Centrifugalkraft in den untern Theilen ihre Kreise Stärke genug hat, der Anziehung der Sonne daselbst zu widerstehen, und sie in den Stand setzt zu den obern Theilen ihrer Bahn wieder hinauf zu gehen. Während dieser Zeit wirkt die Attraktion der Sonne ihrer Flugkraft so entgegen, daß sie sich nach und nach langsamer bewegen, bis daß diese Flugkraft beynahe auf nichts vermindert ist, und sie alsdann, eben wie vorher, durch die Attraktion wieder zur Sonne gezogen werden.

Wenn es der Allmacht des Schöpfers gefiele, die fortlaufende oder Flugkraft aller Planeten und

Kometen in ihrer mittlern Entfernung von der Sonne zu vernichten: so würden sie in folgendem Zeitraume auf die Sonne fallen. Als:

Merkurius in 15 Tagen 13 Stunden. Venus in 39 T. 17 St. Die Erde in 64 T. 10 St. Mars in 121 T. Jupiter in 290 T. und Saturn in 767 T. der Mond würde auf die Erde fallen in 4 T. 20 St. der erste Mond des Jupiters würde auf ihn fallen in 7 Stunden; der zweyte in 15, der dritte in 30, und der vierte in 71 Stunden. Saturns erster in 8, der zweyte in 12, der dritte in 19, der vierte in 68, und der fünfte in 336 Stunden. Ein Stein würde zum Centro der Erde fallen in 21 Minuten 9 Sekunden.

Der schnelle Lauf der Monde des Jupiter und Saturns um ihre Planeten, beweisen, daß diese beyden Köper eine größere Anziehungskraft haben müssen als die Erde. Denn je stärker ein Körper den andern anzieht; je größer muß die Flugkraft, oder desto schneller muß die Bewegung des andern Körpers seyn, damit er nicht auf den großen der Centralplaneten hinfalle. Jupiters zweyter Mond ist 16000 Meilen weiter von ihm, als unser Mond von der Erde; und dennoch gehet derselbe beynahe 8mal um den Jupiter in der Zeit, daß der unsrige die Erde einmal umläuft. Was für eine erstaunliche Anziehungskraft muß denn nicht die Sonne haben, um alle Planeten und Monde des ganzen Systems

Systems an sich zu ziehen! und welche unbegreifliche Kraft muß nicht erfordert worden seyn, allen diesen ungeheuern Körpern zuerst eine so schnelle Bewegung zu ertheilen! Erstaunlich und unbegreiflich genug für uns! den vereinigten Kräften aller lebendigen Geschöpfe, in einer unbegränzten Anzahl Welten unmöglich! nur dem Allmächtigen nicht schwer, dessen Hand die ganze Schöpfung umfasset und regieret.

Die Sonne und die Planeten ziehen einander wechselseitig an. Die Kraft, wodurch sie dieses thun, nennet man die Gravität oder Schwerkraft. Ob dieses eine mechanische Kraft sey oder nicht, darüber ist vielfältig gestritten worden. Beobachtungen beweisen es, daß die Planeten, durch dieselbe, einer des andern Bewegung beunruhigen; und daß diese Kraft nach den Quadraten der Weiten der Sonne und der Planeten abnehme, wie das Licht, wovon wir wissen daß es materiell ist, gleichfalls thut. Man sollte also hieraus schliessen, daß die Schwerkraft von der Wirkung einer subtilen Materie herrühre, die gegen die Sonne und gegen die Planeten drückt, und, gleich allen andern mechanischen Ursachen durch Berührung wirkt. Allein, wenn wir an der andern Seite bedenken, daß der Grad, oder die Macht der Schwerkraft ganz genau mit der Vielheit der Materie in den Körpern im Verhältniß stehe, ohne einige Rücksicht auf ihre Figur, oder die Größe ihrer Oberflächen: und daß sie eben so frey auf ihre innern als äussern Theile wirke; so scheint dieses die Kraft eines

Mecha-

Mechanismi zu übersteigen. Und es muß entweder ein unmittelbarer göttlicher Einfluß seyn; oder es muß durch ein Gesetz, welches der Materie ursprünglich von der Gottheit mitgetheilt und eingeprägt ist, bewirket werden. Hiergegen behaupten einige, daß der Materie, da sie gänzlich unwirksam ist, kein Gesetz, selbst durch eine allmächtige Kraft, könne eingepräget werden: und daß die Gottheit, die Planeten stets unmittelbar zur Sonne treiben, und sie mit eben denselben Unregelmäßigkeiten, und scheinbaren Abweichungen bewegen müsse, als die Schwerkraft, wenn man annehmen könnte, daß eine solche Kraft wirklich vorhanden sey, thun würde. Allein wenn es Menschen wagen möchten solche Gedanken öffentlich bekannt zu machen; so scheint mir doch die Behauptung: daß die Gottheit das Vermögen habe, der Materie ein Gesetz, oder Gesetze, wie es Ihr gefällig, einzuflößen, eben so wenig ungereimt, als zu sagen: Sie habe das Vermögen gehabt, der Materie im Anfange ihr Daseyn zu geben. Die Art und Weise ist uns in beyden Fällen unbegreiflich. Keine aber erregt in unsern Begriffen einen Widerspruch. Und alles, was keinen unläugbaren Widerspruch in sich fasset, ist der Kraft des Allmächtigen möglich.

Daß die fortlaufende, oder Flugkraft den Körpern anfänglich von der Gottheit mitgetheilet worden, ist unläugbar. Denn, weil die Materie sich von selbst nicht in Bewegung bringen kann; und dennoch alle Körper nach verschiedenen Richtungen sich bewegen lassen; so wie z. E. die Planeten der ersten und zweyten Ordnung, von Westen nach Osten in Kreisen laufen, die beynahe zusammentreffen: während daß die Kometen sich in allen Richtungen, und in Kreisen bewegen, die sehr von einander unterschieden sind; so können diese Bewegungen keiner mechanischen Ursache oder Nothwendigkeit zugeschrieben werden, sondern hängen einzig und allein von dem freyen Willen und der Macht eines verständigen Wesens ab. Die Schwerkraft sey also was sie wolle; so ist doch klar, daß sie unaufhörlich wirket. Denn, sollte ihre Wirkung aufhören: so würde die Flugkraft den Planeten augenblicklich in gerader Linie von dem Punkte wegführen, wo die Schwerkraft ihn verläßt. Da aber die Planeten einmal in Bewegung gebracht sind; so ist keine neue Flugkraft nöthig; es wäre denn, daß sie einen Widerstand auf ihrem Laufe anträfen: eben so wenig als eine zurechtbringende Kraft erfordert wird, wofern sie sich durch ihre wechselseitige Anziehung nicht gar zu sehr unter einander beunruhigen.

Man hat gefunden, daß die Planeten in ihren Bewegungen einige Abänderungen erlitten haben, die vornehmlich durch ihre gegenseitigen Anziehungen, zu der Zeit, wenn sie zusammen in einerley Gegend des Himmels standen, bewirkt sind. Und die besten neuern Astronomen finden, daß unsere Jahre nicht allemal ganz genau von gleicher Länge sind. Ueberdem hat man einigen Grund zu glauben, daß der Mond der Erde etwas näher als ehemals; und sein periodischer Monat kürzer sey als

in

in ältern Zeiten. Denn unsere astronomischen Tabellen, die jetzt die Sonnen- und Mondfinsternisse mit der größesten Genauigkeit angeben, treffen nicht so richtig mit den ganz alten Finsternissen zu. Hieraus erhellet, daß der Mond sich durch ein Medium bewege, welches nicht absolut von allem Widerstande leer sey; und daß daher seine Flugkraft ein wenig geschwächet seyn könne. Hingegen wird seine Schwerkraft durch nichts vermindert. Er muß sich also folglich allmählig der Erde nähern; in jedem Umlaufe um dieselbe, kleinere Kreise beschreiben; und seine Periode früher endigen: obgleich seine absolute Bewegung in Ansehung des Raums nicht so schnell ist als vormals. Er müßte daher endlich zur Erde kommen; wofern das Wesen, das ihm im Anfange seine Flugkraft mittheilte, nicht zu rechter Zeit solche ein wenig beschleunigte.

Auf ähnliche Art laufen die Planeten in einem Raume, der mit Aether und Licht erfüllet ist. Und weil dieses materielle Substanzen sind; so kann man im eigentlichsten Verstande nicht sagen, daß sie keinen Widerstand anträfen. Wenn daher ihre Gravität nicht vermindert, oder ihre Flugkraft nicht vermehret würde; so müßten sie nothwendig der Sonne immer näher kommen, bis sie zuletzt auf sie fielen, und sich mit ihr vereinigten.

Hier hätten wir also ein starkes Argument wider die Ewigkeit der Welt. Denn, wäre sie von Ewigkeit da gewesen; und die Gottheit hätte sie sich selbst überlassen, um durch die vereinte Wirkung obgedachter beyden Kräfte, die wir, im Allgemeinen,

Gesetze

Gesetze nennen, regiert zu werden; so hätte sie
schon längst ein Ende nehmen müssen. Und würde
sie diesen Gesetzen in Zukunft überlassen; so müßte
sie ebenfalls endlich aufhören zu seyn. Da wir aber
überzeugt seyn können, daß sie so lange dauern wird,
als ihr Urheber es für gut gefunden hat; so ist es
uns eben so wenig anständig, ihn zu tadeln, daß
er ein so vergängliches Werk mit so unbegreiflicher
Kunst gebauet; als daß er den Menschen sterblich
erschaffen habe.

Das siebende Kapitel.

Beschreibung der Centrifugalmaschine, und der Experimente, die mittelst derselben gemacht werden.

Anmerkung. Ich ließ mir diese Maschine vor
einiger Zeit aus London kommen, und zwar
von den berühmten Mechanicis Nairne und
Blunt nach der Beschreibung und dem Ab-
drucke in Fergusons Vorlesungen. Die Zeit,
die ich wider Vermuthen auf ihre Ankunft
warten mußte, wurde durch die angenehme
Bemerkung ersetzt, daß der gelehrte Herr
Nairne von der Fergusonschen Einrichtung
gänzlich abgegangen war, und diese Maschine von neuem so umgearbeitet hatte;
daß sie nicht nur in Ansehung der äussern
Form

Form jetzt weit bequemer, sondern auch nach einem neuen Verhältnisse berechnet ist: mithin die Experimente dadurch deutlicher, zuverläßiger und einfacher gemacht werden können.

In Ansehung der Schönheit und Accuratesse der Arbeit hat sie nicht ihres gleichen; und ist ein abermaliger Beweis der bekannten Geschicklichkeit des Herrn Nairne. Ich werde daher die Beschreibung dieser Maschine nicht nach der Fergusonschen, sondern nach der meinigen geben.

A. A. ist ein dreyeckigtes Gerüste von Holz, worauf in jedem Winkel ein perpendikulär stehender stählerner Zapfen, von ohngefähr 4 Zoll Höhe, befestiget ist. Zween von diesen Zapfen stehen unbeweglich: der dritte aber ist mit einer Stellschraube versehen, und kann, nachdem es nöthig ist, vorwärts oder rückwärts festgeschroben werden. Auf den beyden ersten Zapfen laufen zwo hölzerne Scheiben, d. d. von 2 Fuß im Durchmesser, in horizontaler Richtung. Unter einer jeden von diesen sind zwo kleinere Scheiben angebracht, wovon die eine ganz genau doppelt so groß ist als die andere. Um beyde geht eine Rinne, worinn eine Schnur eingelegt wird. Auf dem dritten Zapfen läuft eine kleinere Scheibe e, um welche ebenfalls rund herum eine Rinne geht. Diese letzte hat auf ihrer Oberfläche einen Handgriff, an welchem sie herumgedrehet werden kann; und wodurch, wenn

Tab. V. fig. I.

man

man die Schnur sowohl um diese, als um die kleinen, unter den großen befestigten, Scheiben, mittelst der Stellschraube spannt, den beyden großen Scheiben eine rund laufende Bewegung mitgetheilt wird. Eine jede von diesen letzten hat im Mittelpunkte eine doppelte Schraube, welche auswendig eine Schraube, und inwendig eine Schraubenmutter ist. Auf der ersten können zween Träger M. S. X. und N. T. Z. befestigt werden. Diese sind von Holz gemacht, und haben in der Mitte zwo in die Höhe stehende viereckte meßingene Stangen, zwischen welchen eine länglichte meßingene Platte liegt; und oben einen meßingenen Querriegel. Jeder Träger hat noch überdem, seiner ganzen Länge nach, eine kleine meßingene Stange W. und X., welche an den Enden befestigt und eingeschroben ist. Wenn man diese Schrauben löset; so kann man die Stangen herausnehmen, und auf jede derselben eine meßingene Kugel U. und V. schieben. Durch diese sind zwey Löcher gebohret, durch deren eins die Stange, worauf die Kugel hin und her gleitet: und durch das andere eine starke seidene Schnur gehet, welche nach jeder erforderlichen Länge, um einen auf der Kugel befindlichen Knopf befestigt wird. Das andere Ende der Schnur läuft über eine kleine Rolle in der Mitte des Trägers; von da durch einen Sockel in der länglichten Platte aufwärts: dann durch ein Loch in der Mitte des obern Querriegels, wo sie abermals über eine kleine Rolle geht: darauf niederwärts bis zum obern Ende des Sockels, wo sie zuletzt festgeknüpft wird. Die läng-

lichten

Beschreibung der Centrifugalmaschine. 114

lichten Platten haben an ihren Enden viereckte Einschnitte oder Fugen, damit sie auf den Stangen der Träger auf= und niedergleiten können. Wenn daher die Kugeln und Platten auf solche Art mittelst der Schnur vereinigt sind; so siehet man leicht, daß, wenn die Kugeln auswärts oder gegen das Ende ihrer Träger angezogen werden, die länglichten Platten, gegen den obern Querriegel in die Höhe gehen. Jeder Träger ist, vom Mittelpunkt an in 12 Theile eingetheilt.

Noch sind dabey verschiedene meßingene Gewichte, a. von 1, 2, 3, 6 und zwölf Unzen, um solche nach Beschaffenheit der Experimente zu gebrauchen. Diese Gewichte sind rund, und haben in der Mitte ein Loch, und einen Einschnitt, damit sie auf die Achse der Platte geschoben, und die seidene Schnur frey dadurch gehen könne.

Die Experimente, so man mit dieser Maschine macht.

1) Nehmet den Träger M. X. weg, und hänget eine seidene Schnur, an welcher eine elfenbeinerne Kugel befestigt ist, über den in der Mitte der Scheibe eingeschrobenen Stift. Dann drehet den Handgriff; so werdet ihr sehen, daß, indem die Kugel auf der Scheibe liegt, sie sich nicht unmittelbar mit der in die Runde laufenden Scheibe zu bewegen anfange; sondern sich bemühe in ihrem Stande der Ruhe zu verbleiben. Fahrt fort zu drehen,

hen, bis die Scheibe der Kugel den Grad ihrer eigenen Geschwindigkeit mittheilt; so werdet ihr bemerken, daß die Kugel auf einer Stelle der Scheibe liegen bleibt; in eben derselben Geschwindigkeit mit ihr herum läuft, und keine relative Bewegung darauf macht: eben so, als jedes andere Ding auf der Oberfläche der Erde frey liegt, und niemals von seiner Stelle rückt, ob ihm gleich die Bewegung der Erde mitgetheilt worden. Sobald ihr aber die Scheibe schleunig fest haltet, wird die Kugel in der Runde herumlaufen, bis die Reibung ihre Bewegung endigt.

Dies beweiset, daß die Materie, wenn sie einmal in Bewegung gebracht worden, stets fortfahren würde sich zu bewegen, so lange sie keinen Widerstand findet, der sie aufhält. Eben als wenn jemand in einem Boote steht: ehe es anfängt fortzugehen, kann er fest stehen: in den Augenblicke aber, wenn selbiges abgeht, ist er in Gefahr nach der Seite hinzufallen, wovon es weggeht; weil er, als Materie, von Natur keinen Trieb hat sich zu bewegen. Sobald er aber in dem Boote fortgeführt wird; und es geht noch so geschwinde: nur daß es gerade und eben gehe; so kann er so fest stehen, als auf ebener Erde. Und, wenn das Boot gegen etwas stößt; so wird er nach der Seite, wo es anstößt, hinfallen, vermöge des Triebes, den er als

Materie

Materie hat, die Bewegung, worinn ihn das Boot gebracht hat, zu behalten.

2) Leget die Kugel nahe an den Mittelpunkt, und drehet die Kurbe; so wird die Kugel mit der Scheibe immer rund gehen; sich nach und nach weiter vom Mittelpunkte entfernen: und die Schnur nach sich ziehen. Dieses beweiset: daß alle Körper, die in einem Kreise laufen, eine Neigung haben, aus diesem Kreise wegzufliegen; und daß eine gewisse Kraft aus dem Centro der Bewegung auf sie wirken müsse, die sie daran verhindert. Haltet die Maschine stille; so wird die Kugel zwar noch einige Zeit fortfahren zu laufen; allein nach und nach wird die Reibung solches vermindern, und die gedrehete Schnur sie immer näher zum Mittelpunkte ziehen. Dieses beweiset, daß, wenn die Planeten in ihrem Laufe um die Sonne, einen Widerstand anträfen; so würde die Attraktion der Sonne, sie in jedem Umlaufe näher anziehen, bis sie zuletzt auf sie fielen.

3) Machet an einer zweyten Kugel eine längere Schnur, und ziehet solche durch ein in einer glatten Tafel gebohrtes Loch. Haltet mit der einen Hand die Schnur unter der Tafel fest, und werfet mit der andern die Kugel gleichsam im rechten Winkel, in der Runde auf die Tafel; so wird sie im Kreise herumlaufen. Beobachtet alsdann: mit welcher Geschwindigkeit sie läuft. Ziehet die Schnur nach und

nach an; so werdet ihr sehen: daß, je näher die Kugel dem Mittelpunkte kommt, je schneller wird sie herumlaufen: eben so als die Planeten, die der Sonne näher sind, schneller herumlaufen, als die entfernten: und nicht deswegen schneller, weil sie kleinere Zirkel beschreiben; sondern weil sie wirklich geschwinder in dem ihnen angewiesenen Kreise laufen.

4) Nehmet nun die Kugel weg, und schraubt die Träger ins Centrum der runden Scheiben. Schiebt alsdann auf beyde Träger zwo Kugeln von gleichem Gewichte: befestiget sie an ihren Schnüren, in gleicher Weite vom Mittelpunkte, und leget auf beyde Platten gleiche Gewichte. Ziehet hierauf die Schnur über die Rinnen der untern kleinen Scheiben, wodurch den beyden obern Trägern, da die Rinnen gleiche Durchmesser haben, gleiche Geschwindigkeit mitgetheilt wird. Nun fanget an die Kurbe zu drehen; und ihr werdet finden, daß die Kugeln gegen die Enden der Träger abfliegen, und die Gewichte einer jeden Platte zu gleicher Zeit in die Höhe ziehen. Dieses beweiset: daß, wenn Körper von gleichem materiellen Inhalt, in gleichen Kreisen, mit gleicher Geschwindigkeit herumlaufen, ihre Centrifugalkräfte auch gleich sind.

5) Ziehet anstatt der beyden einander gleichen Kugeln, eine von 6 Unzen auf den ersten Träger, und befestiget solche auf den $\frac{1}{3}$ten Theil des Abstands vom Centro; und eine

von

Beschreibung der Centrifugalmaschine. 119

von 1 Unze auf den zweyten Träger, in der ganzen Entfernung; folglich ist die große Kugel, welche 6mal schwerer als die andere ist, nur den $\frac{1}{6}$ten Theil vom Centro entfernt, und läuft in einem Kreise der den $\frac{1}{6}$ten Theil der kleinen ausmacht. Nun legt Gewichte von gleicher Schwere auf die Platten, und drehet die Maschine; so werden die Kugeln in gleicher Zeit ihren Kreis durchlaufen: nur wird die kleine, weil sie sich in einem Kreise beweget, dessen Radius 6mal größer ist, 6mal geschwinder laufen, und die Gewichte werden zu gleicher Zeit in die Höhe gezogen werden. Dieses beweiset: daß die Centrifugalkräfte umlaufender Körper, oder ihre Neigung aus den Kreisen, die sie beschreiben, wegzufliegen, multiplicirt mit ihrem materiellen Inhalt, mit ihrer Geschwindigkeit, oder ihrem Abstande vom Centro ihrer Kreise, in genauem Verhältnisse stehen. Denn gesetzt: die große Kugel von 6 Unzen sey 2 Zoll vom Centro der Achse; so ist das Gewicht mit der Distanz multiplicirt, 12: und die kleine von 1 Unze sey 12 Zoll; so beträgt solches ebenfalls 12. Da sie nun in gleicher Zeit umlaufen; so ist ihre Geschwindigkeit wie ihr Abstand vom Centro, nämlich wie 1 zu 6.

Sind sie hingegen in gleicher Weite vom Centro bevestigt; so bewegen sie sich mit gleicher Geschwindigkeit. Wenn alsdann auf die Platte der großen Kugel 6mal soviel Gewicht als

H 4 auf

auf die Platte der kleinen gelegt wird; so ziehen sie ihr beyderseitiges Gewicht ebenfalls zu gleicher Zeit in die Höhe. Dieses beweiset: daß die große Kugel, weil sie 6mal schwerer ist als die kleine, auch eine 6mal stärkere Centrifugalkraft habe, wenn sie beyde einen gleichen Zirkel mit gleicher Geschwindigkeit durchlaufen.

6) Wenn Körper von gleichem Gewichte in gleichen Kreisen, mit ungleicher Geschwindigkeit laufen; so sind ihre Centrifugalkräfte wie die Quadrate ihrer Geschwindigkeit. Dieses Gesetz durch ein Experiment zu beweisen, so bevestiget zwo Kugeln von gleicher Schwere, in gleicher Weite von ihrem Centro; und streifet die Schnur der kleinen Scheibe um die schmale Rinne, deren Umkreis nur halb so groß ist, und unter der andern Scheibe um die große Rinne. Leget hierauf auf die eine Platte 4mal soviel Gewicht als auf die andere; so werden die Gewichte beyder Platten zu gleicher Zeit in die Höhe steigen. Dieses beweiset, daß eine doppelte Geschwindigkeit in dem nämlichen Kreise einer vierfachen Attraktion im Centro des Kreises, ganz genau das Gleichgewicht halte. Denn die Gewichte der Platten sind wie die anziehenden Kräfte der Mittelpunkte anzusehen, welche auf die umlaufenden Kugeln wirken. Und da diese sich in gleichen Kreisen bewegen; so sind sie nicht anders

Beschreibung der Centrifugalmaschine. 121

anders zu betrachten, als ob sie beyde in einem und demselben Zirkel liefen.

Oder: nehmet einen der beyden Träger, und schraubet ihn zuerst auf die Scheibe, deren Schnur in der untern großen Rinne läuft. Bevestiget die Kugel auf 4 Zoll vom Centro, und leget 3 Unzen Gewicht auf die Platte; so wird, wenn ihr die Maschine rund drehet, die Kugel ab, und das Gewicht in die Höhe fliegen. Hierauf schraubet den Träger, so wie er nun ist, auf die andere Scheibe, wo die Schnur in der kleinen Rinne, folglich die Scheibe mit doppelter Geschwindigkeit rund läuft: und legt anstatt der vorigen 3 Unzen, 12 Unzen auf die Platte; so wird dieses Gewicht ebenfalls in die Höhe fliegen.

Ich muß bey dieser Gelegenheit einen Einwurf widerlegen, der mir einigemal gemacht worden, und der vielleicht einem oder dem andern Leser gleichfalls beyfallen möchte; man sagt nämlich: es könne hierdurch nicht bewiesen werden, daß eine doppelte Centrifugalkraft einer vierfachen Attraktion das Gleichgewicht halte, weil das Gewicht von 12 Unzen willkührlich angenommen, und die Platte nicht höher gezogen werden könnte; ein anders wär es, wenn das Gewicht frey im Gleichgewicht hängen bliebe. Allein, wie einestheils eine solche Maschine schwerlich zu finden seyn möchte; so ist es an der andern Seite Beweises genug: daß, wenn das Experiment mit der erforderlichen Aufmerksamkeit und Genauigkeit gemacht wird, die Kugel mit der doppelten Centrifugalkraft, 12 Unzen, dann aber gar nicht mehr zieht, sobald man noch eine Unze dazu legt, daß es 13 werden. Folglich liegt in der Schwere von 12 Unzen das Verhältniß gegen die Centrifugalkraft. Denn einfache Geschwindigkeit, 4 Zoll mit 3 Unzen = 12. doppelte — — 4 Zoll mit 12 Unzen = 48.

7) Wenn Körper von gleichem Gewichte, auf solche Art in ungleichen Kreisen laufen, daß die Quadrate der Zeit ihres Umlaufs, den Cubis ihrer Entfernung vom Centro ihres Kreises gleich sind; so sind ihre Centrifugalkräfte wiederum wie die Quadrate ihres Abstandes von ihren Centris. Dieses zu beweisen, laßt die Schnur bleiben wie sie ist, und machet den Abstand der einen Kugel, 2 Abtheilungen des Trägers gleich, und den Abstand der andern $6\frac{1}{2}$ Theil. Weil nun die Kugeln von gleichem Gewichte sind; so macht die eine zween Umgänge, wenn die andere einen macht; so, daß wenn wir setzen: die eine komme in einer Sekunde herum, die andere in zwo Sekunden herumgeht, davon 1 und 4 die Quadrate sind. Denn 1 mal 1 ist 1 und 2 mal 2 ist 4. Daher ist das Quadrat der Zeit des Umlaufs der einen Kugel, viermal in dem Quadrate der andern enthalten. Nun ist aber der Abstand der einen Kugel 2, der Cubus 8, und der Abstand der andern $3\frac{1}{2}$, davon der Cubus

bey=

Beschreibung der Centrifugalmaschine.

beynahe 32, worinn 8 viermal enthalten ist. Folglich sind die Quadrate der beyden Kugeln gegen einander, wie die Cubi ihrer Entfernung vom Centro ihrer Kreise. Wenn daher das Gewicht der einen Platte, 4 Unzen, gleich dem Quadrate 2, des Abstands der einen Kugel vom Centro; und das Gewicht der andern 10 Unzen, als dem Quadrate von beynahe $3\frac{1}{2}$ des Abstandes der andern, schwer ist; so wird man finden: daß beym Umdrehen beyde Kugeln ihre Gewichte zu gleicher Zeit in die Höhe ziehen.

Dieses bestätiget die berühmte Observation Keplers: daß die Quadrate der Zeiten, in welcher die Planeten um die Sonne laufen, und die Cubi ihrer Entfernung von der Sonne, in gleicher Proportion stehen: und daß wiederum die Attraktion der Sonne, wie die Quadrate des Abstandes vom Centro derselben sich verhalte. D. i. im doppelten Abstande ist die Attraktion viermal geringer: im dreyfachen neunmal: im vierfachen sechszehnmal: und so weiter bis zum entferntesten Theil unsers Weltsystems.

8) Zieht die Schnur von der kleinen Scheibe wieder ab, und laßt sie auf den beyden grossen. Nehmt auch den Träger weg, und setzt an dessen Stelle die Maschine A. B. darauf, fig. 2. deren Ende c. f. zu einem Winkel von 30 oder 40 Grad über die Horizontalfläche erhoben ist.

Das siebende Kapitel.

Auf der obern Seite dieser Maschine sind vier Glasröhren a. b. c. d. so an beyden Enden vest zugemacht sind. Die beyden ersten sind ¾ voller Wasser, und in der Röhre a. ist ein Stück geschliffen Glas, welches natürlicher weise ans Ende a. niederfällt, weil es schwerer ist als sein Volumen Wasser. In der Röhre b. ist ein kleiner Kork, der oben schwimmt, weil er leichter ist. In der dritten Röhre ist etwas Quecksilber, und in der vierten ist theils Oel, theils Wasser. So lange die Scheibe mit dieser auf ihr bevestigten Maschine stille steht; so lange liegt das Glas auf dem Boden der Röhre a. und der Kork schwimmt in der Röhre b. oben auf dem Wasser. Sobald man aber die Tafel zu drehen anfängt; so wird das in den Röhren enthaltene, ans obere Ende derselben hinauffliegen (weil sie vom Centro der Bewegung am weitesten entfernt) und zwar mit desto größerer Kraft, je schwerer es ist. Folglich fliegt das Glas in der einen Röhre ganz nach oben, und nimmt sein Volumen allda ein, weil es schwerer ist als das Wasser. Hingegen fliegt in der andern Röhre das Wasser nach oben, und treibt den Kork von da weg, weil es, vermöge seiner Schwere, eine größere Centrifugalkraft hat als der Kork. In der dritten Röhre fliegt das Quecksilber als ein schwerer Körper, sofort oben hinauf; und in der vierten ist eine allgemeine Gährung, weil

das

das Wasser sich durch das Oel durcharbeitet um in die Höhe zu kommen. Dieses beweiset die Ungereimtheit des Cartesianischen Lehrsatzes: daß die Planeten sich um die Sonne in lauter Wirbeln bewegen. Denn, ist der Planet schwerer oder dichter als das Volumen seines Wirbels; so wird er darinn immer weiter von der Sonne abfliegen. Ist er weniger dicht als sein Wirbel; so wird er zuletzt auf den untersten Theil desselben, an der Sonne herabkommen. Und wofern nicht der ganze Wirbel mit etwas, gleich einem großen Walle, umgeben wäre; so würden zuletzt Planeten und alles mit einander zusammen wegfliegen. — So lange aber Schwere oder Anziehungskraft da ist, so ist keine Möglichkeit dazu. Und wenn die aufhörete; so würde ein Stein, den man in die Höhe wirft, nimmer wieder zur Erde zurück kommen.

(9 Wenn ein Körper auf der Scheibe so gestellet wird, daß sein Centrum Gravitatis gerade über dem Centro der Scheibe ist, so wird er nicht vom Centro wegrücken: sie werde noch so schnell bewegt: weil alle Theile des Körpers um sein Centrum Gravitatis im Gleichgewicht sind. Und da dieses im Centro der Bewegung ruhet; so ist die Centrifugalkraft aller Theile des Körpers in gleicher Entfernung vom Mittelpunkte: folglich wird er immer auf seiner Stelle bleiben. Wenn aber das Centrum Gravitatis nur ein wenig aus

dem

Das siebende Kapitel.

dem Centro der Bewegung gestellet wird, und man die Maschine geschwind herumdrehet; so fliegt der Körper nach der Seite hin, wo sein Centrum Gravitatis liegt. Dieses zu beweisen, nehmet die Stange C. mit ihrer kleinen Kugel B. von der Halbkugel A. weg; und stellet die letzte so, daß ihr Centrum mit dem Centro der Scheibe zusammentrift. Drehet alsdann die Scheibe so geschwind ihr wollt; so werdet ihr sehen: daß die Halbkugel unverrückt liegen bleibt. So bald ihr sie aber ein wenig über das Centrum hinausschiebt; so wird sie wegfliegen. Nun schraubt die Stange mit der kleinen Kugel wieder an die Halbkugel, wodurch das Ganze ein Körper wird, dessen Centrum Gravitatis in d. ist, und setzt alsdann die in der flachen Seite der Halbkugel eingegrabene Rinne auf das Centrum: so werdet ihr sehen: daß die Centrifugalkraft der kleinen Kugel so stark sey, daß, ob sie gleich nur 1 Unze wiegt, sie dennoch die 2 Pfund schwere Halbkugel bis ans Ende der Rinne abzieht: ja, sie würde solche gänzlich von der Tafel herunterwerfen, wenn der Widerstand der Schraube sie nicht daran hinderte.

fig. 3.

fig. 4.

Dieses beweiset: daß, wenn die Sonne in das wirkliche Centrum der Planetenkreise wäre gesetzt worden, sie unmöglich daselbst bleiben könnte, weil die Centrifugalkraft der Planeten sie bald mit sich wegführen würde; vornehm-

Beschreibung der Centrifugalmaschine. 127

nehmlich alsdann, wann verschiedene derselben in einer Gegend des Himmels zusammenträfen. Denn die Sonne und die Planeten sind mittelst ihrer wechselseitigen Attraktion eben so vest mit einander verbunden, als die Körper A. und B. durch die Stange. Ja, wenn nur ein einziger Planet am ganzen Himmel wäre: und er liefe um eine Sonne von noch so ungeheurer Größe; so würde er: wofern sie im Centro seines Kreises stünde: durch seine Centrifugalkraft, sich selbst und die Sonne mit sich fortreissen. Denn der größte Körper, wenn er sich irgendwo im leeren Raume befindet, kann sehr leicht bewegt werden; weil er von sich selbst keine Gravität oder kein Gewicht haben kann: es sey denn, daß ein anderer Körper da sey, der ihn anziehe. Folglich würde er, wenn er gleich selbst keine Neigung hätte, sich von dem Theile des Raums wegzubegeben, dennoch durch eine andere Substanz leicht bewegt werden können.

10) Da wir gesehen haben, daß die Centrifugalkraft des leichten Körpers B., dem schweren Körper A. nicht verstattet im Centro der Bewegung zu verbleiben, ob er gleich 24mal schwerer ist; so wollen wir nun eine Kugel von 6 Unzen mit der Kugel von 1 Unze zusammen verbinden. Schraubet also die Gabel E. ins Centrum der Scheibe, und hänget die Kugel A. B. mittelst der Stange auf die Gabel

fig. 5.

Gabel im Gleichgewicht; so, daß nunmehr auf der Gabel ihr Centrum Gravitatis ruhet, welches der einen Kugel um soviel näher ist, soviel sie die andere an Gewicht übertrifft; drehet hierauf die Maschine, und ihr werdet sehen, daß beyde Kugeln, da sie um ihr Centrum Gravitatis laufen, ihr Gleichgewicht behalten, und keine mit der andern davon fliegen kann. Denn, wenn man annimmt: daß die eine Kugel 1 und die andere 6 Unzen wiegt; so wird, wenn die Stange an beyden Seiten der Gabel gleich schwer wäre, das Centrum Gravitatis 6mal so weit vom Centro der einen Kugel entfernt seyn als vom Centro der andern: folglich die eine mit einer 6mal schnellern Centrifugalkraft herumlaufen als die andere. Dagegen wird aber der Unterschied der Schwere von 1 Unze und von 6 Unzen dieses wieder ersetzen; und folglich der eine Körper den andern zwingen, in seinem Kreise zu verbleiben. Dieses beweiset: daß sowohl Sonne als Planeten um das gemeinschaftliche Centrum Gravitatis des ganzen Weltsystems gehen müssen, damit das genaueste Gleichgewicht unter ihnen erhalten werde. Denn von sich selbst sind sie eben so unwirksam und todt als unsere beyden Kugeln: und sie haben sich auch eben so wenig von selbst in Bewegung bringen, und in ihren Kreisen erhalten können, ohne im Anfange, durch die allmächtige Hand dessen der sie machte,

bis

Beschreibung der Centrifugalmaschine. 229

bis auf den höchsten Grad der Genauigkeit geordnet und ins Gleichgewicht gesetzt zu seyn.

Vielleicht möchte hier jemand fragen: daß, da das Centrum Gravitatis dieser Kugeln durch die Gabel muß gestützt werden, was denn das für ein Ding sey, welches das Centrum Gravitatis des Sonnensystems, und das Gewicht aller darinn befindlichen Körper stütze? und von wem denn dieses Ding wieder getragen werde? die Antwort ist sehr leicht. Das Centrum Gravitatis unserer Kugeln muß deswegen unterstützt werden, weil sie sich gegen die Erde neigen, und also auf sie fallen würden. Die Sonne und die Planeten aber drücken nur allein gegen einander: folglich können sie auch nirgends sonst hinfallen; haben daher auch kein ander Ding nöthig ihr gemeinschaftliches Centrum Gravitatis zu unterstützen. Doch würde ihre wechselseitige Attraktion sie bald zusammen bringen, und alles mit einander würde zuletzt eine Masse in der Sonne werden, wofern sie sich nicht um dieses Centrum Gravitatis bewegten, und dadurch eine stete Neigung behielten davon wegzufliegen. Gleichwohl würde dieses aber dennoch geschehen können, wenn nicht zugleich ihre Bewegung so schnell wäre, daß die Stärke der Centrifugalkraft, der Attraktion der Sonne genau das Gleichgewicht hielte.

Es bleibt indessen immer wahr: daß, wenn auch alles noch so bestimmt gegen einander abgewogen ist, die Gottheit dennoch ihre allmächtige Hand nicht ganz von ihren Werken abziehen, noch sie einzig und allein denen Gesetzen überlassen könne, die sie ihnen im Anfange bestimmte. Denn, wenn dieses wäre; so würde die Ordnung doch mit der Zeit aufhören, weil die Planeten durch ihre Anziehung, ihre Bewegung gegen einander verwirren müßten; und zwar vornehmlich zu der Zeit, wenn verschiedene von ihnen in einer Gegend des Himmels zusammentreffen, indem sie die Sonne alsdann nach dieser Seite nothwendig stärker anziehen, als wenn sie gleichsam rund um sie vertheilt sind. Es mußte daher der Schöpfer es so ordnen, daß sie in diesem Falle einen Theil eines größern Kreises um das gemeinschaftliche Centrum Gravitatis beschreiben, sonst wäre das Ebenmaaß alsobald zerstöhret. Und da dieses sich nimmer von selbst wieder herstellen kann; so würde am Ende das ganze System zusammenfallen, und sich mit der Sonne zu einer Masse vereinigen.

fig. 6.

11) Stellet anstatt der Gabel und der Kugeln die Maschine A. B. auf die Scheibe, und bevestiget sie im Centro der Scheibe. Auf dieser Maschine sind zwo Kugeln E. D. von ungleicher Größe durch einen Metalldrath mit einander verbunden, und so gemacht: daß sie

auf

auf der, auf der Maschine bevestigten Stange hin und her geschoben werden können. Schiebt nun die Kugeln so, daß ihr Centrum Gravitatis, gerade über dem Centro der Scheibe stehe, und drehet sie so geschwind ihr wollet; so werdet ihr sehen, daß die Kugeln sich nicht verrücken, sondern daß die eine, die andere durch die Kraft des Gleichgewichts zurückhalte. Sobald aber die kleine Kugel nur ein wenig gegen das Ende der Maschine angezogen wird; so zieht sie das Centrum Gravitatis vom Centro der Bewegung mit sich: und alsdann wird beym Umdrehen die kleine Kugel mit beträchtlicher Stärke gegen dieses Ende der Maschine anfliegen, und die große Kugel nach sich ziehen. Schiebt man im Gegentheil die große Kugel, nach der andern Seite über das Centrum Gravitatis hinaus, und drehet die Scheibe; so fliegt die große Kugel ab, stößt mit noch größerer Gewalt gegen das andere Ende der Maschine an, und zieht die kleine nach sich.

12) Das Experiment mit der Maschine fig. 7. zum Beweise der Fluth und Ebbe soll im 12ten Kapitel, wo von dieser Materie gehandelt wird, beschrieben werden.

Das achte Kapitel.

Natur und Eigenschaften des Lichts.

Das Licht bestehet aus unbeschreiblich kleinen materiellen Partickeln, welche aus einem leuchtenden Körper hervorgehen, und die, indem sie unsere Augen berühren, in uns den Begrif von Licht erregen *). Daß sie so ausserordentlich klein sind, ist eine wohlthätige Einrichtung des Schöpfers. Denn wären sie nur so groß als die kleinsten Partickeln Materie, die wir mit unsern besten Mikroscopen entdecken können: so würden sie, anstatt uns zu nützen, uns bald durch ihre Kraft, die von ihrer unermeßlichen Geschwindigkeit herrührt, des Gesichts berauben; indem diese Geschwindigkeit mehr als eine Millionmal schneller ist als die Geschwindigkeit einer Kanonenkugel. Und wenn daher die Partickeln des Lichts so groß wären, daß eine Million derselben die Größe eines gemeinen Sandkorns hätte; so dürften wir uns eben so wenig unterstehen, unsere Augen dem Lichte zu öfnen, als eine mit Sand geladene Kanone uns in die Augen abfeuern zu lassen.

Wenn

---

*) Der berühmte Euler behauptet, daß die Fortpflanzung der Lichtstralen auf eben die Art bewirkt werde als die Fortpflanzung des Schalles: nur mit soviel größerer Geschwindigkeit. Folglich sie kein Ausfluß aus einem leuchtenden Körper, im eigentlichen Verstande, wären.

Wenn diese kleinen Theilchen von der Sonne oder von einem Lichte ausflieſſen, und auf einen Körper fallen, von dem ſie auf unſere Augen zurückgeworfen werden; ſo erregen ſie in unſern Gemüthern eine Vorſtellung von dieſem Körper, durch ein Gemälde ſo ſie von ihm auf der Netzhaut in unſerm Auge abbilden. Und da Körper von allen Seiten geſehen werden können; ſo wird das Licht auch in allen Richtungen von ihnen zurückgeworfen.

Ein Lichtſtral iſt ein ununterbrochener Strom dieſer Particfeln, der von einem ſichtbaren Körper in einer geraden Linie ausfließt. Daß dieſe Stralen ſich in geraden und nicht in krummen Linien bewegen: ausgenommen wenn ſie gebrochen worden: iſt daraus abzunehmen, daß ſie durch die Oefnung einer krummen Röhre nicht ſichtbar, und auch alsdann nicht zu ſehen ſind, wenn ein anderer Körper dazwiſchen kommt. So werden z. B. die Fixſterne durch die Dazwiſchenkunft der Planeten und des Monds; die Sonne ganz oder zum Theil, durch den Mond, Merkurius und Venus unſern Augen entzogen. Daß ſie ſich aber nicht untereinander vermiſchen, oder auf ihren Wegen verwirren, wenn ſie aus verſchiedenen Körpern rund herum ausflieſſen, erſcheinet deutlich aus folgendem Experimente: man bohre in einer dünnen Metallplatte ein kleines Loch, ſtelle dieſe Platte vor eine Reihe brennender Lichter auf einem Tiſche, und halte alsdann einen Bogen Papier oder Pappe in einer kleinen Entfernung hinter der Platte; ſo werden die Stralen aller Lichter die durch das Loch flieſſen, eben ſo viele helle Flecken auf das Papier bilden, als Lichter da vor gesetzt sind: und jeder Flecken wird so groß und so deutlich seyn, als wenn nur ein einziges Licht da wäre. Dieses beweiset, daß die Stralen sich einander in ihrer Bewegung nicht hindern, ob sie sich gleich zusammen in dem Loche kreutzen.

Das Licht vermindert sich nach dem Verhältnisse der Quadrate des Abstands der Planeten von der Sonne. Man kann solches durch folgende Figur beweisen.

Tab. VI. fig. 1. Man lasse das Licht, das von dem Punkte A. ausfließt, und durch das vierekte Loch B. geht, auf eine Fläche C. fallen, die der Fläche des Lochs parallel ist; oder noch besser; man lasse die Figur C. den Schatten von der Fläche B. seyn: und wenn die Weite C. doppelt so groß als B. ist; so wird die Länge und Breite des Schattens der Fläche C. doppelt so groß seyn als die Fläche B.; und dreyfach, wenn A. D. das dreyfache von A. B. ist u. s. f., welches man leicht durch den Schein des Lichts das man in A. stellt, untersuchen kann. Weil nun die Oberfläche des Schattens C. in der Entfernung A. C. als das doppelte von A. B. in 4 Quadrate; und in dreyfacher Entfernung, in 9 Quadrate, wovon jedes dem Quadrate B. gleich ist, verbreitet wird; so folgt: daß das Licht, welches auf die Fläche B. fällt, und indem es in doppelter Entfernung weiter geht: einen vierfach größern Raum erleuchtet, in jedem Theile dieses Raums viermal dünner seyn muß; in dreyfacher Entfernung neunmal; in vierfacher sechzehnmal, als es zuerst war u. s. f. gleich

der

der Vermehrung der viereckten Oberflächen B. C. D. E. die in den Weiten A. B., A. C., A. D., A. E. gestellt worden. Woraus der allgemeine Grundsatz fließt: daß die Dichtigkeit und Vielheit des Lichts, das auf eine gegebene Fläche fällt: in gleichem Verhältnisse vermindert wird, als die Quadrate der Entfernung dieser Fläche von dem leuchtenden Körper zunehmen: und daß es im Gegentheile, in dem Verhältnisse zunehme, als diese Quadrate vermindert werden.

Je mehr die Scheiben des Monds und der Planeten durch ein Fernglas vergrößert werden; je blasser ist ihr Schein: weil das Fernglas die Quantität des Lichts nicht in dem Maaße vergrössern kann, als es die Oberfläche vergrößert. Denn, da es dieselbe Quantität Licht über eine soviel grössere Oberfläche verbreitet, als man mit blossen Augen siehet; so muß dieses auch, wenn es durch ein Fernglas fällt, ganz genau soviel dünner seyn, als wenn es mit blossen Augen gesehen wird.

Wir haben im Anfange dieses Kapitels gesagt: daß die Geschwindigkeit der Lichtstralen mehr als eine Millionmal größer sey wie die Geschwindigkeit einer Kanonenkugel. Itzt wollen wir versuchen, diese erstaunliche Geschwindigkeit sowohl als die Fortpflanzung des Lichts leicht und faßlich zu beweisen.

Man hat durch wiederholte Beobachtungen gefunden: daß, wenn die Erde zwischen der Sonne und dem Jupiter steht, die Trabanten desselben $8\frac{1}{4}$ Minuten früher verfinstert werden, als es nach den Tabellen geschehen sollte: und daß, wenn sie an der gegenüberstehenden Seite ist, solches $8\frac{1}{4}$ Minuten später geschehe, als die Tabellen es angeben. Hieraus folgt also unläugbar: daß die Bewegung des Lichts nicht im Augenblick geschehe, weil selbiges $16\frac{1}{2}$ Minuten Zeit gebraucht, durch eine Weite zu gehen, die dem Durchmesser der Erdbahn, oder 36 Millionen gleich ist. Folglich fliegen die Lichttheilchen in jeder Sekunde 36364 Meilen, welches über eine Millionmal geschwinder ist, als eine Kanonenkugel fliegt. Da nun das Licht der Sonne in $16\frac{1}{2}$ Minuten die Bahn der Erde durchläuft; so muß es in $8\frac{1}{4}$ Minuten von der Sonne zu uns kommen. Wenn also die Sonne vernichtet wäre; so würden wir sie noch $8\frac{1}{4}$ Minuten nachher sehen: und wenn sie aufs neue erschaffen wäre; so würde sie schon $8\frac{1}{4}$ Minuten da gewesen seyn; bevor wir sie erblickten.

fig. 2. Um diese fortschreitende Bewegung des Lichts zu erklären, nehme man an: daß A. und B. die Erde auf zwo verschiedenen Stellen ihrer Bahn sey: und daß ihre Entfernung von einander 18 Millionen Meilen, oder dem Abstande der Sonne S. von der Erde gleich sey; so ist klar: daß, wenn die Bewegung des Lichts im Augenblick geschähe: so würde der Trabant 1, einem Beobachter in A. in eben demselben Augenblicke in den Schatten des Jupiters F. F. zu treten scheinen, als einem andern in B. Da man aber durch vieljährige Observationen gefunden, daß, wenn die Erde in B. ist, die Eintretung des Trabanten in den Schatten $8\frac{1}{4}$

Minuten

Minuten früher gesehen werde, als wenn sie in A. steht; so hat man daraus bewiesen: daß die Bewegung des Lichts nicht augenblicklich, wie man bis dahin geglaubt hatte, sondern stufenweise geschehe. Es ist leicht zu berechnen, in wie viel Zeit die Erde sich von A. nach B. bewege; denn die Sonne von 60 Grad ist in jedem Zirkel, dem halben Durchmesser desselben Zirkels gleich. Da nun die Erde durch alle 360 Grade ihrer Bahn in einem Jahre läuft; so läuft sie durch 60 dieser Grade, in ohngefehr 61 Tagen. Wenn also an einem gegebenen Tage: z. E. den ersten Junius die Erde in A ist; so ist sie den ersten August in B.: und da die Sonne, oder die gerade Linie A. B. dem Radio der Bahn der Erde D. S. gleich ist; so ist sie folglich auch dem Abstande der Sonne von der Erde A. S. gleich.

So wie sich die Erde von D. nach C. durch die Seite ihrer Bahn A. B. bewegt; so nähert sie sich dem Lichte der Jupiters Trabanten: und dieses verursacht eine scheinbare Beschleunigung der Verfinsterung derselben. Und so wie sie sich durch die andere Hälfte H. ihrer Bahn von C. nach D. bewegt; so tritt sie weiter von ihrem Lichte zurück: und solches verursacht eine anscheinende Verzögerung ihrer Verfinsterungen; weil das Licht alsdann längere Zeit gebraucht ehe es die Erde erreicht.

Daß diese Beschleunigung oder Verzögerung der Verfinsterungen des Jupiters Trabanten, nach dem Maaße die Erde sich nähert oder zurückgeht, nicht von einer Ungleichheit, die von ihrer Bewegung

gung in eccentrischen Kreisen herrührt, verursacht werde, ist daraus klar: daß es sie alle gleich trift, sie mögen verfinstert werden in welchem Theile ihrer Kreise sie wollen: zudem, da sie in jedem Jahre ihre Kreise oftmals durchlaufen, und ihre Bewegungen auf keine Weise der Bewegung der Erde angemessen oder verwandt sind. Es muß daher ein Phänomen, das nicht von der wirklichen Bewegung der Jupiters Trabanten, sondern so natürlich von der Bewegung der Erde abgeleitet werden kann, und so sehr mit selbiger zutrift, auch dieser zugeschrieben werden. Zugleich giebt dieses auch noch einen sehr guten Beweis von der jährlichen Bewegung der Erde.

Das neunte Kapitel.
Von der Atmosphäre.

Wenn ein Lichtstrahl aus einem Medio *) in ein anders übergeht; so wird er gebrochen, oder mehr oder weniger von seinem ersten Wege abgelenket: je nachdem er mehr oder weniger schief auf die brechende Oberfläche fällt, die beyde Media theilt.

Dieses

---

*) Unter Medium verstehen wir hier einen durchsichtigen Körper, oder ein jedes Ding, durch welches die Lichtstralen fallen können, als: Wasser, Glas, Demanten, Luft; und selbst ein luftleerer Raum wird oft ein Medium genannt.

Von der Atmosphäre. 139

Dieses kann durch verschiedene Experimente bewiesen werden, wovon wir nur drey zum Beyspiele anführen wollen.

1) Man werfe ein Stück Geld in ein Becken, und gehe so weit zurück, bis der Rand des Beckens das Stück Geld eben bedeckt, oder dem Auge verbirgt. Dann halte man den Kopf unbeweglich stille, und lasse eine andere Person das Becken allmählig mit Wasser füllen; so wird man, nach dem Maaße, wie das Wasser steigt, das Stück Geld immer mehr und mehr erblicken, und wenn das Becken voll ist, es ganz sehen können, gleich als wenn es bis zur Oberfläche des Wassers gehoben wäre. Denn der Gesichtsstrahl, der, so lange das Becken ledig, gerade war, wird nun auf der Oberfläche des Wassers gebrochen, und fällt einwärts nieder. Oder, mit andern Worten: der Strahl der von dem Rande des Beckens, so lange es ledig war, in gerader Linie heraus, und über das Auge hinaufgieng, ist nun niederwärts gebogen, und geht, statt vorher in gerader Linie, nunmehr winkelförmig; fällt herunter ins Auge, und macht das Objekt sichtbar. Oder:

2) Man stelle das Becken so, daß die Sonne schief darauf scheine, und bemerke die Stelle, wo der Schatten des Randes auf den Boden des Beckens fällt. Dann fülle man es mit Wasser; so wird der Schatten weiter rückwärts fallen. Dieses beweiset: daß die Lichtstralen,

stralen, wenn sie schief auf die Oberfläche des Wassers fallen, gebrochen und niederwärts gebogen werden.

Je gerader die Lichtstralen auf ein Medium fallen, je weniger werden sie gebrochen. Und wenn sie perpendikulär darauf fallen; so werden sie gar nicht gebrochen. Denn, je höher die Sonne, beym letzten Experimente, steigt, je geringer wird der Unterschied seyn, wo der Rand des Schattens in dem ledigen und gefüllten Becken hinfällt. Wenn also

3) Ein Stock queer über das Becken gelegt wird, und man läßt die Sonnenstralen, mittelst eines Spiegels perpendikulär darauf fallen; so wird der Schatten des Stocks auf eine und eben dieselbe Stelle fallen, das Becken mag ledig oder voll seyn.

Je dichter ein Medium ist; je mehr wird das Licht gebrochen, wenn es dadurch geht.

Die Erde ist mit einer dünnen flüßigen Materie, die man Luft oder Atmosphäre nennt, umgeben. Diese drückt gegen die Erde, und geht mit derselben in ihrer täglichen Bewegung, und in ihrem jährlichen Laufe um die Sonne herum. Dieses Fluidum ist von einer elastischen oder ausdehnenden Natur. Und, da ihre untern Theile von dem ganzen Gewichte der auf ihnen liegenden obern Luft gedrückt werden; so werden sie zusammengepreßt. Folglich ist die Luft an der Oberfläche der Erde am dichtesten, wird aber, nach dem Maaße sie höher ist, immer dünner. Es ist bekannt, daß die Luft an der

Von der Atmosphäre. 141

der Oberfläche der Erde einen Raum einnimmt, der ohngefähr 1200mal größer ist, als Wasser von gleichem Gewichte. Daher ist eine cylinderförmige Säule Luft von 1200 Fuß Höhe eben so schwer als ein Cylinder Wasser von gleichem Durchmesser, und 1 Fuß Höhe. Hingegen ist ein Cylinder Luft, der bis zur obersten Höhe der Atmosphäre reicht, mit einem Cylinder Wasser von 32 Fuß Höhe von gleichem Gewichte.

Die Dichtigkeit der Luft steht mit der Kraft, die sie zusammenpreßt, im Verhältniß. Da nun die Luft in den obern Theilen der Atmosphäre weniger gepreßt wird, als nahe an der Erde; so dehnt sie sich aus, und wird folglich dünner als an der Oberfläche der Erde. Man hat durch Versuche und Berechnungen gefunden, daß, wenn die Höhen der Luft in arithmetischer Proportion genommen werden, die Verdünnung derselben in geometrischer Proportion zunehme: so, daß ein Zoll der Luft, worinn wir leben, in einer Höhe von 120 Meilen so sehr verdünnet seyn würde, daß er einen Raum ausfüllete, der dem Durchmesser der Bahn des Saturns gleich wäre. Und ob wir gleich in dem vorhergehenden gesagt haben, daß der Mond sich nicht in einem absolut freyen und unwiderstehenden Medio bewege; so ist dennoch die Luft bis zur Höhe seiner Bahn schon so viele Millionmal verdünnet, daß sie seiner Bewegung nicht widerstehen kann, und eine Abänderung seines Laufs in vielen Jahrhunderten nicht zu merken ist.

Das neunte Kapitel.

Die Schwere der Luft an der Oberfläche der Erde kann man durch die Experimente der Luftpumpe, und durch die Höhe des Queckſilbers in der Barometerröhre beweiſen. Denn der Merkurius ſteigt in einer luftleeren Röhre durch den Druck der Atmoſphäre, und zwar in ſeiner mittlern Höhe auf $29\frac{1}{2}$ Zoll. Wenn nun eine ſolche Röhre einen Quadratzoll weit iſt, und der Merkurius $29\frac{1}{2}$ Zoll hoch darinn ſtehet; ſo wiegt dieſer 15 Pfund. Folglich drückt die Atmoſphäre gleich einer Kraft von 15 Pfund auf jeden Quadratzoll der Oberfläche der Erde. Nach dieſem Verhältniſſe wird ein Menſch von mittler Größe, deſſen Körper ohngefähr 14 Quadratfuß Oberfläche hat, rund herum von einer Laſt von 30240 Pfund zuſammengepreßt. Weil aber dieſes ungeheure Gewicht an allen Seiten gleich iſt, und die in unſerm ganzen Körper vertheilte Luft demſelben das Gleichgewicht hält; ſo wird es nicht von uns empfunden.

Die Luft iſt oft ſo beſchaffen, daß wir uns matt und unluſtig befinden, und gewöhnlich glauben wir, daß ſie alsdann zu ſchwer auf uns liege. Allein, daß ſie dann zu leicht ſey, erhellet einestheils aus dem Fallen des Queckſilbers im Barometer, anderntheils aus der durchgängigen Bemerkung, daß ſie zu der Zeit nicht ſtark genug iſt die Dünſte zu heben, woraus die Wolken entſtehen. Denn ſobald die Wolken in die Höhe ſteigen, muß die Luft um uns elaſtiſcher und ſchwerer geworden ſeyn: folglich hält ſie der Ausdehnung der Luft in unſerm Körper das
Gleich-

Von der Atmosphäre. 143

Gleichgewicht; spannt unsere Blutgefäße und Nerven, und macht uns heiter und frölich.

Daß der Himmel uns am Tage helle scheint, rührt einzig und allein von der Atmosphäre her. Denn ohne dieselbe würde nur der Theil des Himmels helle scheinen, wo die Sonne steht. Und, wenn wir ohne Luft leben könnten; so würde, wenn wir unsern Rücken der Sonne zukehrten: der ganze Himmel uns eben so dunkel aussehen, als bey der Nacht, und die Sterne würden uns eben so helle scheinen. Alsdann hätten wir aber auch keine Dämmerung, sondern einen schleunigen Uebergang vom hellsten Sonnenschein zur dicksten Finsterniß, und umgekehrt: welches ausserordentlich unbequem und unsern Augen höchst schädlich seyn würde. Dagegen geniessen wir nun, mittelst der Atmosphäre, das Licht der Sonne, welches von den Partickeln der Luft zurückgeworfen wird, eine Zeitlang nachher, wenn sie untergegangen, und vorher, ehe sie aufgegangen ist. Denn wenn die Erde durch ihre Umdrehung unsern Augen das Licht der Sonne entzogen; so wird die Atmosphäre, weil sie höher ist wie wir, noch von derselben beschienen, und verliert, wenn die Sonne 18 Grade unterm Horizont ist, erst gänzlich das Licht derselben, da alsdann die ganze Atmosphäre über uns dunkel wird. Man hat aus der Dauer der Dämmerung die Höhe der Atmosphäre berechnet, und gefunden, daß sie ohngefähr, so weit sie Dichtigkeit genug hat, einiges Licht zurückzuwerfen, 9 Meilen betrage. Selten aber ist sie höher als eine halbe Meile, dicht genug die Wolken zu tragen.

Durch

Das neunte Kapitel.

Durch die Brechung der Sonnenstrahlen mittelst der Atmosphäre sehen wir die Sonne bey hellem Wetter früher, ehe sie aufgegangen, und später als sie untergegangen ist. Zu gewissen Jahreszeiten sehen wir die Sonne 10 Minuten, im Durchschnitt aber täglich sechs Minuten länger über dem Horizont, als wir sie sehen würden, wenn gar keine Atmosphäre wäre.

Tab. VI. fig. 3.
Dieses zu erklären sey I. E. K. ein Theil der Oberfläche der Erde von der Atmosphäre H. G. F. C. bedeckt; und M. L. o. sey der sichtbare Horizont eines Beobachters in N. C. Wenn die Sonne in A. wirklich unterm Horizont ist; so fällt ein Lichtstrahl von ihr A. P. in gerader Linie auf die Oberfläche der Atmosphäre in P. und wird daselbst, weil er in ein dichter Medium tritt, von seiner geraden Richtung A. P. d. G. abgelenkt und zum Auge des Beobachters in M. niedergebogen. Dieser sieht alsdann die Sonne in der Richtung des gebrochenen Strahls M. d. e., der überm Horizont liegt, und die Sonne in B. zeiget, wenn er bis zum Himmel ausgezogen ist.

Je höher die Sonne steigt, je weniger werden ihre Strahlen gebrochen, weil sie nicht so schief auf die Oberfläche der Atmosphäre fallen. Wenn daher die Sonne in der Richtung der fortgeführten Linie M. f. L. ist; so ist sie der Oberfläche der Erde in M. beynahe so perpendikulär, daß ihre Strahlen nur wenig gebogen sind. Die Sonne ist in ihrem mittlern Abstande von der Erde nur $32\frac{1}{4}$ Minuten breit, und die horizontale Brechung ihrer Strahlen ist

Von der Atmosphäre.

ist 33¾ Minuten. Da nun dieses mehr ist als die Größe ihres ganzen Durchmessers; so sehen wir ihren Discum alsdann schon völlig, wenn ihr oberster Rand über den Horizont herauftritt;

Steht sie 10 Grade hoch; so ist die Refraktion nicht völlig 5 Minuten.

Steht sie 20 Grade hoch; so ist die Refraktion nur 2 Minuten 26 Sekunden.

Steht sie 30 Grade hoch; so ist die Refraktion nur 1 Minute 32 Sekunden.

und zwischen dieser von 30 Graden und der Scheitelhöhe, oder dem Zenith ist die Refraktion kaum merklich.

Um bey allen Observationen die wahre Höhe der Sonne, des Monds und der Sterne zu haben, muß die Refraktion von der beobachteten Höhe abgezogen werden. Allein die Größe der Refraktion ist nicht immer dieselbe; weil die Hitze die brechende Kraft und die Dichtigkeit der Luft vermindert, und die Kälte beyde vermehrt. Daher kann keine Tabelle ganz genau zu allen Jahrszeiten, und selbst nicht einmal zu allen Tagszeiten, für einen bestimmten Ort, vielweniger für alle Himmelsgegenden gelten. Man hat bemerkt, daß die Horizontale Refraktion beym Equator ohngefähr ein drittel geringer sey als zu Paris. Und von einer ausserordentlichen Refraktion der Sonnenstrahlen durch eine sehr strenge Kälte hat man durch die berühmte Observation der Holländer, die im Jahre 1596 auf Nova Zembla überwinterten, das merkwürdige Exempel: daß nach einer dreymonatlichen Nacht, die Sonne ihnen 17 Tage früher aufgieng, als sie nach ihrer Rechnung auf der beobachteten Polus: höhe von 76 Grad hätte thun müssen: welches keiner andern Ursache, als der ausserordentlichen Refraktion der Sonnenstrahlen, die durch die kalte dicke Luft des dortigen Klimatis giengen, zugeschrieben werden kann.

Kepler rechnet, daß die Sonne noch 5 Grade hat unterm Horizont seyn müssen, als sie ihnen zuerst erschien: und folglich ist die Brechung ihrer Strahlen neunmal größer gewesen, als bey uns.

Tab. VI. fig. 4. Die Sonne und der Mond scheinen bey ihrem Auf- und Untergange oval zu seyn; gleich F. C. G. D. Die Ursache hiervon ist diese: da die Refraktion nahe am Horizont größer als in einer gewissen Höhe über demselben ist: so erscheinet der untere Rand mehr gehoben als der obere. Dieses hat aber keinen merklichen Einfluß auf den horizontalen Durchmesser C. D., der durchgehends gleich gehoben wird, sondern nur auf den verkürzten Vertikalen F. G. Ist hingegen die Refraktion so geringe, daß sie fast unmerklich wird; so erscheinen uns die Sonne und der Mond vollkommen rund, als A. E. P. H.

Die tägliche Erfahrung lehret: daß die Gegenstände, die wir am deutlichsten erkennen, diejenigen sind, die uns am nächsten liegen. Wenn wir also folglich diese oder jene Entfernung blos nach unserer Einbildungskraft schätzen wollen: so scheinen uns diejenigen Gegenstände, die wir helle sehen, näher zu seyn, als die wir nicht so helle sehen:

eben

Von der Atmosphäre. 147

eben so verschieden uns eben dieselben Gegenstände erscheinen, wenn wir sie zu einer Zeit helle und deutlich, zur andern Zeit aber dunkel und verwirrt sehen; wenn gleich der Abstand immer eben derselbe ist. Und wenn auch in beyden Fällen, der Winkel, unter welchem wir einen Gegenstand erblicken, von gleicher Größe ist; so erregt doch natürlicherweise unsere Einbildungskraft in uns eine Vorstellung eines größern Zwischenraums zwischen uns und denjenigen Gegenständen, die uns dunkler und undeutlicher erscheinen; als denjenigen, die uns unter denselben Winkeln heller erscheinen: vornehmlich, wenn es solche Gegenstände sind, denen wir uns niemals nähern, und ihre wirkliche Größe augenscheinlich haben beurtheilen können.

Es ist aber nicht das verwirrte oder klare Ansehen eines Gegenstandes allein, wodurch wir in Beurtheilung der Größe desselben betrogen werden können; sondern auch selbst alsdann urtheilen wir oft falsch, wenn wir ihn im gleichen Grade der Klarheit, und unter gleichen Winkeln sehen: ja sogar, wenn es Gegenstände sind, deren gewöhnliche Größe uns bekannt ist, als z. B. Häuser, Bäume, oder dergleichen. Zum Beweise mag folgendes dienen: wenn jemand auf einem etwas niedrigen Grunde steht, und an der andern Seite eines sehr breiten Flusses ein Haus siehet: so, daß er weder den Fluß sehen noch zuvor wissen kann, daß er dazwischen fließt, weil das diesseitige Ufer den Fluß verbirgt, und ihm das jenseitige Ufer mit dem diesseitigen zusammen zu hängen scheint:

K 2 so

so verliert er die Vorstellung einer Weite, die der Breite des Flusses gleich ist; und das Haus dünkt ihm klein zu seyn, weil er es für näher hält als es wirklich ist. Wenn er aber auf eine Höhe tritt, von welcher er den Fluß sowohl als den vorliegenden Grund sehen kann; so entdeckt er: ob er gleich nicht weiter von dem Hause ist als vorher: daß das Haus in einer größern Entfernung sey als er sich einbildete; und folglich scheint es ihm nun größer zu seyn als zuvor. In beyden Fällen sieht er das Haus unter demselben Winkel, und es macht weder im erstern noch im letztern Falle ein größeres Bild auf der Netzhaut seines Auges.

Die Sonne und der Mond scheinen, wenn sie unten am Horizont sind, größer zu seyn, als wenn sie in einer beträchtlichen Höhe darüber stehen. Ob wir nun gleich wissen, daß sie in so großen Weiten von der Erde sind; so deucht uns doch oftmals, sie schwebten nur auf der Oberfläche unserer Atmosphäre H. G. F. f. e. C. ein wenig höher als die Wolken; von welchen diejenigen in G. gerade über unsern Köpfen in M. uns näher sind als die in I. oder e. am Horizont I. E. e.. Wenn daher die Sonne oder der Mond am Horizont in e. erscheinen; so sehen wir sie nicht nur in einer Gegend des Himmels, die wirklich weiter von uns ist, als wenn sie in einer beträchtlichen Höhe in f. stehen; sondern wir sehen sie auch durch eine größere Menge Luft und Dünste in e. als in f.: hier haben wir also zwo Erscheinungen, die sich beyde vereinigen unsere Einbildungskraft zu täuschen, und uns die Entfernung

fig. 3.

Von der Atmosphäre.

nung der Sonne und des Monds bey ihrem Auf- und Untergange in e. größer vorzustellen, als wenn sie ungleich höher in f. stehen. Denn erstlich scheinen sie uns an einer Stelle der Atmosphäre in e. zu seyn, die wirklich weiter als f. von einem Beobachter in M. ist: zweytens sehen wir sie in e. durch ein gröbers Medium als in f.; welches, da es ihren Glanz vermindert, uns bewegt zu glauben, daß sie weiter von uns wären. Und ob sie gleich in beyden Fällen unter einem und ebendemselben Winkel gesehen werden, so urtheilen wir doch natürlicherweise, daß sie am größesten seyn müßten, wenn sie am weitesten von uns sind: eben wie das obgemeldete Haus, da wir es von einer Höhe sahen, uns weiter entfernt zu seyn schien, als da wir es von einem niedrigen Grunde erblickten.

Daß der Mond unter keinem größern Winkel erscheine: er sey am Horizont oder im Meridian: davon kann ein jeder sich selbst überzeugen. Man nehme einen großen Bogen Papier, und rolle ihn in Form einer Röhre in solchem Umfang zusammen, daß das Bild des Monds, wenn man ihn bey seinem Aufgange dadurch betrachtet, genau die Röhre fülle. Nun binde man einen Faden um das Papier, damit es in derselben Form bleibe: und betrachte den Mond abermals dadurch, wenn er im Meridian steht, und soviel kleiner zu seyn scheint; so wird man finden, daß er die Röhre eben so, wo nicht gar mehr, füllet, als da erst aufgieng.

Wenn der Mond im Perigäo, oder in seinem kleinsten Abstande von der Erde ist; so sieht man ihn

ihn unter einem größern Winkel, und folglich scheint er alsdann größer, als wenn er zu anderer Zeit voll ist. Und wenn die Gegend der Atmosphäre, wo er alsdann aufgeht, mehr als gewöhnlich mit Dünsten angefüllt ist; so scheint er soviel dämmeriger. Folglich halten wir ihn noch um soviel größer, weil wir ihn in einer ungewöhnlichen Entfernung zu seyn glauben: da wir wissen, daß kein Gegenstand in einer großen Weite groß scheinen kann, wenn er nicht wirklich groß ist.

Das zehnte Kapitel.

Von den Ursachen der verschiedenen Länge der Tage und Nächte, und der Abwechselung der Jahrszeiten.

Ob wir gleich voraus setzen, daß unsere Leser bereits mit den vornehmsten Eintheilungen und Zirkeln einer Erdkugel oder des Globi bekannt sind; so wollen wir dennoch zum Ueberfluß sie hier nochmals benennen.

Der Equator ist der große Zirkel, welcher die Erde in zwo Hälften, die nordliche und südliche theilet.

Die Tropici sind zween kleinere Zirkel, dem Equator parallel, und auf beyden Seiten 23½
Grade

Grade von ihm entfernt. Unter einem Grade verstehen wir hier den 360sten Theil eines jeden grossen Zirkels, der die Erde in zwey gleiche Theile theilt. Der Tropicus des Krebses liegt an der Norderseite des Equators; und der Tropicus oder Wendezirkel des Steinboks an der Süderseite desselben.

Der arktische oder nordliche Zirkel hat den Nordpol zum Mittelpunkte, und ist eben so weit vom Nordpol, als die Tropici vom Equator oder der Linie entfernt. Und der antarktische oder südliche Zirkel ist eben so weit vom Südpole.

Die Pole sind die nordlichen und südlichen Punkte des Globi: und deswegen werden alle Oerter, die auf einer oder der andern Seite des Equators liegen, nordlich oder südlich genannt, nachdem sie diesem oder jenem Pole näher sind. Die Achse der Erde ist eine gerade Linie, die durch den Mittelpunkt der Erde mit dem Equator perpendikulär geht, und sich auf der Oberfläche derselben in beyden Polen endigt. In Ansehung der Himmelskörper ist es nur eine in Gedanken angenommene Linie: bey unsern künstlichen Erd- und Planetenkugeln aber ist es eine kleine metallene Stange, um welche die Kugeln herumgedrehet werden können.

Die numerirten 1, 2, 3, 4 ꝛc. sind:

Die Meridiane oder Mittagslinie aller Oerter durch welche sie gehen. Und wir müssen annehmen, daß viele tausende derselben auf der Kugel gezogen sind; weil jeder Ort: er liege noch so wenig weiter nach Osten oder Westen als ein anderer: einen von diesem Orte unterschiedenen Meridian hat.

Alle Meridiane laufen in den Polen zusammen: und wenn der Mittelpunkt der Sonne, in ihrer scheinbaren Bewegung um die Erde über einen Meridian geht; so ist es an allen Oertern, die unter demselben Meridian liegen, oder mit den beyden Polen und der Sonne eine gerade Linie ausmachen, Mittag.

Die breite Strecke, die zwischen den Tropicis liegt, und gleich einem Gürtel rund um die Kugel geht, wird die heisse Zone genannt, deren Mitte der Equator ist.

Die Strecke zwischen dem Tropico des Krebses und dem arktischen Zirkel, heißt die nordliche temperirte (gemäsigte) Zone. Die andere zwischen dem Tropico des Steinboks, und dem antarktischen Zirkel, ist die südliche temperirte Zone.

Die beyden runden, durch die Polarzirkel begränzten Strecken, sind die beyden kalten Zonen: und werden nordlich oder südlich genannt, nach dem Pole, welcher der Mittelpunkt der einen oder andern ist.

Nach dieser allgemeinen Erklärung wollen wir nun ein Experiment beschreiben, mittelst welchem man sich einen vollkommenen Begriff von der täglichen und jährlichen Bewegung der Erde, und der daraus herrührenden Abwechselung der Tage und der Nächte, so wie der Jahrszeiten, machen kann, in wie fern sie durch diese zwiefache Bewegung der Erde verursacht werden.

Man

Man hänge eine kleine Erdkugel von ohngefähr 3 Zoll im Durchschnitt an einen langen Faden von gedreheter Seide, da wo der Nordpol der Kugel ist. Alsdann stelle man einen großen Reifen schräg auf einen Tisch, so daß er mit der Fläche des Tisches einen Winkel von 23½ Graden macht, die Ekliptik vorzustellen. Hierauf setze man im Mittelpunkte desselben ein brennend Licht, die Sonne anzudeuten: und hänge die Kugel nahe an der innwendigen Seite des Reifen; so wird, wenn der Tisch wagerecht steht: der Equator mit der Tafel parallel, von dem Reifen in einem Winkel von 23½ Grad durchschnitten: und die eine Hälfte desselben oberhalb, und die andere unterhalb dem Reifen seyn. Das Licht aber wird die eine Hälfte der Kugel erleuchten, auf eben die Art als die Sonne die eine Hälte der Erde erleuchtet, während daß die andere im Dunkeln ist. Darauf drehe man den Faden von der rechten zur linken Hand, damit die Kugel ebendenselben Weg, d. i. von Westen nach Osten laufe. So wie sich nun die Kugel um ihre Achse oder den Faden drehet; so werden die Stellen ihrer Oberfläche regelmäßig durch Licht und Dunkel gehen, und bey jeder Umdrehung gleichsam eine Abwechselung von Tag und Nacht haben. Indem sie nun fortfährt auf die Art herumzulaufen: so führe man sie bey dem Faden langsam an dem Reifen herum, und zwar ebenfalls von Westen nach Osten: welches die Bahn ist, worinnen sich die Erde durch den Thierkreis jährlich um die Sonne bewegt: und man wird sehen;

daß,

daß, während der Zeit die Kugel in dem untersten oder niedrigsten Theile des Reifen ist, das Licht (weil es nordlich vom Equator) stets den Nordpol bescheine; und daß alle nordlichen Gegenden durch einen geringern Theil Schatten als Licht gehen: und zwar desto geringer, je weiter sie vom Equator entfernt sind. Folglich sind ihre Tage länger als ihre Nächte.

Kommt die Kugel auf den Punkt, wo die Mitte zwischen dem niedrigsten und höchsten Theile des Reifen ist; so steht das Licht dem Equator gerade gegen über, und erleuchtet die Kugel von Pol zu Pol. Alsdann geht jeder Theil derselben, so wie sie rund lauft, durch eine gleiche Portion Licht und Schatten; und folglich ist auf der ganzen Kugel Tag und Nacht von gleicher Länge. So wie nun die Kugel sich dem höchsten Theile des Reifen nähert; so kommt das Licht an die Süderseite des Equators, und bescheinet, nach dem Maase sie höher kommt, immer mehr und mehr den Südpol; läßt also den Nordpol um soviel in Schatten, um soviel der Südpol erleuchtet wird, und machet gegen Süden die Tage länger und die Nächte kürzer; so wie das Gegentheil an der nordlichen Seite des Equators geschiehet, bis sie zu dem höchsten Punkt kommt, wo alsdann in Süden die längsten Tage, und die kürzesten Nächte, in Norden aber das Gegentheil ist. Wenn sie von da weiter vorwärts und wieder herunter geht; so tritt das Licht vom Südpol immer mehr zurück, und nähert sich dem Nordpol: dadurch verlängern sich die nordlichen Tage, und
die

die südlichen verkürzen sich in gleichem Verhältniß. Kommt sie nun abermals auf den zweyten Mittelpunkt, zwischen dem höchsten und niedrigsten Theile des Reifen; so steht das Licht wiederum dem Equator gegen über, und erleuchtet die Kugel von Pol zu Pol. Alsdann ist aufs neue (ausgenommen unmittelbar unterm Pole) gleich viel Licht, und gleich viel Schatten auf der ganzen Kugel; und folglich Tag und Nacht gleich.

Theilet man den Reifen in 12 gleiche Theile, und bezeichnet jeden mit einem der Zeichen des Thierkreises, so, daß man mit dem Krebse auf dem höchsten Punkte anfängt, und von da ostwärts (oder dem scheinbaren Laufe der Sonne entgegen) rechnet; so wird man sehen, wie die Sonne ihre Stelle in der Ekliptik jeden Tag zu verändern scheint, so wie die Kugel ostwärts in dem Reifen fortgeht, und sich um ihre Achse wälzt: wenn nämlich die Erde in einem niedrigen Zeichen, als im Steinbock stehet, muß die Sonne in einem hohen, als im Krebse, gegen über erscheinen: während der Zeit die Erde in der südlichen Hälfte der Ekliptik ist, zeigt sich die Sonne in der nordlichen, und umgekehrt eben so: und je weiter ein Ort vom Equator ist, je größer muß der Unterschied zwischen dem längsten und kürzesten Tage seyn.

Da die Bahn der Erde elliptisch, und die Sonne beständig in ihrem untern Brennpunkte, welcher 300000 Meilen von dem Mittelpunkte der längern Achse entfernt ist, stehet; so kommt die Erde doppelt soviel, oder 600000 Meilen, der Sonne

zu

zu einer Zeit im Jahre näher als zur andern. Und da uns die Sonne im Winter unter einem größern Winkel erscheint als im Sommer; so beweiset solches: daß die Erde der Sonne im Winter näher sey als im Sommer. Hier entsteht also ganz natürlich die Frage: warum haben wir denn nicht zu der Zeit das heisseste Wetter, wenn die Erde der Sonne am nächsten kommt? die Antwort ist: daß die Eccentricität der Erdbahn oder 300000 Meilen kein größer Verhältniß gegen den mittlern Abstand der Erde v. d. Sonne ausmacht als beynahe 17 zu 1000: folglich dieser geringe Unterschied keine große Veränderung der Hitze oder Kälte in einer solchen Entfernung verursachen kann. Die eigentliche Ursache ist aber: daß die Sonnenstrahlen im Winter so schief auf uns fallen, daß eine gegebene Zahl derselben, über einen viel größern Theil der von uns bewohnten Oberfläche der Erde ausgebreitet ist; und daher jeder Punkt weniger Strahlen auffängt als im Sommer. Zudem bringen die langen Winternächte einen größern Grad der Kälte mit sich, als die kurzen Tage durch Wärme wieder ersetzen können: und aus beyden Ursachen muß die Kälte zunehmen. Im Sommer hingegen fallen die Sonnenstrahlen senkrechter auf uns, und kommen daher auf einen und denselben Ort in größerer Anzahl: theilen überdem, durch ihre anhaltende Verweilung am Tage, einen größern Grad der Hitze mit, als in der Nacht verfliegen kann.

Das eilfte Kapitel.

Vom Monde.

Wenn man den Mond durch ein gewöhnliches Seherohr betrachtet; so bemerket man, daß seine Oberfläche mit langen Strecken ausserordentlich hoher Berge und tiefer Höhlen abwechselnd besetzt sey. Man hat gefunden, daß einige dieser Berge: wenn man ihre Höhe mit dem Diameter des Monds vergleichet; höher sind als die höchsten Berge auf unserer Erde. Diese Rauhigkeit der Oberfläche des Monds ist für uns von großem Nutzen: indem dadurch: wie wir schon vorher angeführet: das Sonnenlicht von allen Seiten auf uns zurückgeworfen wird. Denn, wäre der Mond glatt, und eben wie ein Spiegel, oder mit Wasser bedeckt; so würden wir sein Bild nur als einen hellen Punkt sehen, der uns die Augen blendete.

Da der Mond so rauh und höckericht ist; so haben sich viele darüber gewundert, woher es komme, daß sein Rand uns nicht zackigt erscheine, und warum wir die bogenförmigen Gränzen seiner hellen und dunkeln Stellen nicht sehen können. Allein wenn wir bedenken, daß dasjenige, was wir den Rand der Mondsscheibe nennen, nicht eine einfache mit Bergen besetzte Linie (in welchem Falle wir sie unregelmäßig ausgekerbt sehen würden) sondern eine breite Zone sey, in welcher viele Berge hinter einander dem Auge des Beobachters gegen-

über

über liegen; so werden wir finden, daß die Berge in einigen Strecken, den Thälern in andern entgegen stehen, und dadurch die Ungleichheiten wieder ausfüllen; so, daß der Mond uns rund erscheinet. Eben als wenn man eine Orange in der Nähe betrachtet; so bemerkt man sehr genau, daß sie rauh und uneben ist: vornehmlich wo die Sonne oder ein Licht, an der dem Auge zugekehrten Seite, schief darauf scheinet. Die Linie aber, die den sichtbaren Theil derselben begränzt, wird immer glatt und eben aussehen.

Wenn der Mond voll ist, und in dem höchsten oder niedrigsten Theile seiner Bahn stehet; so scheint er nicht völlig rund zu seyn, weil wir seine ganze erleuchtete Seite zu der Zeit nicht sehen können. Ist er in dem höchsten Theile seines Kreises voll; so fehlt unten ein wenig: und ist er es in dem niedrigsten Theile; so fehlt es oben. Zwischen dem letzten Viertel und dem Neumond sehen wir ihn oft des Vormittags am Himmel, auch selbst wenn die Sonne scheint: und man hat alsdann Gelegenheit eine angenehme Erscheinung zu beobachten. Wenn man nämlich auf einem Thore oder andern erhabenem Gebäude einen kugelförmigen Knopf siehet: und stellt sich, wenn die Sonne darauf scheint, so, daß die höchste Oberfläche des Knopfs just die unterste Spitze des Horns vom Monde zu berühren scheint; so wird man die erleuchtete Seite des Knopfs ganz genau in eben derselben Figur als den Mond sehen: nämlich eben so gehörnt, und in eben der Lage gegen den Horizont geneigt. Die Ursache ist

leicht

Vom Monde.

leicht zu erklären: denn weil die Sonne den Knopf in der nämlichen Richtung erleuchtet als den Mond, und beyde Kugeln sind; so hat der Mond, wenn wir in der vorgedachten Stellung stehen, mit dem Knopfe eine gleiche Richtung gegen unsere Augen: und deswegen müssen wir eben soviel von dem erleuchteten Theile des einen als des andern sehen.

Wenn der Mond gehörnt ist; so kann man zu allen Zeiten aus der Stellung seiner Hörner, die Neigung des Theils der Ekliptik gegen den Horizont, worinn er alsdann ist, finden. Denn eine gerade Linie, die die Spitzen seiner Hörner berührt, ist der Ekliptik perpendikulär. Und da der Winkel, den die Bahn des Monds mit der Ekliptik machet, von der Sonne gesehen, den Mond niemals mehr als 2 Minuten über die Ekliptik erheben, noch unter dieselbe herunterbringen kann; so kann solches auch keine merkliche Veränderung in der Stellung seiner Hörner verursachen. Wenn man daher einen Quadranten so hält, daß die eingetheilte Seite gegen das Auge gehalten wird, und zwar so weit als man ihn mit Bequemlichkeit halten kann, und dann die eine Ecke die Hörner des Monds zu berühren scheint; so wird der Bogen zwischen der Bleyschnur und dieser Ecke, die Neigung des Theils der Ekliptik gegen den Horizont bezeichnen: und der Bogen zwischen der andern Ecke des Quadranten und der Bleyschnur, wird die Neigung einer Linie zum Horizont bezeichnen, welche die Hörner des Monds berühret.

Der

Tab.
VII.
fig.
1.

Der Mond scheint uns gemeiniglich eben so groß zu seyn, als die Sonne, weil der Winkel u. k. A. unter welchem wir den Mond von der Erde sehen, eben so groß ist als der Winkel L. k. M. unter dem wir die Sonne sehen. Aus der Ursache kann uns der Mond den ganzen Discum der Sonne verbergen: wie es oft bey Sonnenfinsternissen geschiehet. Wäre der Mond weiter von der Erde als in A.; so würde er die Sonne niemals ganz verbergen: weil er alsbann unter dem Winkel N. k. O. er schiene, und nur den Theil der Sonne bedeckte, der zwischen N. und O. liegt. Wäre er noch weiter, als in X.; so würde er unter dem kleinen Winkel T. K. W. als ein Flecken in der Sonne erscheinen, und blos den Theil T. W. verbergen.

Daß sich der Mond, in der Zeit er seine Bahn durchläuft, um seine Achse drehe, ist zuverläßig zu beweisen. Denn ein Beobachter, der ausserhalb der Bahn des Mondes auf einer Stelle stille stünde, würde sehen, daß ihm in der Zeit alle Seiten desselben regelmäßig zugekehrt stünden. Er drehet sich um seine Achse, von einem Sterne bis wieder zu demselben in 27 Tagen 8 Stunden: und von der Sonne bis wieder zu der Sonne in $29\frac{1}{2}$ Tagen. Das erste nennet man die Länge seines Sterntages, und das letzte die Länge seines Sonnentages. Ein Körper, der um die Sonne liefe, ohne sich um seine Achse zu drehen, würde in jedem Umlauf einen Sonnentag haben: auf eben die Art, als wenn er in Ruhe geblieben, und die Sonne um ihn gelaufen

laufen wäre. Allein einen Sternentag könnte er, ohne sich um seine Achse zu drehen, niemals haben; weil er immer dieselbe Seite gegen einen gegebenen Stern kehren würde.

Hätte die Erde keine jährliche Bewegung; so würde der Mond einen Wechsel, einen Stern, und einen Sonnentag, alles in einer und derselben Zeit vollenden. Weil aber die Erde, während der Zeit der Mond auf seiner Bahn um sie läuft, auf ihrer Bahn fortgeht; so muß der Mond schon soviel weiter auf seiner Bahn von Neumond zu Neumond laufen, soviel die Erde in der Zeit, das ist, beynahe den zwölften Theil eines Zirkels fortgegangen ist, ehe er einen Sonnentag vollenden kann.

Am leichtesten läßt sich der periodische und synodische Lauf des Monds begreifen, wenn man sich ihn nach der Bewegung des Stunden- und Minutenzeigers einer Uhr vorstellet, wo die Scheibe in zwölf gleiche Theile oder Stunden, gleichwie die Ekliptik in zwölf Zeichen, und das Jahr in zwölf Monate getheilet ist. Nun wollen wir annehmen: die 12 Stunden wären die 12 Zeichen: der Stundenzeiger die Sonne, und der Minutenzeiger der Mond: dann gienge der erste in einem Jahre, und der letzte in einem Monate herum. Folglich müßte der Mond oder der Minutenzeiger schon weiter herumgehen, bis er die Sonne oder den Stundenzeiger einholete, um mit ihm wieder zusammen zu treffen. Denn, weil der Stundenzeiger immer weiter fortgeht; so kann er niemals von dem Minu-

L ten-

tenzeiger, auf demselben Punkte, wo sie vorher zusammen stunden, eingeholet werden.

Gesetzt demnach: die beyden Zeiger wären, wie sie immer sind, auf der Stunde 12 in Conjunktion; so würden sie das erstemal 5 Minuten 27 Sekunden, 16 Drittel, 21 Viertel, $49\frac{1}{11}$ Fünftel nach 1 wieder zusammentreffen; das zweytemal 10 Minuten, 54 Sekunden, 32 Drittel, 43 Viertel, $38\frac{2}{11}$ Fünftel nach 2: und so fort an. Ob dieses aber gleich eine leichte Erklärung der Sonnen- und Mondsbewegung ist; so trift sie doch nicht genau mit der Zeit ihrer wirklichen Bewegung zu: weil der Mond $12\frac{1}{3}$ Conjunktionen mit der Sonne macht, während sie durch die Ekliptik gehet; der Minutenzeiger einer Uhr hingegen den Stundenzeiger nur 11mal einholet. Wenn daher statt des gewöhnlichen Räderwerks hinter der Zeigerscheibe, die Achse des Minutenzeigers ein Getriebe von 6 Lappen hätte, das ein Rad von 74 Zähnen triebe, und dieses letzte den Stundenzeiger, in jedem Umlaufe, den er um die Scheibe macht, führte; so würde der Minutenzeiger $12\frac{1}{3}$mal mit ihm in Conjunktion kommen; und es würde folglich eine artige Vorstellung abgeben, die Bewegungen der Sonne und des Monds zu zeigen: besonders wenn man auf den langsamen Zeiger eine kleine Sonne, und auf den geschwinden einen kleinen Mond befestigen liesse.

Nun müssen wir noch eines Umstands, in Absicht des Monds erwähnen, der ein abermaliger Beweiß der Güte und Weisheit des Schöpfers ist,

mit

Vom Monde.

mit welcher er für die Bedürfnisse seiner Creaturen sorgt. Wir haben im vorhergehenden gezeigt, daß die Sonne den Polargegenden im Sommer niemals unter- und im Winter niemals aufgehe; folglich müssen diese Gegenden im ersten Fall beständig Tag, und im andern beständig Nacht haben. Es würde ihnen daher das Licht des Monds im Sommer von gar keinem Nutzen, im Winter hingegen desto zuträglicher seyn; je länger sie es geniessen könnten. Daß es nun gerade auf die Art vom Schöpfer also geordnet sey, wollen wir im folgenden beweisen.

Wenn die Sonne den Sommertropicum berührt; so verweilt sie bey den Polarzirkeln 24 Stunden überm Horizont. Und wenn sie den Wintertropicum berührt; ist sie 24 Stunden unter demselben. Aus eben dieser Ursache geht der volle Mond im Sommer niemals auf, und im Winter niemals unter, wenn wir ihn, wie er sich in der Ekliptik bewegt, ansehen.

Denn weil der volle Mond im Winter eben so hoch in der Ekliptik steht, als die Sonne im Sommer; so muß er deswegen auch eben so lange überm Horizont verbleiben. Und weil er im Sommer so niedrig steht, als die Sonne im Winter; so kann er auch nicht höher heraufgehen. Doch dieses trift nur die beyden vollen Monde bey den Tropicis, die andern gehen alle auf und unter. Im Sommer steht der volle Mond niedrig, und bleibt nur kurze Zeit überm Horizont: indem auch die Nächte nur kurz sind, und wir das Licht des Monds am wenigsten

Das eilfte Kapitel.

bedürfen. Im Winter hingegen steht er hoch und bleibt lange, weil wir ihn alsdann am größten nöthig haben.

Bey den Polen geht die Hälfte der Elliptik niemals auf, und die andere niemals unter. Und weil die Sonne allemal ein halbes Jahr zubringt, die eine Hälfte der Elliptik zu beschreiben, und ein halbes Jahr die andere Hälfte; so kann man sich natürlicherweise vorstellen, daß sie bey jedem Pole wechselsweise ein halbes Jahr überm Horizont verbleibt, und dem einen Pole aufgeht, wenn sie dem andern untergeht. Dieses würde auch ganz genau zutreffen, wenn keine Refraktion wäre. Weil aber die Atmosphäre die Sonnenstrahlen bricht; so wird die Sonne einige Tage früher, und bleibt einige Tage später sichtbar, als sie sonst thun würde: daher sie auch schon über dem Horizont des einen Pols erscheint, wenn sie von dem Horizont des andern noch nicht völlig weggegangen ist. Und da die Sonne niemals tiefer als $23\frac{1}{2}$ Grad unter den Horizont der Pole geht; so haben diese wenig ganz dunkele Nächte: sondern sie haben immer Dämmerung, bis die Sonne 18 Grade unterm Horizont ist. Da der volle Mond allemal der Sonne gegenüber steht; so kann er: so lange die Sonne überm Horizont ist: nicht gesehen werden, ausgenommen wenn er in die nördliche Hälfte seiner Bahn einfällt. Denn zu welcher Zeit ein Punkt der Elliptik aufgeht, geht der andere unter. Weil daher die Sonne vom 20sten März bis den 23sten September über dem Horizont des Nordpols ist; so ist klar,

daß

Vom Monde.

daß der Mond, wenn er voll und der Sonne gegenüber ist, dieses halbe Jahr unterm Horizont seyn muß. Wenn aber die Sonne in der südlichen Hälfte der Ekliptik ist; so geht sie dem Nordpol niemals auf. Folglich muß in dem andern halben Jahre, jeder Vollmond, in die nordliche Hälfte der Ekliptik, die niemals untergeht, fallen. Die Polarbewohner sehen also den Vollmond zwar niemals im Sommer, dagegen aber sehen sie ihn jedesmal im Winter, vorher, voll, und nachher 14 Tage und Nächte unaufhörlich. Und wenn die Sonne in ihrem tiefsten Stande unterm Horizont, im Steinbock stehet; so ist der Mond beym ersten Viertel im Widder: voll im Krebse: und im letzten Viertel in der Wage. Da nun der Anfang des Widders der aufgehende Punkt der Ekliptik, Krebs der höchste, und Wage der untergehende Punkt ist; so geht der Mond beym ersten Viertel im Widder auf: ist im Krebse voll, und am höchsten überm Horizont: und geht im letzten Viertel beym Anfange der Wage unter, nachdem er während 14 Umdrehungen der Erde sichtbar geblieben. Also sind die Pole, in der Zeit die Sonne abwesend ist, die Hälfte des Winters, mit unaufhörlichem Mondenschein versorgt; und verlieren ihn nur vom letzten bis zum ersten Viertel aus dem Gesicht, wo er nur wenig Licht giebt, und ihnen wenig oder gar keine Dienste thun könnte. Beygehende Figur wird dieses noch deutlicher machen.

Tab. VII. fig. 2. Es sey also S. die Sonne: e. die Erde im Sommer, wenn ihr Nordpol der Sonne zugekehrt stehet: und E. die Erde im Winter, wenn ihr Nordpol abgekehrt stehet. S. E. N. und N. W. S. ist der Horizont des Nordpols, der mit dem Equator zutrift. Und in diesen beyden Stellungen der Erde ist ♈. ♋. ♎. ♑. die Bahn des Monds, worinn er um die Erde läuft, nach der Ordnung der Buchstaben a. b. c. d., A. B. C. D. Wenn der Mond in a. ist; so ist er der Erde in e. im letzten Viertel, und geht dem Nordpole n. auf. In b. wechselt er, und ist am höchsten überm Horizont, eben wie die Sonne. In c. ist er im ersten Viertel, und geht unterm Horizont. In d. ist er am allerniedrigsten, wenn er der Sonne entgegensteht, und seine erleuchtete Seite der Erde zukehrt. Alsdenn aber ist er dem Südpole p. voll, welcher eben so sehr von der Sonne abgekehrt, als der Nordpol ihr zugekehrt stehet. Folglich ist der Mond in unserm Sommer über dem Horizonte des Nordpols, wenn er die nordliche Hälfte der Ekliptik ♈. ♋. ♎. beschreibt; oder vom letzten bis zum ersten Viertel: und unterm Horizont, wenn er die südliche Hälfte ♎. ♑. ♈. durchläuft: oder am höchsten im Neumond, und am niedrigsten im Vollmond. Im Winter hingegen, wenn die Erde in E. ist, und ihr Nordpol sich von der Sonne abneigt: ist der Neumond in D. in seiner größten Tiefe unter dem Horizont N. W. S. und der Vollmond in B. seiner größten Höhe über demselben; geht beym ersten Viertel in A. auf, und bleibt überm Horizont, bis er zum letzten Viertel in C. kommt. Im mittlern Stand ist er 23½ Grad überm Horizont in B. und b., und eben so tief unter demselben in D. und d., gleich der Achse der Erde F.

S ♋. oder S ♑. stellet gleichsam einen Lichtstrahl von der Sonne zur Erde vor, und zeigt: daß, wenn die Erde in c. ist, die Sonne überm Horizont, dem Tropico des Krebses vertikal stehe; und unterm Horizont dem Tropico des Steinboks vertikal, wenn die Erde in E. ist.

Da wir oben im zweyten Kapitel bewiesen, daß der Mond keine Atmosphäre von sichtbarer Dichtigkeit habe; so müssen wir, ehe wir dieses Kapitel schliessen, hier noch eine Anmerkung des berühmten Stewart über diese Materie anführen, die uns seitdem zu Gesichte gekommen ist. Sie lautet also:

Newton redet von einer Atmosphäre des Monds; dagegen behaupten andere, daß kein solches Ding da sey, weil man sie gar nicht entdecken könne. Wenn man aber annimmt, daß der Mond eben die Vestigkeit, als die Erde habe, und daß seine flüßigen Theile in gleichem Verhältnisse stehen: so muß die Höhe seiner Atmosphäre (vorausgesetzt er hätte eine) so geringe seyn, daß sie von dem schärfsten Beobachter nicht entdeckt werden kann. Denn das muß man zugeben, daß die Höhe der Atmosphäre, der Geschwindigkeit, mit welcher der Mond sich um seine Achse drehet, und der Vielheit der flüßigen Theile seiner Oberfläche angemessen sey. Da nun die Geschwindigkeit seiner Umdrehung um seine Achse, 27mal geringer, als die Geschwindigkeit der Umdrehung der Erde: und die Vielheit seiner flüßigen Theile nur den 12ten Theil so groß ist; so muß folglich die Höhe der Atmosphäre des Monds, in Vergleichung der Atmosphärenhöhe der Erde, sehr kein seyn. Gesetzt: die Atmosphäre der Erde hätte eine Höhe von 10 Meilen, welches doch sehr reichlich gerechnet ist; so würde die Atmosphäre des Monds nur den 6ten Theil einer Meile hoch seyn; welches, von der Erde gesehen, einen Winkel ausmacht, der kleiner ist als der sechste Theil einer Sekunde.

Der Grund, den verschiedene Astronomen angeführet: daß der Mond keine Atmosphäre haben könne, weil sonst das Licht der Planeten und Sterne, wenn man sie nahe an seinem Rande erblickt, und er vor ihnen übergeht: müßte gebrochen werden, widerlegt sich, sobald man bedenkt, daß in diesem Fall die Zeit des Durchgangs des Sterns durch die Atmosphäre des Monds, nicht länger seyn könne, als der dritte Theil einer Sekunde: und daß diese Zeit so kurz sey, daß kein Astronom sich werde rühmen können, sie bemerkt zu haben.

Das zwölfte Kapitel.

Von der Fluth und Ebbe.

Die Ursache der Fluth und Ebbe wurde von Kepler entdeckt, der in seiner Einleitung zur Physik des Himmels sich folgendermaßen ausdrückt.

> Der Kreis der anziehenden Kraft, die im Monde ist, erstreckt sich bis zur Erde; und zieht das Wasser unter der heissen Zone an; wirket auf die Oerter, wo er vertikal steht, unmerklich auf begränzte Seen und Busen, merklich aber auf den Ocean, dessen Bette sehr groß ist; und das Wasser hat die Freyheit ein gleiches zu thun; das ist: zu steigen und zu fallen.

> Und auf der 70sten Seite seiner Astronomie des Monds. — Aber die Ursache der Fluth und Ebbe der See scheinen die Körper der Sonne und des Monds zu seyn, welche das Wasser der See anziehen.

Diese Muthmaßung bewog den großen Newton sie näher zu untersuchen, und zu verbessern. Er schrieb also über diesen Gegenstand sehr ausführlich, und machte sich die Theorie der Fluth und Ebbe, auf gewisse Weise, zum Eigenthum: indem er die Ursache entdeckte, weswegen die Fluth an der dem Monde entgegenstehenden Seite der Erde zu gleicher Zeit steige und falle. Denn Kepler glaubte, daß die Gegenwart des Monds einen Stoß verursache, der in seiner Abwesenheit einen andern hervorbringe. Wir wollen versuchen, ob wir diese Materie, worüber so oft gestritten worden, ausführlich erklären, und auf eine solche Art beweisen können, daß sie hinfort keinem Zweifel weiter unterworfen sey.

Die Ursache, warum die Fluth in entgegengesetzter Richtung an beyden Seiten der Erdkugel zu einer und eben derselben Zeit steige und falle, läßt sich auf der Centrifugaltafel, durch ein ganz neues vom Herrn Ferguson erfundenes Experiment, unwidersprechlich beweisen.

Ehe wir aber zu diesem Beweise gehen, wird es nöthig seyn, zuvor folgende Sätze zu erklären.

Einem jeden ist bekannt, daß die Attraktion des Monds die Ursache sey, daß das Wasser an der ihm zugekehrten oder ihm nächsten Seite der Erde steige. Allein aus was für einer Ursache solches zu ebenderselben Zeit, an der entgegenstehenden, oder von ihm abgekehrten Seite, wo kein Mond ist der anziehen könne, geschehe, das ist vielleicht nicht so allgemein bekannt. Denn ohne eine dritte Ursache, sollte man vielmehr gedenken, daß der Mond das Wasser an der andern Seite, die seiner anziehenden Kraft gerade entgegensteht, eher drükken als in die Höhe heben müsse.

Folgen

Von der Fluth und Ebbe.

Folgende Figur wird dieses deutlich machen:

Es sey A. B. C. D. die Erde, und zwar überall mit Wasser bedeckt; ausgenommen die Spitze einer kleinen Insel A. a. Nun sey die Erde in einer steten Bewegung, und drehe sich in 24 Stunden von Westen nach Osten, um ihre Achse, nach der Ordnung der Buchstaben A. B. C. D. und der Mond M. laufe gleichfalls auf seiner Bahn O. o. von Westen nach Osten, und zwar von M. nach o., innerhalb 24 Stunden 50 Minuten.

Tab. VIII. fig. I.

Ferner ist bekannt: daß die Erde und der Mond einander so nahe sind, daß sie sich wechselseitig anziehen; nämlich die Erde den Mond, und der Mond die Erde; und daß die anziehende Kraft sich nach dem Maaße vermindert, als das Quadrat der Entfernung von dem anziehenden Körper zunimmt. Hieraus folget:

Daß der Mond die Seite der Erde A., die ihm am nächsten ist, zu allen Zeiten mit einem größern Grade der Kraft anziehen müsse als den Mittelpunkt der Erde E.; und daß er den Mittelpunkt wiederum mit einem größern Grade der Kraft anziehe als die Seite der Erde C. die am weitesten von ihm ist; und daß die Erde und der Mond, durch die Kraft ihrer gegenseitigen Anziehung, auf einander fallen würden, wenn nichts wäre, das sie daran verhinderte: daß aber der Mond soviel geschwinder gegen die Erde fallen würde als die Erde gegen den Mond, soviel die Erde schwerer ist: oder

soviel

soviel die Quantität der Materie der Erde größer ist, als die Quantität der Materie des Monds. Denn weil jeder Theil der Materie mit einem gleichen Grade der Kraft anziehet; so muß folglich der Körper, der die größte Quantität Materie hat, den andern mit einem soviel größern Grade der Kraft anziehen.

Nun wollen wir annehmen: die Erde und der Mond näherten sich einander durch die Kraft ihrer Attraktion; so würden die Erdtheile unserer Kugel, da sie zusammenhängen und untereinander verbunden sind, nicht mehr oder weniger der anziehenden Kraft des Monds nachgeben, sondern sich alle gleich schnell gegen den Mond bewegen: das Wasser hingegen: weil es von einer nachgebenden Natur, und die Zusammenhängung seiner Theile sehr geringe ist: würde nach dem Maaße der verschiedenen Grade der anziehenden Kraft des Monds, in mehrerer oder minderer Entfernung mehr oder weniger gereizt werden.

Es müßte folglich das Wasser bey A., weil es stärker durch den Mond angezogen wird als die Erde bey ihrem Mittelpunkte E., sich schneller gegen den Mond bewegen als der Mittelpunkt; und folglich in diesem Verhältnisse höher gegen den Mond steigen, nämlich von A. nach a. Und da der Mittelpunkt E. sich schneller gegen den Mond bewegt, als das Wasser an der hintern Oberfläche der Erde in C.; so würde das Wasser daselbst gleichsam zurückgerückgelassen, und folglich, in Verhältniß gegen den Mittelpunkt, gehoben werden; wie hier von C. nach c.

Weil aber immer dieselbe Masse Wasser auf der ganzen Erde bleibt; so kann es unmöglich auf einer Stelle steigen, ohne daß es zugleich auf der andern falle. Es muß daher eben so niedrig bey b. und d. fallen, als es zur selbigen Zeit bey a. und c. steigt: so, daß, wenn jemand in einiger Entfernung von der Erde, über den Punkt E. gestellet werden könnte, so würde er die Oberfläche des Wassers nicht in der runden Figur A. B. C. D.; sondern in der elliptischen Figur a. b. c. d. sehen, gleich als wenn der Mond gar nicht darauf wirkte.

Da nun die Erde sich ostwärts um ihre Achse drehet; so ist es klar: daß wenn die Insel A. a. in A. stehet, es daselbst gerade unter dem Monde, hoch Wasser ist. Ist sie in B.; so ist sie 6 Stunden vom Monde weg und hat niedrig Wasser. Ist sie in C., 12 Stunden vom Monde; so hat sie abermals hoch Wasser. Und wenn sie in D. ist, 18 Stunden vom Monde; so hat sie wiederum niedrig Wasser. Wenn also der Mond keine fortrückende Bewegung auf seiner Bahn machte, sondern allemal über der geraden Linie A. M. bliebe; so würde die Insel A. in 24 Stunden allemal zu eben derselben Zeit zweymal Fluth und zweymal Ebbe haben. Dieses geschiehet aber nicht; sondern

dern Fluth und Ebbe kommen jeden Tag später als den vorhergehenden. Die Ursache davon ist: daß, da der Mond seine Bahn jeden Monat ostwärts durchläuft, und die Erde sich in 24 Stunden, gleichfalls ostwärts um ihre Achse drehet; so ist der Mond, während der Zeit, schon etwas weiter auf seiner Bahn fortgerückt: folglich muß die Insel, wenn sie wieder nach A. herumkommt, sich schon soviel weiter, und zwar von A. nach c. bewegen, ehe sie am folgenden Tage das höchste Wasser haben; oder ehe sie wieder gerade unter den Mond kommen kann. Dieser Unterschied beträgt völlig 50 Minuten: und soviel kömmt das höchste Wasser oder Fluth täglich später. Die Seefahrer rechnen zwar nur 48 Minuten. Und sie würden Recht haben: wenn der Mond völlig 30 Tage und Nächte gebrauchte, bis er wieder wechselte. Da es aber nur 29 Tage 12 Stunden 44 Minuten und 3 Sekunden (in der mittlern Zahl) sind; so muß er sich täglich ein wenig weiter bewegen. Und dieser Unterschied beträgt, wenn man ihn gegen die Bewegung der Erde rechnet, ohngefähr zwo Minuten.

Es kann also die Insel, während der Zeit, daß der Mond seinen Kreis in $29\frac{1}{2}$ Tagen (in runder Zahl) durchläuft, nur $28\frac{1}{2}$mal von Mond zu Mond wieder herumkommen; und folglich nur doppelt soviel Fluth und Ebbe in a. und c., oder 57mal Fluth und 57mal Ebbe von Neumond zu Neumond haben; oder, welches einerley ist, während

Von der Fluth und Ebbe.

rend daß er zweymal wechselt, welches 59 Tage, 1 Stunde, 28 Minuten und 6 Sekunden ausmacht, haben wir 57 doppelte Fluthen, und eben so viele Ebben.

Diese Bewegung der Fluth und Ebbe würde sehr leicht zu begreifen seyn, wenn die Erde und der Mond gegen einander fielen. Weil aber der Lauf des Monds auf seiner Bahn ihm eine Centrifugalkraft mittheilt, die der Kraft, mit welcher ihn die Erde anzieht, das Gleichgewicht hält; so kann er ganz und gar nicht zur Erde fallen. Dagegen aber muß die Erde wiederum einen kleinen Kreis um ein gemeinschaftliches Centrum Gravitatis, zwischen ihr und dem Monde beschreiben; sonst würde die Attraktion des Monds, indem er seine Bahn durchläuft, die Erde mit sich fortreissen; und diese hätte dagegen keine Centrifugalkraft, seiner Anziehung das Gleichgewicht zu halten.

Dafür hat aber der Schöpfer weislich gesorget. Denn die Erde und der Mond bewegen sich wirklich jeden Monat um ihr gemeinschaftliches Centrum Gravitatis. Und eben dieses Centrum Gravitatis ist es, welches denjenigen Kreis beschreibt, worinn der Mittelpunkt der Erde sich jährlich um die Sonne bewegen würde, wenn sie gar keinen Mond zum Begleiter hätte.

Der Abstand desselben vom Mittelpunkte der Erde steht mit dem Unterschiede der Quantität der

Materie

176 Das zwölfte Kapitel.

Materie der Erde und des Monds im Verhältniße. Da nun die Quantität der Materie der Erde 40mal größer ist als die Quantität der Materie des Mondes; und die mittlere Entfernung des Monds vom Centro der Erde 52000 Meilen beträgt; so folget, daß wenn man diese Summe durch 40 theilet, der Quotient 1300 Meilen, für den Abstand des gemeinschaftlichen Schwerpunkts vom Centro der Erde ausmache. Und dieser liegt allemal in gerader Linie zwischen den beyden Mittelpunkten der Erde und des Monds, weil sie sich beyde da herum bewegen.

Jetzt wollen wir versuchen: ob wir dieses auf die Erscheinung der Fluth und Ebbe anwenden, und solche daraus erklären können.

fig. 2. Man nehme also einen runden Reifen von dünnem Bleche A. B. C. D., der so biegsam sey, daß, wenn man die Enden A. und C. bis a. und c. ausziehet, die Seiten B. und D., bis b. und d. zusammenfallen: und der Reifen eine elliptische Figur a. b c. d. bekomme, gleich der Oberfläche des Wassers a. b. c. d., wenn sie durch die Attraktion des Monds angezogen worden. Sobald man ihn aber losläßt, er seine vorige runde Figur wieder annehme, wie die Oberfläche des Wassers, wenn die Attraktion des Monds aufhörte. Denn in diesem Fall würde das Wasser ebenmäßig von den hohen Seiten a. und c. zu den niedrigen Seiten b. und d. herunterlaufen, bis seine Oberfläche

Von der Fluth und Ebbe.

fläche rund um das Centrum der Erde wieder gleich wäre.

Nun knüpfe man das Ende einer Schnur A. H. an einer Stelle des Reifen, als in a. an: und halte das andere Ende H. in der Hand fest: schwinge darauf den Reifen in der Runde herum; so wird er eine Neigung bekommen wegzufliegen, eben wie ein Stein in einer Schleuder: nur mit dem Unterschiede; daß, weil der Theil C., der am weitesten von der Hand ist, in eben derselben Zeit herumgehen muß, als der Theil A., der der Hand am nächsten ist; so wird der Theil C. eine stärkere Neignng haben wegzufliegen als der Theil A., der Mittelpunkt hingegen unverändert auf seiner Stelle bleiben.

Wenn nun ein anderer unbiegsamer runder Ring (gleich der harten Erde) A. B. C. D., auf oder in dem elliptischen Reifen läge, und sich in der Zeit, daß der Reifen einmal herumgeschwungen wird, $29\frac{1}{2}$mal um seinen Mittelpunkt drehete; würde jeder Punkt des Ringes, eben wie A., nach und nach mit dem höchsten a. c. und dem niedrigsten Theile b. d. des elliptischen Reifens zusammentreffen. Auf eben die Art, als die Insel A. a., durch die Bewegung der Erde um ihre Achse, wechselsweise zum höchsten Wasser bey a. und b., und zum niedrigsten bey c. und d. kommt.

Das zwölfte Kapitel.

Folgende Figur wird dieses noch deutlicher machen:

fig. 3.
Es sey A. B. C. D. die Erde; M. der Mond, O. o. ein Theil der Mondsbahn: und G. das gemeinschaftliche Centrum Gravitatis zwischen Erde und Mond, um welches sich beyde, jeden Monat einmal, bewegen: und zwar der Mond in der Richtung O. o., und die Erde in der Richtung E. h. Da nun durch diese Bewegung alle Theile der Erde eine Centrifugalkraft oder eine Neigung bekommen, in der Linie A. E. C., oder derselben parallel wegzufliegen: und die Centrifugalkraft eines jeden Theils mit dessen Entfernung von dem gemeinschaftlichen Centro Gravitatis G. in geradem Verhältniß stehet (weil die Weiten, durch welche sie sich bewegen, ihrer Entfernung von G., das ist, den Durchmessern der Kreise, die sie in einer und eben derselben Zeit beschreiben, gleich sind); so wird die Centrifugalkraft des Punkts A., der Linie A. G.; die Centrifugalkraft des Punkts E., der Linie E. G.; und die Centrifugalkraft des Punkts C., der Linie C. G. gleich seyn. Denn der Punkt A. beschreibt den kleinen Zirkel A. e. f. g. in eben der Zeit, daß der Mittelpunkt E. den größern E. h. i. k., und der Punkt C. den größten Zirkel C. l. m. n. beschreibt; welches in einem Monat geschieht, als in welcher Zeit der Mond seine Bahn O. o. durchläuft.

Nun hält die Attraktion des Monds am Mittelpunkte der Erde E., der Centrifugalkraft ihres

Mittelpunkts ganz genau das Gleichgewicht, und erhält denselben folglich in seinem Kreise E. h. i. k. Dagegen ist seine Attraktion in A. größer, und in C. geringer als in E.: so daß da, wo die Attraktion am größesten, als in A., die Centrifugalkraft am schwächsten ist. Folglich verursacht das Uebermaaß der Attraktion, daß das Wasser, an der Seite der Erde, die dem Monde zu allen Zeiten am nächsten ist, steigen muß: wie hier von A. nach a. Hingegen ist in C., als der am meisten entfernten Seite vom Monde, die Attraktion am schwächsten, und die Centrifugalkraft am stärksten. Und aus der Ursache wird das Wasser durch das Uebermaaß der Centrifugalkraft daselbst eben so hoch von C. nach c. steigen, als es an der entgegengesetzten Seite durch das Uebermaaß der Attraktion von A. nach a. gestiegen ist.

Solches durch ein Experiment zu beweisen, Tab. befestiget man die Maschine A. B. im Mittelpunkte V. der Centrifugaltafel. Diese Maschine hat an dem fig. einen Ende eine runde Platte, worauf der Zirkel 7. a. b. c. d. gezogen ist, die Figur der Erde vorzustellen. Ueber dem Zirkel gehet eine Ellipse e. f. g. h., welche das Steigen der Fluth, mittelst der Anziehung des Monds bezeichnet. Am andern Ende ist eine elfenbeinerne Kugel M. befestiget, welche den Mond bedeutet. Gerade über beyden Zirkeln steht auf der eyrunden Platte ein meßinges Gerüste, an welchem drey elfenbeinerne Kugeln an seidenen Schnüren hangen. Die erste hängt über dem Punkte des Zirkels a., der am weitesten vom Centro der Tafel ist. Die zweyte hängt über dem Mittelpunkte C.; und die dritte über dem Punkte des Zirkels c., der dem Mittelpunkte der Tafel am nächsten ist; so, daß C. den Mittelpunkt der Erde; c. eine Masse Wasser an der Mondseite; und d. eine Masse Wasser an der gegenüber liegenden Seite der Erde bezeichnet. Hinter der Mondskugel ist eine kleine meßingene Leiste, worinnen drey Löcher eingeschnitten sind, durch welche drey seidene Schnüren gehen, die mit einem Ende an den drey Kugeln befestiget, am andern Ende aber mit drey kleinen Gewichten, von verschiedener Schwere, versehen sind.

Die erste, woran das leichteste Gewicht hängt, geht an der Mondskugel vorbey, zur Kugel c. die zweyte, deren Gewicht etwas schwerer ist, geht mitten durch die Mondskugel, zur Kugel C. Und die dritte, die das schwerste Gewicht hat, geht an der andern Seite der Mondskugel vorbey, zur Kugel g. Die Absicht dieser drey ungleichen Gewichte ist, die ungleiche Attraktion des Monds, nach Maaßgabe des Abstandes der beyden entgegenstehenden Seiten, und des Mittelpunkts der Erde, vorzustellen; daher sie auch, sobald man sie frey hängen läßt, die 3 Kugeln mit verschiedenen Graden der Kraft nach sich ziehen, wodurch dieselben augenscheinlich weiter von einander sind, als wenn fig. sie perpendikulär hängen. Wie in der 8ten Figur. 8. Sobald man nun die Scheibe langsam umdrehet,

bis

Von der Fluth und Ebbe.

bis die mittelste Kugel über dem Centro des Zirkels hängt; so wird die Kugel g., durch ihr schweres res Gewicht gegen den Mond angezogen, und hängt gerade über dem Punkte der Ellipse g. Die Kugel c. hingegen fliegt, wegen ihres leichtern Gewichts, und ihrer größern Centrifugalkraft, nach der andern Seite ab, und hängt alsdann gerade über dem Punkte der Ellipse c. Folglich übertrift die Centrifugalkraft der Kugel c. die Attraktion des Monds genau um so viel, als die Attraktion des Monds die Centrifugalkraft der Kugel g. übertrift: während daß die Attraktion und Centrifugalkraft der mittlern Kugel einander das Gleichgewicht halten. Wie in der 9ten Figur.   fig. 9.

Nun müssen wir noch erklären, was man unter Springfluth und Nipfluth (Neap Tides) versteht.

Die Erde ist in Vergleichung ihres Abstandes von der Sonne so klein, daß die anziehende Kraft der Sonne beynahe an allen Seiten der Erde gleich ist: und deswegen kann nur ein sehr geringer Unterschied zwischen der Centrifugalkraft der der Sonne zugekehrten und von ihr abgekehrten Seite der Erde seyn. Indessen ist doch noch immer einiger Unterschied, nach dem Maaße, wie die Erde auf ihrer Bahn fortrückt. Wenn daher die Erde keinen Mond zum Begleiter hätte; so würden dennoch durch die Attraktion der Sonne ganz niedrige Fluthen auf ihr entstehen. Sobald also Sonne,

M 3   Mond

Mond und Erde in gerader Linie stehen (welches jedesmal beym Neu- und Vollmond geschieht); so wirken die Anziehungskräfte der Sonne und des Monds gemeinschaftlich, und heben folglich die Fluth höher als zur andern Zeit; und dieses nennet man Springfluth. Ist hingegen der Mond in seinen Vierteln; so wirket er auf die Fluth mit der Sonne kreuzweise. Denn die Sonne ist alsdann mit der Ebbe in gerader Linie, und verhindert, daß die Ebbe allda nicht so tief fallen; folglich die Fluth auch nicht so hoch an der dem Monde zu und abgekehrten Seiten der Erde steigen kann, als sie sonst thun würde, wenn der Mond ganz allein und die Sonne gar nichts wirkete. Dieses nennet man Nipfluth.

Aus dem was wir vorher angeführet und bewiesen haben, sollte man schliessen, daß an jedem Orte die Fluth alsdann am höchsten seyn müsse, wenn der Mittelpunkt des Monds gerade über dem Meridian des Orts steht: wir sehen aber, daß dieses nicht allemal zutrift.

Die Ursache liegt in der natürlichen Eigenschaft aller Körper, in dem Zustande der Bewegung, wenn sie einmal in denselben gebracht sind: zu bleiben, bis ein anderes Ding ihre Bewegung aufhält. Daher wird das Wasser, wenn es durch die Wirkung des Monds sich hebt, doch noch ein wenig höher steigen: selbst wenn der Mond in dem Augenblick, da er in den Meridian des Orts tritt,

Von der Fluth und Ebbe.

vernichtet würde. Hierzu kommt, daß, obgleich die Attraktion des Monds an einem jeden Orte alsdann am stärksten ist, wenn er gerade in dem Meridian desselben, und folglich ihm an dem Tage am nächsten steht; so höret dennoch seine Attraktion nicht mit einem male an dem Orte auf, sondern dauert noch einige Zeit fort, wenn er den Meridian schon paßiret ist. Und diese Fortdauer der Attraktion, ob sie gleich nicht so stark mehr ist, erhält das Wasser doch auch noch etwas in dem angeschwollenen Zustande, bis die Neigung des Wassers zum Fallen, der Attraktion gleich ist.

Ueberhaupt genommen müßte, wenn die Erde über und über mit Wasser bedeckt wäre, der Mond den Meridian eines Orts, wenn die Fluth daselbst am höchsten ist, drey Stunden paßiret seyn. Weil aber die Erde nicht überall mit Wasser bedeckt ist: und die mannichfaltigen Vorgebürge und Bugten sich in allen Richtungen in die See hinein erstrekken: auch Klippen und Kanäle den Lauf des Wassers aufhalten: so wird der regelmäßige Lauf der Fluth dadurch sehr unterbrochen: so, daß an einigen Orten die Fluth alsdann erst am höchsten ist, wenn der Mond schon weit von dem Meridian des Orts entfernt steht. Indeß sey die Entfernung des Monds von dem Meridian eines Orts, an einem bestimmten Tage, welche sie wolle; so tritt doch die höchste Fluth den folgenden Tag beynahe um eben dieselbe Zeit ein, wenn der Mond wieder in gleicher Entfernung vom Meridian stehet.

Zum Beschlusse müssen wir noch die Ursachen anzeigen, warum man in der mittelländischen- und der Ostsee fast gar keine Fluth und Ebbe verspüret.

Ueberhaupt bemerket man auf allen innländischen Seen keine Fluth und Ebbe; weil sie größtentheils so klein sind; daß der Mond, wenn er darüber steht, ihre ganze Oberfläche gleich stark anzieht, und dadurch das Wasser an allen Seiten gleich leicht macht. Folglich kann kein Theil desselben höher als der andere gehoben werden, und ans dem Grunde bekommen die mittelländische- und Ostsee nur schwache Erhebungen. Zudem sind ihre Mündungen, wodurch sie mit dem Ocean Gemeinschaft haben, zu schmal, daß sie in der kurzen Zeit Wasser genug empfangen und von sich geben; folglich auch ihre Oberflächen merklich erhöhet oder erniedriget werden könnten.

Das dreyzehnte Kapitel.

Methode, die Längen und Breiten der Oerter zu finden.

Zuvörderst ist bekannt, daß ein jeder Zirkel, er sey groß oder klein, in 360 gleiche Theile getheilet werde, die man Grade nennet.

Die Läng. u. Breit. der Oerter zu finden.

Gesetzt also: es wäre ein großer Zirkel rund um die Erde gezogen, der sie in zwo gleiche Hälften theilete; so betrüge die Länge eines jeden Grads dieses Zirkels 15 deutsche Meilen: nur mit dem Unterschiede, daß es bey einem Zirkel, der durch den Nord= und Südpol der Erde gezogen wäre, etwas weniger seyn würde.

Nun hat man einen großen Zirkel, der rund um die Erde geht, angenommen, und solchen den Equator genennet: und die Zahl der Grade, die ein gegebener Ort gegen den Norder= oder Süder= pol vom Equator abliegt, nennt man seine Breite.

Es haben daher alle Oerter auf der nordlichen Halbkugel der Erde, von einem jeden Punkte des Equators gegen den Nordpol, Norderbreite: und auf der südlichen Halbkugel gegen den Südpol, Süderbreite. Und da die Pole die weitesten Punkte vom Equator sind; so haben sie die größte Breite, oder 90 Grade, welches den vierten Theil des ganzen Umkreises der Kugel ausmacht.

Die Norder= und Süderpunkte oder Pole des Himmels stehen gerade über den Norder= und Sü= derpolen der Erde. Weil aber die Erde sich alle 24 Stunden um ihre Achse drehet: so verursachet diese Bewegung der Erde eine scheinbare Bewegung der Punkte am Himmel: und zwar in einer Rich= tung, die der Bewegung der Erde entgegen ist: ausgenommen, daß die Pole des Himmels, weil sie gerade über den Polen der Erde stehen, eben wie diese, stets in Ruhe bleiben.

Wenn wir nun ferner annehmen: daß rund am Himmel herum ebenfalls ein großer Zirkel durch den Nord= und Südpol desselben gezogen wäre: und ein zweyter großer Zirkel wäre, dem Equator der Erde parallel, rund herum gezogen: jeder aber in 360 Grade getheilet; so stünde dieser letztere als die Equinoktial= oder Mittellinie des Himmels gerade über dem Equator der Erde: so wie die Pole des Himmels gerade über den Polen der Erde stehen. Da aber die Erde in Vergleichung der Weite des gestirnten Himmels, nicht größer als ein Punkt ist; so folget, daß wir immer die eine Hälfte des ganzen Himmels oder einen Bogen von 180 Graden sehen können, wir mögen auf einer Stelle der Erde seyn wo wir wollen: nur daß unser Horizont durch keine Berge oder Hügel unterbrochen sey.

Aus allem diesen erhellet: daß, da die Erde rund ist, und der Himmel über uns die Figur einer großen ausgehöhlten Kugel zu haben scheint; die Equinoktial= oder Mittellinie des Himmels gerade über uns ist, wenn wir beym Equator der Erde stehen: und daß alsdann die Norder= und Süderpunkte oder Pole des Himmels, gerade in den Norder= und Süderpunkten unsers Horizonts, oder unsers Gesichtskreises liegen. Sobald wir aber einen Grad vom Equator es sey gegen den Norder= oder Süderpol der Erde, weggehen; so

scheint

Die Läng. u. Breit. der Oerter zu finden.

scheint eben derselbe Pol des Himmels einen Grad über unsern Horizont erhoben zu seyn: weil wir einen Grad des Himmels unter ihm sehen können: und der gegenüberliegende Pol einen Grad unter der Gränze unsers Horizonts hinunter sinkt. Wenn wir 2 Grade weggehen; so scheint uns der Pol 2 Grade über unserm Horizont erhoben u. s. f. bis wir zu einem der beyden Pole, 90 Grade vom Equator gehen: alsdann steht eben dieser Pol gerade über unserm Kopfe, oder 90 Grade über unserm Horizonte: welches die größte Höhe ist, die er haben kann. Da nun die Zahl der Grade, die wir vom Equator sind, unsere Breite genennt wird; so ist die Zahl der Grade, die der Pol des Himmels alsdann über unserm Horizont erhoben ist, dieser gleich. In Hamburg ist der Nordpol des Himmels 54 Grade überm Horizont erhoben; folglich hat Hamburg auch 54 Grade Norderbreite, oder zählt 54 Grade vom Equator. Diejenigen Oerter hingegen, die gerade unterm Equator liegen, haben gar keine Breite, weil die Breite vom Equator anfängt.

Zur Ausmessung dieser Höhen der Himmelspols bedienet man sich eines Instruments, das man einen Quadranten nennet, welches der vierte Theil eines Zirkels ist, der auf einer metallenen Platte in 90 Grade getheilet worden. An dem Mittelpunkte desselben ist eine Schnur mit einem Gewichte befestiget, die folglich, wenn sie frey schwebt, stets zum Centro der Erde hängt. Sobald man nun

Tab. VI. fig. 5.

längst

längst einer der geraden Seiten des Quadranten nach dem Pol siehet; so ist die andere gerade Seite eben soviel Grade von der Bleyschnur entfernet, als die Zahl der Grade beträgt, die der Pol über den Horizont des Orts der Beobachtung erhöhet ist: und bestimmt dadurch sowohl die Polhöhe als die Breite des Orts.

Weil man gerade im Pole keinen Stern erblicket; so hat man zur Beobachtung der Polhöhe einen Stern der zweyten Größe angenommen, der ohngefähr 2 Grade vom Nordpole entfernt ist, und solchen den Polarsten genennet. Da nun die Bewegung der Erde um ihre Achse eine scheinbare Bewegung aller Sterne um die Pole des Himmels verursachet; so scheint uns der Polarstern alle 24 Stunden einen Kreis von 4 Graden im Diameter rund um den Pol zu beschreiben. Sobald man also 2 Grade von der größten beobachteten Höhe des Polarsterns abzieht, oder 2 Grade zu der niedrigsten Höhe zuthut; so giebt das Ueberbleibende die wahre Polhöhe für den Ort der Beobachtung.

Da der Nordpol 54 Grade über den Horizont von Hamburg erhoben ist; so gehen alle Sterne, die innerhalb 54 Grade um diesen Pol liegen, niemals unter den Horizont vom Hamburg. Man könnte also, wenn man die größte und niedrigste Höhe einer dieser Sterne beobachtete, und die Hälfte des Unterschieds entweder subtrahirte oder addirte, auch dadurch die Polhöhe finden.

Auf

Auf solche Art läßt sich mittelst eines Sterns, der niemals unter den Horizont eines Orts geht, die Breite eines jeden Orts sehr leicht und genau bestimmen. Allein man hat noch eine Methode, wodurch man dieses auch jeden Mittag, durch die gefundene Höhe der Sonne thun kann, ohne daß man die Sterne dazu nöthig hat.

Wir wollen zuerst die Ursache anzeigen, und alsdann die Methode beschreiben.

Die Equinoktial- oder Mittellinie des Himmels ist, wie bereits angeführet worden, gerade über dem Equator der Erde. Und eben soviel Grade als die Breite eines gegebenen Orts vom Equator ist; eben soviel ist der Punkt des Himmels, der gerade über diesem Orte steht, von der Equinoktiallinie. Folglich, sobald wir finden können, wie viel Grade der Punkt des Himmels, der gerade über unserm steht, von der Equinoktiallinie entfernt ist; sobald wissen wir auch, wie viel Grade unser Ort vom Equator sey, oder welche Breite er habe.

Die Sonne ist zweymal im Jahre in der Equinoktiallinie, nämlich den 20sten März, und den 23sten September, und alsdann steht sie gerade über dem Equator. Vom 20sten März bis den 23sten September ist sie an der Norderseite; und vom 23sten September bis zum 20sten März an der Süderseite der Equinoktiallinie. Die Zahl der Grade,

Grade, so die Sonne an einem gegebenen Tage im Jahre von der Equinoktiallinie absteht, wird ihre Deklination genannt; und heißt Norder- oder Süderdeklination, je nachdem die Sonne an der Norder- oder Süderseite der Equinoktiallinie steht: so, daß Deklination am Himmel dasselbe ist, was wir auf der Erde Breite nennen.

Man hat Tabellen, auf welchen die Deklination der Sonne für den Mittag eines jeden Tages berechnet ist: sie sey nordlich oder südlich. Und der Punkt des Himmels, der gerade über einem Orte steht, ist, wie vorher erwiesen, 90 Grade über den Horizont des Orts erhoben.

Um nun die Breite eines Orts z. E. von Hamburg, welches an der Norderseite des Equators liegt, zu finden, beobachte man, mittelst eines Quadranten, an einem Tage im Jahr des Mittags, die Höhe der Sonne. Und wenn man alsdann in den Tabellen die Deklination der Sonne nordlich findet; so subtrahire man die Deklination, von der durch den Quadranten gefundenen mittäglichen Sonnenhöhe. Das Ueberbleibende giebt die Höhe der Equinoktiallinie, welche Höhe, von 90 Graden subtrahirt, die Breite des Orts ausmacht.

Z. E. Am 21sten Junius geben uns die Tabellen die Deklination der Sonne $23\frac{1}{2}$ Grad nordlich an. Wenn man nun an dem Tage des Mittags die Sonnenhöhe mit dem Quadranten misset,

so

so wird man sie $59\frac{1}{3}$ Grad finden. Alsdann subtrahire man $23\frac{1}{2}$ von $59\frac{1}{3}$; so bleibt 36 Grad für die Höhe des höchsten Punkts der Equinoktiallinie über dem Horizonte vom Hamburg. Diese wieder von 90 Grad subtrahirt, bleibt 54 Grad für die Breite von Hamburg.

Ist die Deklination der Sonne südlich; so addire man dieselbe zu der beobachteten mittägigen Sonnenhöhe: und die Summe giebt den höchsten Punkt der Equinoktiallinie, über dem Horizonte des Orts. Diese von 90 Grad abgezogen, bleibt die Anzahl der Grade für die Breite des Orts.

Z. E. Am 21sten December zeigen uns die Tabellen, daß die Deklination der Sonne $23\frac{1}{2}$ Grad südlich sey. Wenn man nun an dem Tage des Mittags ihre Höhe nimmt; so wird man sie $12\frac{1}{2}$ Grad finden; welches, zu $23\frac{1}{2}$ addirt, 36 Grad für die Höhe der Equinoktiallinie giebt. Dieses, von 90 Grad abgezogen, bleibt 54 Grade für die Breite von Hamburg, wie vorher.

Die Länge eines Orts ist derjenige Punkt, den dieser Ort ost- oder westlich von einem andern gegebenen Orte entfernet ist. Man kann sich dieses auf einer künstlichen Erdkugel oder auf einem Globo am besten vorstellen. Die krummen Linien, welche auf demselben von einem Pole zum andern gezogen sind, nennet man die Meridiane: und jede derselben ist der Meridian aller derjenigen

Oerter,

Oerter, über welche sie geht. D. i. An allen dieſen Oertern ſteht die Sonne jeden Tag zu einer und eben derſelben Zeit auf ihrer größten Höhe; und folglich haben ſie alle zu gleicher Zeit Mittag. Gewöhnlich ſind zwar auf einem Globo nur 24 Meridian-halbzirkel in gleichen Weiten von einander gezeichnet: man muß aber annehmen, daß der ganze Raum zwiſchen ihnen mit eben ſolchen Meridianen angefüllet ſey; weil jeder Ort, er liege öſtlich oder weſtlich von dem Meridiane eines gegebenen Orts; einen von dieſem Orte unterſchiedenen Meridian hat.

Nun iſt der ganze Umkreis des Equators in 360 gleiche Theile oder Grade getheilt, und die Engliſchen Aſtronomen und Geographen fangen die Länge bey dem Meridian von London an, und rechnen von da die Längen andrer Oerter öſtlich oder weſtlich, nachdem die Meridiane dieſe Oerter öſt- oder weſtlich von dem Meridian von London abliegen. Folglich iſt die Länge eines Orts nach Oſten oder Weſten vom Londoner Meridian, der Anzahl Grade gleich, die zwiſchen dieſem Orte und dem Londoner Meridian eingeſchloſſen ſind. Auf die Art wird ein Meridian, der über Kopenhagen gezogen iſt, den Equator in einem Punkte durchſchneiden, der von dem Punkte, wo ihn der Londoner Meridian durchſchneidet, 13 Grad oſtwärts entfernt iſt: und ein Meridian, der über Philadelphia in Nordamerika gezogen iſt, wird ihn 74 Grad weſtwärts, von dem Punkte des Londoner

Meri-

Meridians durchschneiden. Und aus der Ursache sagt man: die Länge von Kopenhagen ist 13 Grad Osten vom Londoner Meridian; und die Länge von Philadelphia ist 74 Grad Westen. Wir setzen hierbey voraus, daß alle Völker, welche wissen, was man unter Länge und Breite versteht, die Breite vom Equator an rechnen, und also die Breite eines jeden Ortes aus der Höhe des Pols über dem Horizonte bestimmen; die Länge aber, da sie von dem Meridian eines gewissen Orts an gerechnet werden muß, von dem Meridian der Hauptstadt ihres eigenen Reichs an rechnen werden.

Nunmehr wollen wir uns bemühen zu zeigen, auf welche Weise man die Länge eines Orts finden kann: ob wir gleich zum Voraus sagen müssen, daß dieses mehrern Schwierigkeiten unterworfen ist. Denn, daß man die Breite eines Ortes leichter finden kann, als seine Länge, rühret daher, daß wir einen festen Punkt oder Pol am Himmel haben, der uns unsere Breite durch seine Erhöhung über den Horizont unsers Ortes anzeiget: hingegen haben wir keinen sichtbaren Meridian am Himmel, der gerade über dem Meridian eines gewissen Ortes der Erde stehet. Denn wäre ein solcher Meridian, so würden die Längen aller übrigen Oerter, die von ihm abläge, eben so leicht durch ihre Erhöhung über ihre Horizonte gefunden werden können, als ihre Breiten durch die Polhöhe, oder durch die Deklination der Sonne vom Equator. Man hat also versuchet sich auf andere Art zu helfen. Und

N die

die beste Methode ist unstreitig die: daß man eine Maschine habe, durch welche man die Zeit genau abmesse; so, daß man sich zur See eben so sicher darauf verlassen könne, als auf eine gute Uhr zu Lande. Wir wollen dieses näher erklären. Der Umkreis der Erde ist 360 Grade: und da sie sich in 24 Stunden ostwärts um ihre Achse drehet; so folget, daß sie sich in einer Stunde 15 Grade drehe: denn 24mal 15 macht 360. Es muß daher jeder Ort, dessen Meridian 15 Grade ostwärts vom Londoner Meridian liegt, eine Stunde früher Mittag haben, als die Oerter unter dem Meridian von London. Liegt er 30 Grade ostwärts; so hat er 2 Stunden früher Mittag u. s. f. Denn der Unterschied der Zeit ist für jede 15 Grad Länge allemal eine Stunde. Dagegen muß ein jeder Ort, dessen Meridian 15 Grade westwärts vom Londoner Meridian liegt, eine Stunde später Mittag haben, als unter dem Londoner Meridian. Liegt er 30 Grade westwärts; 2 Stunden u. s. f. Und dieses ist nicht nur vom Mittage, sondern von allen übrigen Stunden zu verstehen. Nun kann ein jeder Schiffer wissen, welche Zeit des Tages es an dem Orte sey, wo er sich mit seinem Schiffe befindet: es sey nun am Tage durch die Höhe der Sonne; oder bey der Nacht durch einen gegenseitigen Stern, der in einer ziemlichen Entfernung von einem der beyden Pole steht. Und wenn er alsdann zuvörderst die Breite des Ortes, wo er mit seinem Schiffe ist, gefunden hat; so kann er, wo-

fern.

fern seine Uhr zuverläßig richtig geht: auf folgende Art auch die Länge bestimmen.

Er segelte nämlich z. B. von London; so stellet er seine Uhr ganz genau nach der wahren Zeit dieses Orts: alsdann mag er segeln, wohin er will; so zeiget ihm seine Uhr jederzeit, wie viel es in London an der Zeit ist. Nun wollen wir annehmen: er segele nach Westindien, und wäre eine Zeitlang westwärts gegangen, müsse aber nunmehr die Länge des Orts wissen, wo er sich mit seinem Schiffe befindet; so nimmt er zuerst die Breite, und sucht dann durch die Höhe der Sonne die wahre Zeit des Ortes. Sieht er nun, daß es z. E. neun Uhr des Morgens sey; so wird seine Uhr nach dem Londoner Meridian zwölf Uhr Mittags zeigen. Hiedurch weiß er, daß er drey Stunden nach Westen von London ist. Und da jede Stunde Zeit, mit 15 Grad Länge zutrift; so sieht er, daß er 45 Grad westlicher Länge vom Londoner Meridian ist. So wie nun jede Stunde 15 Grad Länge giebt; so geben jede 4 Minuten einen Grad. Ist er hingegen eben so weit nach Osten gesegelt; so wird der Ort seines Schiffs ihm 3 Uhr Nachmittags angeben, wenn seine Uhr ihm zeigt, daß es in London Mittag ist: und alsdann weiß er, daß er 45 Grad östlicher Länge vom Londoner Meridian sich befindet. Dieses wäre unstreitig die leichteste und sicherste Methode die berühmte Longitude zu finden, wenn nur eine so zuverläßig richtige Uhr, die sich nicht im mindesten veränderte, gemacht werden könnte. Harrison in London verfertigte zwar eine dergleichen, die, so viel man weiß, die beste in ihrer Art war. Und er hat auch einen Theil der, auf die Ausfindung oder vielmehr zuverläßige Bestimmung der Meereslänge, gesetzten Prämie von 20000 Pfund Sterling erhalten. Allein, da man sie auf dem Observatorio zu Greenwich verschiedene Monate probiret hatte, fand man, daß sie doch die Zeit nicht so genau angab, als man es erwartete. Und überhaupt ist es doch für einem Seefahrer zu gefährlich, sich blos auf seine Uhr zu verlassen: weil eine Abweichung von vier Minuten ihn schon in seiner Rechnung um einen ganzen Grad irre macht, und zumal in unbekannten Gegenden ihn in Gefahr setzt, Gut, Schiff und Leben zu verlieren.

Eine zweyte, und unstreitig die zuverläßigste Methode, die Longitudinem zu finden, hat man schon seit vielen Jahren gebrauchet: nämlich durch die Verfinsterungen der Trabanten des Jupiters. Allein es finden sich dabey drey Unbequemlichkeiten, weßwegen sie zur See nicht die gehörigen Dienste thut. Erstlich muß das Fernrohr, durch welches diese Verfinsterungen beobachtet werden, unbeweglich fest stehen: und solches geht, bey der beständigen Bewegung des Schiffes, nicht an. Zweytens kann man die Beobachtungen dieser Verfinsterungen nicht am Tage machen; weil der Jupiter alsdann nicht zu sehen ist: und drittens auch nicht zu aller Zeit im Jahre, weil jährlich eine beträchtliche

Zeit

Die Läng. u. Breit. der Oerter zu finden. 197

Zeit verfließt, in welcher der Jupiter ebenfalls nicht sichtbar ist.

Zu Lande ist diese Methode die Longitude zu finden von ungemeinem Nutzen, weil man da das Fernrohr fest stellen kann. Und man verfährt dabey auf folgende Weise: Die Englischen Astronomen haben Tabellen für den Meridian von London: woraus man die Zeit dieser Verfinsterungen durchs ganze Jahr ersehen kann; und die Franzosen haben dergleichen für den Pariser Meridian berechnet. Nun setze man: daß ein Engländer die Verfinsterung eines Jupiterstrabanten zu Kingston auf Jamaika genau um 1 Uhr nach Mitternacht wahrnähme; so findet er in den Tabellen, daß die Verfinsterung des nämlichen Trabanten sich unter dem Londoner Meridian um 6 Uhr 8 Minuten des Morgens eräugnet. Und also ist der Unterschied der Zeit 5 Stunden 8 Minuten, oder 308 Minuten. Da nun eine Zeit von 4 Minuten einen Grad Länge ausmacht, und 308 durch 4 getheilt, 77 giebt; so folget, daß der Meridian von Kingston, 77 Grade westlicher Länge vom Londoner Meridian entfernt sey.

Die dritte Art, die Longitude zu finden, welche hoffentlich mit der Zeit die bequemste und brauchbarste werden wird, ist von den Beobachtungen des Monds hergenommen. Man hat nämlich aus der Bemerkung, daß der Mond alle Tage beynahe $\frac{3}{4}$ Stunden später aufgehe, und folglich seinen Stand gegen diesen oder jenen Firstern täglich um ein Beträchtliches veränderte, geschlossen; daß er dieserwegen zur Bestimmung der Longitude ungemein geschickt sey. Denn, wenn er heute bey einem gewissen Firstern steht; so ist er morgen oft schon 15 Grade von ihm entfernt. Ob nun gleich die Geschwindigkeit seiner Bewegung uns nicht immer gleich scheint, so hat man es doch schon dahin gebracht, seine wahre Stelle am Himmel täglich auf einen gewissen Meridian, für eine jede Zeit ziemlich genau zu bestimmen. Und um die Observation zu machen verfährt man auf folgende Weise:

Zuerst muß man die Breite des Ortes wissen, wo man sich befindet. Alsdann stellet man eine oder zwo wohlgearbeitete Taschenuhren, mittelst der Sonnenhöhe, nach der wahren Zeit: und diese müßten schlecht gemacht seyn, wenn sie nicht bis an Abend oder vielmehr einige Stunden richtig gehen sollten: wofern man aber hieran zweifelt; so kann man sie durch die Beobachtung eines einzigen Firsterns zurecht bringen. Denn, da man den Stand der Sonne gegen die Firsterne, für eine jede Zeit weiß; so kann man auch immer wissen, wie viel es an der Zeit sey.

Nun beobachtet man ganz genau, wann der Rand des Mondes einen bekannten Firstern deckt; und wann eben derselbe Stern wieder hinter dem Monde hervortritt. (Man könnte dieses mit bloßen Augen thun; besser aber ist es, wenn man sich

Die Läng. u. Breit. der Oerter zu finden. 199

sich eines kleinen Handteleskops dazu bedienet.)
Dann bemerket man beyde Zeiten ganz genau nach
der Uhr, und vergleicht, mittelst der Mondstabellen, die Zeit, wann der Mond eben denselben
Stern, an dem Orte des gegebenen Meridians:
es mag der Londoner, Pariser, oder ein anderer
seyn: decken muß. Alsdann bestimmet der Unterschied der Zeit, wie nach der zweyten Methode,
den Unterschied der Länge: so daß 4 Minuten Zeit
einem Grad der Länge gleich sind.

Diese Methode die Länge eines jeden Ortes zu
finden, wäre unstreitig die beste und brauchbarste
für einen Seefahrer; wenn nur erst die Mondstabellen bis zu der Vollkommenheit berechnet wären,
daß man den wahren Stand des Mondes für einen
jeden Augenblick auf einem gegebenen Meridian bestimmen könnte. Allein dieses ist das große Problem; mit dessen Auflösung sich die Astronomen
noch jetzt beschäftigen. Zwar hatte der sel. Pro-
fessor Mayer in Göttingen es schon dahin gebracht,
daß seine Tabellen bis zu einer Minute richtig wa-
ren, und seine Erben haben auch einen Theil der
von den Engländern ausgesetzten Prämie erhalten:
so wie ich mich auch erinnere in des sel. Cooks
zweyten Reise gelesen zu haben, daß sie, mit Hülfe
zwoer guten Taschenuhren, die Länge oft nach den
Tabellen bis zu einer Minute bestimmet hätten;
allein es ist zum Besten der Schiffahrt zu wünschen,
daß man es in der Folge möglich machen könnte,
Mondstabellen zu haben, die gar keinem Irrthume

N 4   unter-

unterworfen wären. Zum Beschlusse dieses Kapitels wollen wir den Fehler zeigen, der aus der unrichtigen Berechnung der Tabellen entstehen kann.

Gesetzt, der Mond änderte seine Stelle gegen einen gegebenen Firstern innerhalb 24 Stunden um 12 Grade; so beträgt dieses innerhalb einer Stunde $\frac{1}{2}$ Grad oder 30 Minuten, und in 2 Minuten Zeit, 1 Minute. Hat man sich daher in den Tabellen um eine Minute in der Stelle des Mondes geirret; so veranlasset dieses einen Irrthum in der Zeit, von zwo Minuten, gegen den Meridian. Da nun 4 Minuten Zeit einem Grade des Equators, oder 15 deutschen Meilen gleich sind; so ist der Fehler in der Distanz $7\frac{1}{2}$ deutsche, oder 10 Seemeilen.

Das vierzehnte Kapitel.

Von den Finsternissen.

Ein jeder Planet mit seinen Trabanten wird von der Sonne erleuchtet, und wirft einen Schatten gegen den Punkt des Himmels, der der Sonne gegenüber ist. Dieser Schatten ist eigentlich weiter nichts als eine Beraubung des Sonnenlichts in demjenigen Raume, wo der undurchsichtige Körper die Strahlen derselben auffängt oder unterbricht.

Wenn

Von den Finsternissen.

Wenn das Sonnenlicht auf die Art vom Monde unterbrochen wird, so, daß diesem oder jenem Orte der Erde die Sonne zum Theil oder ganz bedeckt zu seyn scheint; so sagt man: sie wird verfinstert; obgleich, eigentlich zu reden, es nur eine Verfinsterung des Theils der Erde ist, worauf der Schatten des Mondes fällt. Hingegen, wenn die Erde zwischen die Sonne und den Mond kommt; so fällt der Mond in den Schatten der Erde, und leidet, weil er von sich selbst kein Licht hat, durch die Unterbrechung der Sonnenstrahlen, eine wirkliche Verfinsterung. Wofern der Mond bewohnt ist; so sehen diejenigen, welche auf seiner der Erde zugekehrten Seite wohnen, zur Zeit einer Sonnenfinsterniß, den Schatten des Mondes gleich einem dunkeln Flecken über die Erde gehen, und zwar ohngefähr zweymal so geschwind, als ihre Equatorealtheile sich bewegen, und auch nach ebenderselben Richtung. Bey einer Mondfinsterniß hingegen, scheint ihnen die Sonne verfinstert zu seyn, und zwar an allen denjenigen Oertern total, auf welche der Erdschatten fällt, und auch so lange Zeit, als sie im Schatten sind. Wären die Sonne und die Erde gleich groß; so würde der Schatten der Erde sich unendlich weit erstrecken, und allenthalben gleich stark seyn: und der Mars würde in jedem seiner Knoten, wenn er der Sonne gegenüber stünde, verfinstert werden. Wäre die Erde größer als die Sonne; so würde ihr Schatten an Stärke zunehmen, jemehr er sich ausbreitet, und würde die großen Planeten Jupiter und Saturn mit allen ihren Monden verfinstern, wenn sie der Sonne gegenüber wären.

Da aber Mars in der Opposition niemals in den Erdschatten fällt; ob er gleich alsdann nicht über 9 Millionen Meilen von der Erde entfernt ist; so ist es klar, daß die Erde viel kleiner sey als die Sonne, weil ihr Schatten sich in dieser unbeträchtlichen Weite sonst nicht in einen Punkt endigen könnte.

Wäre die Sonne und der Mond gleich groß: so würde der Schatten des Mondes in gleicher Breite zur Erde gehn, und einen Theil ihrer Oberfläche von mehr als 430 Meilen in der Breite bedecken; selbst wenn er, vom Monde gesehen, gerade auf den Mittelpunkt der Erde fiele. Fiele er aber schief darauf; so würde er noch viel größer seyn. Dagegen ist aber der Mondsschatten selten über 32 Meilen auf der Erde breit, ausgenommen, wenn er bey totalen Sonnenfinsternissen ganz schief auf die Erde fällt. Bey ringförmigen Finsternissen endiget sich der wirkliche Schatten, in einiger Entfernung von der Erde in einem Punkt. Dieser geringe Abstand des Mondes von der Erde, und die Kürze seines Schattens beweisen also, daß der Mond kleiner sey als die Sonne. Und da der Schatten der Erde breit genug ist den Mond zu bedecken, selbst wenn sein Durchmesser dreymal so groß wäre (welches aus der langen Dauer klärlich erhellet, die der Mond in dem Erdschatten verbleibt,

bleibt, wenn er durch den Mittelpunkt desselben geht); so folget, daß die Erde viel größer sey als der Mond.

Obgleich alle undurchsichtige Körper, die von der Sonne beschienen werden, ihren Schatten haben; so ist dennoch der Körper der Sonne, und der Abstand der Planeten so groß, daß die ersten Planeten sich niemals verfinstern können. Ueberhaupt wäre es auch nur in Ansehung des ersten gegen den zweyten, oder den, der ihm der nächste ist, möglich: in keinem andern Stande aber, als wenn sie in Opposition oder Conjunktion mit der Sonne sind. Die ersten Planeten kommen selten in diese Lage, die Sonne und der Mond aber jeden Monat. Hieraus sollte man schliessen, daß diese beyden Lichter jeden Monat müßten verfinstert werden. Allein man hat im Verhältniß der Anzahl der Neu- und Vollmonde nur wenige Finsternisse. Wir wollen die Ursache davon nunmehr erklären.

Träfe die Bahn des Mondes mit der Fläche der Ekliptik, in welcher die Erde sich stets beweget, und die Sonne sich zu bewegen scheint, in gleicher Lage zusammen: so würde der Schatten des Mondes bey jedem Wechsel auf die Erde fallen, und die Sonne an unterschiedlichen Oertern der Erde verfinstern. Auf gleiche Art würde der Mond durch die Mitte des Erdschattens gehen, und bey jedem

Vollmond verfinstert werden: nur mit dem Unterschiede, daß er über $1\frac{1}{2}$ Stunden ganz; die Sonne hingegen, durch die Dazwischenkunft des Mondes niemals mehr als 4 Minuten verfinstert werden würde. Allein die eine Hälfte der Mondsbahn ist $5\frac{1}{3}$ Grad über die Ekliptik erhoben, und die andere Hälfte ist eben so tief unter derselben: folglich durchschneidet die Mondsbahn die Ekliptik in zweenen Punkten, die, wie wir bereits im vorhergehenden gemeldet haben, Knoten des Mondes genennet werden. Wenn diese Punkte beym Neu- und Vollmond mit dem Mittelpunkte der Sonne in gerader Linie sind; so stehen Sonne, Mond und Erde in gerader Linie. Und wenn alsdann Neumond ist; so fällt sein Schatten auf die Erde: ist es aber Vollmond; so fällt der Erdschatten auf ihn. Sind Sonne und Mond zur Zeit ihrer Conjunktion, mehr als 17 Grade von einem der beyden Knoten; so ist der Mond alsdann überhaupt entweder zu niedrig, oder zu hoch auf seiner Bahn, um einen Schatten auf die Erde werfen zu können. Und wenn die Sonne, zur Zeit des Vollmondes, mehr als 12 Grade von einem der Knoten ist; so steht der Mond gleichfalls zu hoch oder zu niedrig, als daß er durch den Erdschatten gehen könnte. In beyden Fällen eräugnen sich alsdann keine Finsternissen. Ist der Mond hingegen zur Zeit seiner Conjunktion, weniger als 17 Grade von einem der beyden Knoten; so fällt sein Schatten oder Halbschatten auf die Erde, nachdem er weniger

oder

Von den Finsternissen. 205

oder mehr innerhalb dieser Gränze ist *). Ist er aber in der Opposition weniger als 12 Grade von einem der Knoten; so geht er durch einen größern oder kleinern Theil des Erdschattens, nach dem Maaße er mehr oder weniger daran gränzt. Da nun seine Bahn 360 Grade enthält, von welchen 17 die Gränze einer Sonnenfinsterniß an jeder Seite der Knoten, und 12 die Gränze einer Mondfinsterniß bestimmen: dieses aber nur einen kleinen Theil der Bahn ausmacht, und die Sonne gewöhnlich auch nur zweymal im Jahre bey diesen Knoten vorüber gehet; so ist es kein Wunder, daß wir soviel Neumonde, und dagegen so wenige Finsternissen haben. Dieses wären also die ersten allgemeinen Begriffe von den Sonnen= und Mondfinsternissen: jetzt wollen wir die Sache durch beygefügte Figur näher erklären.

Es sey also S. die Sonne, M. der Mond, und E. die Erde: a. b. c. d die Bahn des Mondes, auf welcher er sich nach der Ordnung der Buchs

Tab.
VII.
fig.
3.

---

*) Unterweilen ist hierbey einige Abänderung: denn bey einer Finsterniß im Apogäo ist die Sonnengränze nur 16 und ein halb Grade; und im Perigäo 18 und ein drittel. Ist der Mond im Apogäo voll; so wird er schon, wenn er innerhalb 10 und ein halb Grad des Knotens ist, verfinstert: und wenn er im Perigäo voll ist; so wird er schon innerhalb 12 und ein dreyßigstel Grad des Knotens verfinstert.

Buchstaben bewegt; und C. b. d. D. ein Theil der Erdbahn, auf welcher sie in der Richtung C. D. fortgeht.

Ist der Mond in M.: so haben wir Neumond und in m. Vollmond. Nun ziehe man eine gerade Linie A. c. E. von dem östlichen Rande der Sonne hart an den östlichen Rand des Mondes zur Erde E. und eine zweyte gerade Linie B. c. E. von dem westlichen Rande der Sonne, hart an den westlichen Rand des Mondes, zur Erde E. und stelle sich vor, daß diese Linien sich um die Mittellinie F. M. E. herumdrehen, und daß der Raum c. c. innerhalb derselben, zwischen dem Monde und der Erde, den dunkeln Schatten des Mondes, der in einer kugelförmigen Figur blos den kleinen Theil der Oberfläche der Erde in E. bedeckt, einschliesse: daß folglich blos diesem kleinen Theile die Sonne völlig vom Monde bedeckt werde und gänzlich verfinstert zu seyn scheine; und es daher auch nur an diesem Orte allein ganz dunkel seyn könne, weil der Mond in dem Augenblicke keinem andern Theile der Erde das Sonnenlicht gänzlich verbirgt. Man siehet hieraus, daß, wenn der Mond der Erde näher wäre, sein dunkler Schatten einen größern Theil der Oberfläche der Erde bedecken würde. Und wäre er weiter von der Erde; so würde sich sein Schatten, hart an der Oberfläche derselben, in einen Punkt endigen. Alsdann aber könnte er keinem Theile der Erde den ganzen Körper der Sonne verbergen; sondern diejenigen, die gerade unter

diesem

Von den Finsternissen.

diesem Punkte wohnen, würden den Rand der Sonne gleich einem schmalen erleuchteten Ringe, rund um den dunkeln Körper des Mondes herum erblicken.

Ob nun gleich der Mond blos einem kleinen Theile der Erde das Sonnenlicht zu dieser oder jener Zeit gänzlich verdecken kann, wenn sie auf die Art vom Monde verfinstert zu seyn scheint; so wird dennoch in allen solchen Finsternissen, einem sehr großen Theile der Oberfläche der Erde die Sonne mehr oder weniger bedeckt. Denn, wenn man die gerade Linie A. f. o. von dem östlichen Rande der Sonne, hart an dem westlichen Rande des Mondes vorbey, zur Erde in o. zieht, und die zweyte B. f. n. von dem westlichen Rande der Sonne, an dem östlichen Rande des Mondes nach n. zieht: und sich alsdann vorstellet, daß diese beyden Linien A. f. o. und B. f. n. sich um die Mittellinie F. M. E. bewegen; so werden ihre Enden n. und o. einen großen Zirkel auf der Oberfläche der Erde, rund um E. beschreiben: in welchem ganzen Zirkel die Sonne mehr oder weniger durch den Mond M. verfinstert, erscheinen wird, nachdem die Oerter, die in diesem Zirkel liegen, mehr oder weniger von dem Mittelpunkte E., wohin der dunkle Schatten fällt, entfernt sind. Denn, wenn der Mond in M. ist; so wird ein Beobachter auf der Erde in n. wahrnehmen, daß der östliche Rand des Mondes den westlichen Rand der Sonne in B. gleichsam eben berühre: so wie ein Beobachter in o.

sehen

sehen wird, daß der westliche Rand des Mondes den östlichen Rand der Sonne so eben berühret. Den Oertern zwischen n. und o. aber wird der Mond die Sonne zum Theil oder ganz verdecken, nach dem Maaße sie zwischen n. und E., oder zwischen o. und E., oder gerade in E. liegen. Man nennet diesen schwachen Schatten, der rund um den dunkeln liegt, von n. bis o., den Halbschatten, oder einen Theil des Mondschattens. Fällt der Mittelpunkt dieses Schattens in gerader Linie vom Centro der Sonne zum Centro der Erde; so bedeckt er eine Strecke der Oberfläche der Erde, deren Durchmesser ohngefähr 1000 Meilen groß ist. Fällt er aber schief auf die Erde; so ist seine Figur elliptisch; und alsdann ist die Weite, die er bedeckt, noch größer: vornehmlich wenn der Mond zu der Zeit in seiner kleinsten Entfernung von der Erde ist. Denn, weil die Bahn des Mondes eine Ellipse, oder eyförmig ist: und jede Ellipse zween Mittelpunkte, oder wie man sie gewöhnlich nennet, Focos hat, welche zwischen der Mitte und den Enden ihres längsten Durchmessers liegen: der Mittelpunkt der Erde aber einer von diesen Centris ist; so folgt, daß der Abstand des Mondes von der Erde nicht allemal gleich seyn kann. Wenn man also sagt: der Mond wäre 52000 Meilen von der Erde entfernt; so versteht man darunter seinen mittlern Abstand. Wird die Sonne in der kleinsten Entfernung des Mondes verfinstert, so, daß die Oberfläche der Erde durch den dunkeln Schatten des Mondes bedeckt wird; alsdann ist der Durchmesser

Von den Finsternissen.

messer der Welte, wo die Sonne ganz verfinstert zu seyn scheint, ohngefähr 40 Meilen: und über diese Strecke geht der dunkele Schatten des Mondes in $4\frac{1}{2}$ Minuten. Er würde noch geschwinder darüber gehen, wenn nicht die Umwälzung der Erde um ihre Achse von Westen nach Osten (folglich in gleicher Richtung als der Mondsschatten) die Stelle, auf welche der Schatten fällt, länger in diesem Schatten hielte, als sonst geschehen würde, wenn die Erde solche Bewegung nicht hätte. Länger als $4\frac{1}{2}$ Minuten aber ist keine totale Sonnenfinsterniß an einem Orte des Erdbodens möglich; selbst wenn sie auch beym Equator fällt, wo doch die Theile der Oberfläche die schnelleste Bewegung haben. Und in unsern nordlichen Gegenden dauert sie nicht einmal so lange; weil wir dem Pole soviel näher sind, und folglich langsamer herumgehen.

Nun müssen wir noch die Ursachen der Mondesfinsternisse erklären:

Man ziehe in der vorigen Figur die gerade Linie A. g. c. von dem östlichen Rande der Sonne, hart an den östlichen Rand der Erde bis in g.; und die zweyte gerade Linie B. h. k. von dem westlichen Rande der Sonne, an den westlichen Rand der Erde bis in K.; und nehme an; daß diese beyden Linien sich um die Mittellinie F. M. m. herumdrehen; alsdann werden sie den Raum einschließen, der mit dem Erdschatten g. c. k. h. angefüllet

gefüllet ist. Denn man sieht klar: daß, wenn der Mond auf seiner Bahn in m. ist, er von dem Schatten der Erde gänzlich bedeckt und verfinstert werden müsse; weil die Erde zwischen der Sonne und ihm stehet.

Daß man den Mond bey einer totalen Verfinsterung, noch immer gleichsam als mit einer Kupferfarbe überzogen, erblicket, rühret von unserer Atmosphäre her. Denn alle Sonnenstrahlen, welche rund um die Erde, innerhalb der Gränze g. h. von Licht und Dunkel, durch die Atmosphäre fallen, werden von derselben gegen die Mitte des Erdschattens einwärts gebogen. Und diese Strahlen fallen, mit dem Schatten vermischt, auf den Mond, und erleuchten ihn in einem gewissen geringen Grade. Alsdann wirft der Mond diese Strahlen wieder zur Erde zurück. Und aus der Ursache ist er uns noch auf gewisse Art sichtbar. Denn hätte die Erde keine Atmosphäre; so würde ihr Schatten ganz dunkel, und der Mond, wenn er völlig eingetreten ist, eben so unsichtbar als zur Zeit des Neumondes seyn.

Das funfzehnte Kapitel.

Von dem Durchgange der Venus durch die Sonne: und in wiefern der Abstand der Planeten von der Sonne daraus zu beweisen sey.

Wir werden hier vornehmlich von dem Durchgange in Anno 1761 reden, weil er über unserm Horizonte beynahe vom Anfange bis zu Ende sichtbar war. Und aus eben diesem Durchgange werden wir, was schon im vorhergehenden gesagt ist, zu beweisen suchen: daß nämlich der Abstand der Planeten von der Sonne: so ungeheuer groß er auch scheinen mögte: doch noch zu klein angenommen sey.

Ehe wir aber zu diesem Beweise gehen, müssen wir bemerken, daß die Figuren 1 und 2 nicht in der gehörigen Proportion haben gezeichnet werden können. Und man mußte eine Wahrheit aufopfern, um eine andere begreiflich zu machen. Denn hätten wir die Planeten nicht größer gezeichnet, als sie im Verhältniß ihrer Entfernung von der Sonne wirklich sind; so würden sie nichts als bloße Punkte geworden seyn; und der größte Bogen Papier wäre zu klein gewesen, um die Linien des Abstandes darauf zu ziehen. Es war also, Tab. IX.

Das funfzehnte Kapitel.

zur deutlichen Erklärung dieser Materie, nothwendig, sowohl die Planeten größer zu zeichnen, als auch die Linien ihrer Entfernung abzukürzen; weil wir sonst die Wirkungen, die von den verschiedenen Bewegungen der Planeten entstehen, nicht hätten verständlich machen können.

Der Durchmesser der Erde ist in Vergleichung des Abstandes der Sonne, nichts weiter als ein Punkt. Und wenn daher die Sonne zu gleicher Zeit von zweenen Beobachtern an den entgegenstehenden Seiten der Erdkugel betrachtet würde; so müßte ihr Mittelpunkt allen beyden, in einem und ebendemselben Punkte des Himmels erscheinen. Wenn aber die Venus zwischen die Erde und die Sonne kommt; so ist ihr Abstand von der Erde zwischen drey und viermal geringer als der Abstand der Sonne von der Erde. Und wenn daher die Venus von zweenen Beobachtern auf der Erde, die in einer großen Entfernung von einander sind, gesehen wird; so erscheint sie jedem von ihnen, in ebendemselben Augenblicke, an verschiedenen Stellen, auf der Oberfläche der Sonne.

Es sey also S. die Sonne, V. die Venus, und A. B. D. E. die Erde. Nun nehme man an: der eine Beobachter stünde in A.; der zweyte in B. und der dritte in D. Alle drey aber beobachteten die Venus zu einer gleichen absoluten Zeit; so wird dem Beobachter in A. die Venus auf der Sonne in F. erscheinen, in der Richtung der geraden

Durchgang der Venus durch die Sonne. 213

raden Linie A. V. F., worinn er sie siehet. Dem Beobachter in B. wird sie auf der Sonne in G. erscheinen, nach der geraden Linie B. V. G; und dem Beobachter in D. wird die Venus auf der Sonne in H. erscheinen, weil er sie in der geraden Linie D. V. H. siehet. Oder wenn man annimmt: die Venus stünde stille in V., während der Zeit der Beobachter in A. durch die Umdrehung der Erde um ihre Achse, durch den Bogen A. B. D. von A. nach D. geführet wird; so ist klar: daß es diesem Beobachter scheinen wird, als habe sich der Planet V. an der Sonne von F. nach H. durch den Raum F. G. H. bewegt.

Nun wollen wir setzen: die Erde a. b. d. e. sey der Sonne S. näher. In diesem Falle wird die Venus V. der Erde auch verhältnißmäßig näher seyn; und der Bogen a. b. d., durch den der Beobachter herumgeführet worden, wird eine gröffere Proportion zu der Entfernung der Venus von der Erde in Fig. 2. haben, als eben derselbe Bogen A. B. D. zu der Entfernung der Venus V. von der Erde in Fig. 1. gehabt hat: so daß, wenn der eine Beobachter in a. ein zweyter in b., und ein dritter in d. gestellet wäre; so würde der Beobachter in a. die Venus an der Sonne in f., der in b., die Venus in g., und der in d. würde sie in h. erblicken, und zwar alle zu einer und eben derselben Zeit. Oder: wenn die Venus in u. stille stünde, während daß der Beobachter in a. durch die Bewegung der Erde von a. nach d. ge-

O 3 führet

führet wird; so würde es ihm vorkommen, als wenn sich die Venus in der Zeit an der Sonne von f. nach h. beweget hätte. Nun ist aber die Weite f. g. h. in Fig. 2. länger, als die Weite F. G. H. in Fig. 1. Daraus folget: daß, je näher die Erde der Sonne ist; desto größer ist die Weite, durch welche Venus, vermöge der wirklichen Bewegung des Beobachters mit der Erde, in einer gegebenen Zeit vor der Sonne vorüber zu gehen scheint: und je weiter die Erde von der Sonne, desto kleiner ist die Weite, durch welche sie in derselben Zeit mittelst der wirklichen Bewegung des Beobachters vor der Sonne überzugehen scheint.

Und folglich: da die Venus sich wirklich auf ihrer Bahn in der Richtung T. U. W. Fig. 1., oder t. u. W. Fig. 2. bewegt, während daß der Beobachter mit der Erde von A. nach D. oder von a. nach d. herumgeführet wird: so ist klar: daß die Venus geschwinder über die Sonne sich zu bewegen scheinen muß, wenn der Abstand der Erde von der Sonne nur so groß als b. u. s. in Fig. 2., als wenn er soviel größer wie B. U. S. in Fig. 3. ist: und daß folglich die ganze Dauer ihres Durchganges kürzer seyn müsse, wenn der Abstand der Erde von der Sonne nur wie b. u. s., als er seyn würde, wenn der Abstand größer wäre, wie B. U. S.

Nunmehr müssen wir zur Erklärung der 3ten Figur übergehen, wo wir setzen: daß a. b. c. d.

die

die Erde, V. die Venus, und S. die Sonne sey. Die Erde drehet sich oſtwärts um ihre Achſe in der Richtung a. b. c. d.; und die Venus geht auf ihrer Bahn in der Richtung E. V. e.

Nun wollen wir annehmen: die Erde wäre durchſichtig wie Glas, und es ſtünde jemand im Mittelpunkte derſelben, und betrachtete die Sonne S., während der Zeit die Venus ſich auf ihrer Bahn von F. nach f. durch die Weite F. G. V. g. f. bewegte; ſo könnte in dieſem Fall die Umdrehung der Erde um ihre Achſe keine Wirkung auf dieſen Beobachter haben, weil ſie ihn nach keiner Seite von C. wegführete. Denn, wenn die Venus auf ihrer Bahn in F. wäre; ſo würde ſie ihm eben in der Sonne in K. erſcheinen; das iſt: in ihrer erſten inneren Berührung des öſtlichen Randes der Sonne. Gienge ſie weiter auf ihrer Bahn von F. nach f.; ſo würde ſie ihm von K. nach L. in der Linie K. k. L. vor der Sonne überzugehen ſcheinen; welche Linie die Linie des Durchganges über die Sonne genennet wird. Und wenn ſie auf ihrer Bahn in f. wäre; ſo würde ſie ihm in der Sonne in L. erſcheinen, eben da ſie im Begriff iſt den weſtlichen Rand der Sonne zu verlaſſen; oder in ihrer letzten inneren Berührung des weſtlichen Randes der Sonne. Wir wollen dieſes nochmals kürzlich wiederholen. Wenn der Durchgang der Venus aus dem Mittelpunkt der Erde C. geſehen werden könnte; ſo würde ſie von F. nach f. auf ihrer Bahn fortgehen: während der Zeit ſie ſich vor der Sonne von K. nach L. zu bewegen scheint; oder von ihrer ersten bis zu ihrer letzten inneren Berührung. Denn, wenn die Venus auf ihrer Bahn in F. ist; so steht sie am Rande der Sonne in K., weil sie vom Centro der Erde C. in der geraden Linie C. F. K. gesehen wird. Und wenn sie auf ihrer Bahn nach f. kommt; so verläßt sie die Sonne in L., weil sie in der geraden Linie C. f. L. gesehen wird.

Nun wollen wir setzen: der Beobachter stünde auf der Oberfläche der Erde in a., und würde in der Zeit, daß die Venus auf ihrer Bahn von F. nach f. fortgeht, durch die Umdrehung der Erde um ihre Achse von a. nach b. fortgeführet: ist die Venus in F.; so scheint sie dem Beobachter im Mittelpunkte der Erde C. vor der Sonne in K.; allein dem Beobachter auf der Oberfläche in a. ist sie noch nicht in die Sonne eingetreten, weil er sie, wenn sie am Himmel sichtbar wäre, in der Linie A. F. H. ostwärts von der Sonne erblicken würde. Und sie muß zuvor auf ihrer Bahn von F. nach G. fortgehen, ehe er sie vor der Sonne in K., nach der geraden Linie a. G. K. sehen kann. Ihr Durchgang muß also dem Beobachter in a. um so viel später eintreten, als dem in C., um soviel die Zeit beträgt, in welcher sie auf ihrer Bahn von F. nach G. fortrückt.

Wenn die Venus auf ihrer Bahn nach g. kommt; so ist der Beobachter schon durch die Bewegung

Durchgang der Venus durch die Sonne. 217

wegung der Erde beynahe von a. nach b. herumgeführet; und alsdann sieht er sie in der Linie b. g. L., da sie die Sonne eben in L. verläßt. Wird sie hingegen vom Mittelpunkte der Erde gesehen; so muß sie schon von g. nach f. auf ihrer Bahn fortgegangen seyn, ehe sie die Sonne in L. verläßt, oder ehe sie in der geraden Linie C. f. L. gesehen werden kann: alsdann aber würde sie dem Beobachter in b. schon in der Linie B. f. I., nach Westen von der Sonne erscheinen, wenn er sie sehen könnte. Die ganze Dauer des Durchganges von K. nach L. ist demnach dem Beobachter, der sich von a. nach c. bewegt, kürzer, als dem der sie (wie wir angenommen haben) im Mittelpunkte der Erde C. beobachtet. Denn dem erstern, bewegt sie sich, während der Zeit, daß sie von K. nach L. vor der Sonne übergeht, auf ihrer Bahn nur von G nach g. ; dagegen sie sich dem letztern auf ihrer Bahn von F. nach f. bewegen muß, ehe sie ihm von K. nach L. übergeht.

Folglich: je näher die Erde der Sonne ist; je größer ist der Unterschied der Zeit des Durchganges der Venus von K. nach L., wenn man sie von der Oberfläche der Erde; oder wenn man sie aus

dem

dem Mittelpunkte derselben betrachtet. Und je weiter die Erde von der Sonne ist; je kleiner ist der Unterschied der Zeit des Durchganges zwischen der Beobachtung auf der Oberfläche, und im Mittelpunkte der Erde.

Die Ursache, weßwegen wir uns einen Beobachter im Mittelpunkte der Erde denken, der den Durchgang der Venus von daher betrachtet, ist diese: weil in den astronomischen Tabellen die Bewegungen der Planeten so berechnet sind, als sie von einem Beobachter würden gesehen werden, der ruhig auf einer Stelle bliebe. Denn da die scheinbare Breite der Sonne sowohl als die Zeit, in welcher die Venus um die Sonne läuft, bekannt sind; so ist es leicht zu berechnen, in wie viel Zeit die Venus einen Raum durchläuft, der der Breite der Sonne gleich ist: wenn derjenige, der dieses beobachtet, unveränderlich auf seiner Stelle bleibt: oder, welches eben soviel ist, wenn der Beobachter im Mittelpunkte der Erde steht. Und alsdann ist es bey jeder Entfernung der Erde von der Sonne, leichter zu berechnen: wie viel die Währung des Durchganges, durch die Bewegung eines Beobachters verkürzt wird, der auf der Oberfläche der Erde,

Erde, an der der Venus zunächst liegenden Seite steht, und sich in einer dem Laufe der Venus entgegengehenden Richtung beweget; gegen die Währung des Durchganges für einen Beobachter im Mittelpunkte der Erde, oder selbst an ihrer Oberfläche, wenn sie keine Bewegung um ihre Achse hätte: als in welchem Fall der Beobachter an der Oberfläche ebenfalls in Ruhe bliebe.

Weil aber der Beobachter an der Oberfläche wirklich in Bewegung mit der Erde ist, wenn er die Dauer des Durchganges beobachtet, und weiß, wie viel sie ihm kürzer erscheint als sie würde gethan haben, wenn er in Ruhe gewesen wäre; so kann dadurch die Entfernung der Erde von der Sonne gefunden werden; welche, wie bereits angeführet, nach dem Resultate der verschiedenen Beobachtungen dieses Durchganges der Venus zwischen 20 und 21 Millionen Meilen ist geschätzet worden. Da nun die relativen Weiten der Planeten von der Sonne, aus den bestimmten Gesetzen der Natur, und aus ihren Beobachtungen längst bekannt sind; so wird der Abstand der übrigen Planeten von der Sonne folgendes Verhältniß haben.

Gesetzt:

Gesetzt: der Abstand der Erde von der Sonne wäre in 100000 gleiche Theile getheilet (diese Theile mögen übrigens so viele Meilen enthalten als sie wollen); so ist der Abstand

des Merkurius von der Sonne gleich 38,710 dieser
der Venus — — 72,333 Theile
des Mars — — 152,369 —
des Jupiters — — 520,096 —
des Saturns — — 954,006 —

Und da die Zahl der Meilen dem Verhältnisse der Zahl der Theile gleich ist: und die 100000 Theile des Abstandes der Erde von der Sonne zwischen 20 bis 21 Millionen betragen; so verhält sich die Zahl der Theile der übrigen Planeten zu der Zahl ihrer Meilen nach ebenderselben Proportion.

Es wäre zu wünschen, daß alle Beobachtungen dieses Durchganges der Venus, die man in verschiedenen Gegenden Europens anstellete, so übereinstimmen mögten, daß einerley Resultate herauskämen. Allein es scheint, daß die Erfüllung dieses Wunsches vornehmlich durch zwo Ursachen sey verhindert worden: erstlich, dadurch, daß der Unterschied der Longitude in Ansehung der Oerter,

wo

Durchgang der Venus durch die Sonne.

wo man die Observationen anstellete, noch nicht genau genug bestimmet gewesen; und zweytens, daß von allen Beobachtern nicht einerley Teleskope gebrauchet worden sind. Denn das ist unläugbar, daß diejenigen, die die stärksten Vergrösserungsgläser brauchen, den Augenblick der inneren und äusseren Berührungen des Planeten accurater bemerken konnten, als diejenigen, welche sich schwächerer Gläser bedieneten. Indessen sind die Observationen des zweyten Durchganges von Anno 1769 mit aller möglichen Genauigkeit angestellet worden: und das Resultat von allen hat es bestätiget, daß der Abstand der Erde von der Sonne nicht unter 20 und nicht über 21 Millionen Meilen sey.

Der nächste Durchgang der Venus begiebt sich in Anno 1874. Man sollte fast denken, daß dieses öfterer geschehen müßte; da man weiß, daß sie jedesmal innerhalb 584 Tagen einmal zwischen der Erde und der Sonne durchgeht. Es würde auch so seyn, wenn ihre Bahn mit der Bahn der Erde in einerley Fläche läge: so wie ein Zirkel, den man innerhalb eines andern auf ein flaches Papier zeichnet. Allein die eine Hälfte der Bahn der Venus liegt an der Norderseite der Erdbahn, und

und die andere Hälfte an der Süderseite derselben: so, daß ihre Bahn die Bahn der Erde in zwey entgegenstehenden Punkten kreuzet. Und aus der Ursache kann die Venus nur alsdann gerade zwischen der Erde und Sonne durchgehen, wenn sie zur Zeit ihrer Conjunktion mit der Sonne, innerhalb oder nahe bey einem dieser Punkte ist. Zu jeder andern Zeit geht sie entweder oberhalb oder unterhalb der Sonne weg, und ist alsdann unsichtbar: weil sie ihre dunkele Seite der Erde zukehrt.

Wir haben noch vergessen, die beyden Linien N. E. K. und n. e. L. zu erklären. Gesetzt: ein Beobachter in N. an der Seite der Erde, die am weitesten von der Venus ist, würde in derselben Richtung, in welcher sich die Venus auf ihrer Bahn von E. nach e. bewegt, mit der Erde von N. nach n. fortgeführet: und ein zweyter Beobachter in a. würde in gleicher Zeit, in einer Richtung, die dem Laufe der Venus auf ihrer Bahn entgegen ist, von a. nach b. fortgeführet; so wird die Währung des Durchganges dem Beobachter, der von N. nach n. geführet worden, länger seyn, als einem Beobachter im Centro der Erde C. Denn, wenn die Venus auf ihrer Bahn in E. ist;
wird

Durchgang der Venus durch die Sonne.

wird sie von N. in der geraden Linie N. E. K. gesehen, vor der Sonne in K. erscheinen. Hingegen muß sie von E. nach F. gehen, ehe sie von C. in der geraden Linie C. F. K. vor der Sonne gesehen werden kann. Und wenn sie von C. in der geraden Linie C. f. L. gesehen wird; so verläßt sie, wenn sie auf ihrer Bahn in f. ist, die Sonne eben in L. Soll aber der Beobachter in n., der während der Zeit, daß die Venus auf ihrer Bahn von E. nach e. geht, durch die Umdrehung der Erde um ihre Achse von N. nach n. fortgeführet worden, sie in dem Augenblicke wahrnehmen, da sie die Sonne verläßt; so muß sie schon von f. nach e. fortgerücket seyn; so daß die sichtbare Wåhrung ihres Durchganges dem Beobachter länger seyn wird, der von N. nach n. fortgeführet worden, als dem der in Ruhe ist: und kürzer dem andern, der von a. nach b. ist geführet worden.

Aus diesem Unterschiede der sichtbaren Wåhrungen des Durchganges der Venus kann der Abstand der Erde von der Sonne mit größerem Vortheile hergeleitet und gefunden werden, als wenn die Beobachtungen nur allein an der Seite der Erde, die der Venus während ihres Durchganges am nächsten

nächsten liegt, angestellet werden. Der große Mann, der diese Methode, den Abstand der Erde von der Sonne aus dem Durchgange der Venus zu beweisen, zuerst erfand, war der berühmte Dr. Halley. Und da er wußte, daß er nach dem gewöhnlichen Laufe der Natur nicht so lange leben würde, diesen Durchgang selbst zu sehen; so empfahl er allen künftigen Astronomen, denselben nach seinem Tode, mit möglichstem Fleiße zu beobachten. Zu dem Ende übergab er der königlichen Societät der Wissenschaften eine Schrift, worinn er alles ausführlich aufgezeichnet hatte; und die Societät machte diese Schrift kurz nachher in den Philosophical Transactions öffentlich bekannt.

Vom Gebrauch
der
Erd- und Himmels-Kugel.

Tom Oliver
und
das Ebenmaß-
Nicht.

Allgemeine Einleitung.

Wenn man auf einer Kugel eine ganz akkurate Weltcharte zeichnet, so stellet die Oberfläche derselben die Oberfläche der Erde vor: denn die höchsten Berge sind im Verhältniß gegen den ganzen Körper der Erde so unbeträchtlich, daß sie seiner Runde nicht mehr benehmen, als Sandkörner der Runde einer künstlichen Erdkugel; indem der Umkreis der Erde 5400 Meilen, und kein bekannter Berg über $\frac{1}{2}$ Meilen senkrecht hoch ist.

Daß die Erde die Figur einer Kugel habe, erscheinet daraus:

1) Weil sie bey einer Mondfinsterniß allemal einen runden Schatten auf den Mond wirft, sie mag ihm, welche Seite sie wolle, zukehren.

2) Weil verschiedene Seefahrer rund um ihr gesegelt sind.

3) Weil man weiter sehen kann, je höher man steht. Und

4) Weil man den Mast eines Schiffes eher sieht, als den Körper desselben, indem solcher durch die runde Oberfläche des Wassers alsdenn noch verdeckt wird.

Die anziehende Kraft der Erde ziehet alle Körper ihrer Oberfläche zum Mittelpunkte derselben; denn man siehet, daß sie jedesmal in einer Linie niederfallen, die dem Orte, wo sie fallen, senkrecht ist; selbst wenn sie an der entgegenstehenden Seite der Erde, und folglich in entgegenstehender Richtung in die Höhe geworfen worden. So daß die Erde einem großen Magnet zu vergleichen, der, wenn er in Eisenfeilstaub herumgewälzet wird, solchen an allen Seiten seiner Oberfläche an sich ziehet und fest hält.

Aus dieser Ursache kann kein Körper weder von dieser noch von jener Seite der Erde abfallen, weil sie alle zum Mittelpunkte derselben angezogen werden.

Der Himmel, oder das Firmament, umgiebt die ganze Erde; und wenn wir sagen oben oder unten, so verstehen wir dieses blos in Absicht unserer; denn kein Punkt, weder am Himmel noch auf der Erde, ist oben oder unten, als nur in Absicht auf uns selber. Wir mögen daher stehen auf welcher Stelle der Erde wir wollen, so stehen unsere Füße gegen den Mittelpunkt der Erde, und unser Kopf gegen den Himmel, und alsdenn sagen wir, was gegen den Himmel ist, ist oben: und was gegen die Erde ist, ist unten.

Einem Beobachter, der im unendlichen Raume, wo nichts seinen Gesichtskreis begränzt, gestellet worden, dünken alle entfernte Gegenstände in gleichen Weiten von ihm zu seyn, und scheinen ihm gleichsam in einer großen hohlen Kugel eingeschlossen, deren Mittel sein Auge ist. Es kann aber jeder Astronom beweisen: daß der Mond uns viel näher sey als die Sonne; daß einige Planeten oftmals näher, und oftmals weiter von uns sind, als die Sonne: daß andere uns niemals so nahe kommen, als die Sonne stets ist; daß der entfernteste Planet unsers Systems uns ungleich näher sey, als einer von den Firsternen; daß es höchst wahrscheinlich, daß einige Sterne unendlich viel weiter von uns sind, als andere; dennoch scheinen alle die Himmelskörper in gleichen Weiten von uns zu stehen.

Wenn wir uns daher eine große hohle Glaskugel denken, an deren innern Seite eben so viele glänzende Punkte befestigt wären, als sichtbare Sterne am Himmel

Allgemeine Einleitung.

viel sind, und diese Punkte wären von unterschiedlicher Größe, und in eben solchen Weiten von einander gestellet, als die Sterne; so würde diese Hohlkugel, einem Auge, das im Mittelpunkt derselben stünde, und rund um sich herum schauete, eine genaue Abbildung des gestirnten Himmels seyn. Und wenn eine kleine Kugel, auf welcher die Charte der Erde gezeichnet, im Mittelpunkte der gläsernen Hohlkugel an einer Achse befestiget wäre, und die Hohlkugel sich um die Achse herumdrehete, so würde sie die scheinbare Bewegung des Himmels um die Erde vorstellen.

Wäre auf der Hohlkugel ein großer Zirkel gezeichnet, der sie in zwo gleiche Hälften theilte, und die Fläche dieses Zirkels liefe der Achse der Kugel verpendikulär, so würde dieser Zirkel die Equinoktiallinie vorstellen: die den Himmel in zwo gleiche Hälften, unter dem Namen der Norder- und Süder-Hemisphäre theilet: und jeder Punkt dieses Zirkels würde von den Polen, oder den Enden der Achse der Kugel, gleich weit entfernt seyn. Alsdenn würde man den Pol, der in der Mitte der nordlichen Halbkugel stünde, den Nordpol: und den in der Mitte der südlichen Halbkugel, den Südpol nennen.

Wäre ein zweyter großer Zirkel auf der Hohlkugel gezeichnet: und zwar in einer solchen Richtung, daß er die Equinoktiallinie, in zween einander gegenüberstehenden Punkten, in einem Winkel von $23\frac{1}{2}$ Graden durchschnitte: so würde derselbe die Elliptik, oder den Kreis der scheinbaren Bewegung der Sonne, vorstellen; deren eine Hälfte an der Norder- und die andere an der Süderseite der Equinoktiallinie gehet.

Wäre ein großer runder Flecken auf der Hohlkugel angebracht, der sich westwärts in der Ekliptik bewegte; so, daß er sie in der Zeit völlig rund liefe, in welcher die Hohlkugel 366mal um ihre Achse gedrehet wird; so würde dieser Flecken die Sonne vorstellen: die ihren Platz jeden Tag den 365sten Theil der Ekliptik verändert, und, gleich den Sternen, westwärts herumläuft; nur daß ihre Bewegung so viel langsamer als die Bewegung der Sterne; indem diese 366mal um die Achse der Hohlkugel herumgehen, und die Sonne in eben der Zeit nur 365 mal. Und da die Sonne sich in dem Kreis der Ekliptik bewegt, so, würde sie in der einen Hälfte ihres Umlaufs an der Norderseite der Equinoktiallinie: in der andern Hälfte an der Süderseite derselben; und am Ende einer jeden Hälfte gerade in der Equinoktiallinie seyn.

Wenn wir setzen; daß die Erdkugel in dieser Maschine ohngefähr einen Zoll im Durchmesser hielte: die gestirnte Hohlkugel hingegen 5 bis 6 Fuß: so würde ein kleines Insekt, das auf der Erdkugel lebte, nur einen ganz geringen Theil ihrer Oberfläche übersehen können; hingegen würde es von der Hohlkugel die Hälfte sehen, und die andere Hälfte ihm durch die Runde der Erdkugel verdeckt seyn. Würde die Hohlkugel westwärts um die Erde herumgedrehet, und die kleine Kreatur hätte ein Vermögen, die Erscheinungen so dadurch entstehen, zu beurtheilen, so würde es einige Sterne im Osten aufgehen, und andere im Westen untergehen sehen; nur daß sie ihm jedesmal in einem und ebendemselben Augpunkte im Osten auf, und im Westen untergiengen, weil sie alle an der gestirnten Hohlkugel fest sind. Dagegen würde die Sonne jedesmal in einem andern Punkt auf und untergehen, weil

sie

Allgemeine Einleitung.

sie nicht an einem gewissen Ort der Hohlkugel befestigt, sondern sich in einem schiefen Kreis langsam fortbewegt.

Könnte das kleine Geschöpf gegen Süden sehen, und den Punkt der Kugel, wo die Equinoktiallinie der Hohlkugel sie an der linken Seite zu durchschneiden scheinet, Osten: und den an der rechten Seite, Westen nennen; so würde es wahrnehmen, daß die Sonne in $182\frac{1}{2}$ Umgängen zwischen Norden und Osten auf, und zwischen Norden und Westen untergienge; nachher in eben so vielen Umgängen zwischen Süden und Osten auf, und zwischen Süden und Westen untergienge. In allen 365 Umgängen aber nur zweymal gerade im Osten auf, und zweymal gerade im Westen untergehen würde.

Und alle diese Erscheinungen würden immer einerley seyn, wenn die gestirnte Hohlkugel stille stünde, und die kleine Erdkugel dagegen von Westen nach Osten um ihre Achse gedrehet würde; nur daß die Sonne sich immer in der Ekliptik weiter fort bewegte. Denn das Insekt würde die Bewegung der Erdkugel nicht merken; und die Sonne und Sterne würden ihm westwärts zu gehen scheinen.

Wenn wir diese Vergleichung auf uns anwenden: so sind wir gegen die Größe der ganzen Erdkugel ebenfalls nur sehr kleine Geschöpfe: und die Erde selber ist gegen die Größe des ganzen Firmaments nur ein unmerklicher Punkt. Ob die Erde stille stehet, und der Himmel sich rund drehet: oder ob der Himmel stille stehet, und die Erde sich rund drehet; die Erscheinung ist, in Ansehung unserer, immer dieselbe. Und da der Himmel, in Vergleichung mit der Erde, so unermeßlich groß, so sehen wir allemal die eine Hälfte des ganzen Himmels, wir mögen auf der Oberfläche der Erde seyn, oder wir wären

P 4   im

im Mittelpuncte derselben, wenn die Gränze unsers Gesichtskreises durch nichts unterbrochen ist.

Man hat auf der Erde verschiedene, in Gedanken gezogene, Zirkel angenommen: und man hat sich dabey vorgestellet, daß die Flächen dieser Zirkel bis zum Himmel ausgedehnt wären, und daselbst eben einen solchen Zirkel bezeichneten.

Der Horizont, ist entweder der sichtbare oder der wahre Horizont.

Der sichtbare Horizont ist derjenige Kreis, der die Aussicht eines Menschen, der auf einer ebenen Fläche der Erde stehet, rund herum begränzt: und wo der Himmel auf die Erde zu stoßen scheint. Wenn die Fläche dieses sichtbaren Horizonts bis zum Himmel ausgedehnt wird, so theilt er denselben in zwo Hälften; eine die wir übersehen können: und die andere, die durch die Runde der Erde verdeckt wird.

Den wahren Horizont denkt man sich durch den Mittelpunkt der Erde bis zum Himmel ausgedehnt; dem sichtbaren parallel. Ob nun gleich die Fläche des sichtbaren Horizonts die Erde an dem Orte des Beobachters auf ihrer Oberfläche berühret; und der wahre durch den Mittelpunkt derselben geht, so scheinen dennoch beyde Horizonte in einem Punkt am Himmel zusammen zu laufen, weil die ganze Erde gegen den gestirnten Himmel nur ein Punkt ist.

Hiebey ist zu bemerken; daß da die Erde ein runder Körper, so muß sich der Horizont, oder die Gränze unsers Gesichtskreises, nach dem Maaße verändern, als wir unsern Stand ändern.

Die

Allgemeine Einleitung.

Die Pole der Erde sind die beyden Punkte ihrer Oberfläche, worinn sich ihre Achse endigt. Der eine wird der Nordpol und der andere der Südpol genennt.

Die Pole des Himmels sind die beyden Punkte, worin sich die bis dahin verlängerte Achse der Erde endigt: so daß der Nordpol des Himmels gerade über den Nordpol der Erde: und der Südpol des Himmels gerade über den Südpol der Erde stehet.

Der Equator ist ein großer Zirkel rund um die Erde gezogen, dessen Theile an allen Seiten von beyden Polen gleich weit abstehen. Er theilet die Erde in zwo gleiche Hälften, unter dem Namen der nordlichen und südlichen Hemisphäre. Wenn wir die Fläche dieses Zirkels bis zum Himmel ausgedehnt, annehmen, so bezeichnet er daselbst die Equinoktiallinie, und theilet den Himmel ebenfalls, unter dem Namen der nordlichen und südlichen Hemisphäre in zwo gleiche Hälften.

Der Meridian eines Ortes, ist ein großer Zirkel, der über diesen Ort und durch die beyden Pole der Erde gehet. Man kann sich dieser Meridiane so viele denken als man will, weil jeder Ort, er liege noch so wenig nach Osten oder Westen von einem andern Orte, einen besondern Meridian hat. Denn kein Zirkel kann über zweene von solchen Oertern, und zugleich durch die Pole der Erde gehen. Der Meridian eines Orts wird bey den Polen in zweene Halbzirkel getheilet; derjenige, der über diesen Ort gehet, wird der geographische oder der obere Meridian: und der gegenüberliegende, der untere Meridian genennet.

Wenn die Umwälzung der Erde die Linie unsers geographischen Meridians zur Sonne bringt, so haben wir Mittag: und wenn unser unterer Meridian zur Sonne kommt, Mitternacht.

Alle Oerter, die unter einerley Meridian liegen, haben zu gleicher Zeit Mittag; und folglich alle übrigen Stunden zu gleicher Zeit. Aus der Ursache sagt man, sie haben eben dieselbe Länge; weil keiner von ihnen weiter nach Osten oder Westen liegt als der andere.

Wenn man sich 24 Halbzirkel gedenket, unter denen einer der geographische Meridian eines Ortes ist, die in den Polen zusammen laufen, und den Equator in 24 gleiche Theile theilen; so wird in 24 Stunden ein jeder von diesen Meridianen einmal zur Sonne kommen, weil die Erde sich in dieser Zeit einmal um ihre Achse drehet. Da nun der Equator in 360 Grade getheilet wird, so beträgt der Raum, der zwischen zween dieser Zirkel eingeschlossen ist, 15 Grade; denn 24 mal 15 macht 360. Und also wird die scheinbare Bewegung der Sonne jede Stunde 15 Grade westwärts seyn, weil die Erde sich ostwärts um ihre Achse drehet. Folglich haben alle die Oerter, deren geographischer Meridian 15 Grade weiter nach Osten liegt als der unsrige, eine Stunde früher Mittag: und die, deren Meridian 15 Grade weiter nach Westen liegt, eine Stunde später Mittag als wir: und nach gleichem Verhältniß alle übrige Stunden.

Da die Erde sich in 24 Stunden einmal um ihre Achse drehet, und in dieser Zeit der Sonne ihre Oberfläche wechselsweise zukehrt: so läuft sie zugleich in einem Jahre in einem großen Kreis um die Sonne, den man die Elliptik nennet, und der die Equinoktiallinie in 2 einander gegenüberstehenden Punkten in einen Winkel von 23½ Graden kreuzet; so daß die eine Hälfte der Elliptik in der Nord- und die andere Hälfte in der Süder-Hemisphäre liegt. Sie wird gleich wie alle übrigen Zirkel, sie seyn groß oder klein,

Allgemeine Einleitung. 235

klein, in 360 gleiche Theile oder Grade getheilet. Und da die Erde diesen Zirkel in jedem Jahre durchlauft, scheinet es, als wenn die Sonne solches thäte, und ihren Platz jede Stunde beynahe um einen Grad veränderte. Die Erde mag daher in diesem oder jenem Punkte oder Grade der Ekliptik seyn, so erscheinet die Sonne allemal in dem gegenüberstehenden Punkt. Und da die eine Hälfte der Ekliptik an der Norder- und die andere an der Süderseite der Equinoktiallinie liegt, so erscheinet die Sonne, von der Erde gesehn, ein halbes Jahr an der Norder- und ein halbes Jahr an der Süderseite der Equinoktiallinie; zwey mal im Jahre aber in der Equinoktiallinie selber.

Die Astronomen theilen die Ekliptik in zwölf gleiche Theile, Zeichen genannt; jedes Zeichen in 30 Grade, und jeden Grad in 60 Minuten; allein zum Gebrauch der Erd- und Himmelskugel ist es hinlänglich, wenn man den Stand der Sonne auf einen halben Grad angeben kann.

Die Namen der 12 Zeichen sind folgende: Man fängt bey dem Punkt der Ekliptik an, wo sie die Equinoktiallinie durchschneidet; rechnet nordwärts hinauf, und zählet von Westen nach Osten herum, bis wieder zu demselben Punkt. Die Tage, wo die Sonne jeden Monat in ein neues Zeichen tritt, haben wir beygesetzt:

Widder,	Stier,	Zwilling,	Krebs,
20. März.	20. April.	21. May.	21. Junius.
Löwe,	Jungfrau,	Wage,	Scorpion,
23. Jul.	23. Aug.	23. Sept.	23. Octobr.
Schütz,	Steinbock,	Wassermann,	Fische.
22. Novembr.	21. Decembr.	20. Januar.	18. Februar.

Wenn

Wenn man sich erinnert, an welchem Tage die Sonne in dieses oder jenes Zeichen getreten, so kann man leicht finden, wo sie die folgenden Tage stehet. Man darf nur für jeden Tag einen Grad zugeben; dieses wird beym Gebrauch der Erd- und Himmelskugel keine beträchtliche Irrung verursachen.

Ist die Sonne im ersten Punkte des Widders, so ist sie in der Equinoktiallinie: und gehet von der Zeit an jeden Tag weiter nordwärts, bis sie zum ersten Punkte des Krebses, $23\frac{1}{2}$ Grade von der Equinoktiallinie kömmt; von da gehet sie ein halbes Jahr südwärts zurück, und durchkreuzet, in der Mitte dieser Hälfte, die Equinoktiallinie beym Anfange der Wage: bis sie am Ende des halben Jahres zu ihrer größten südlichen Abweichung beym Anfange des Steinboks, $23\frac{1}{2}$ Grade von der Equinoktiallinie, gekommen. Hierauf geht sie das andere halbe Jahr vom Steinbock nordlich zurück: kreuzet die Equinoktiallinie beym Anfange des Widders, und kommt am Ende desselben wiederum zum Krebs.

Der Lauf der Sonne in der Ekliptik ist sich nicht völlig gleich: weil sie 8 Tage länger in der nordlichen Hälfte derselben als in der südlichen verweilet; so daß das halbe Sommerjahr in der nordlichen Hemisphäre 8 Tage länger ist, als das halbe Winterjahr; und in der südlichen Hemisphäre das Gegentheil.

Die Tropici sind 2 kleinere Zirkel, und gehen der Equinoktiallinie an beyden Seiten parallel. Sie berühren die Ekliptik in den Punkten ihrer größten Abweichung: so daß jeder Tropicus $23\frac{1}{2}$ Grade von der Equinoktiallinie an der Norder- und Süderseite, entfernt ist,

Der

Allgemeine Einleitung.

Der Norder-Tropicus berühret die Ekliptik beym Anfange des Krebses: und der Süder-Tropicus beym Anfange des Steinboks. Aus dieser Ursache nennet man den ersten den Tropicum des Krebses: und den letzten den Tropicum des Steinboks.

Die Polarzirkel sind $23\frac{1}{2}$ Grade von jedem Pole rund herum entfernt. Der so um den Nordpol gehet, wird der arktische Zirkel, von einem griechischen Worte das einen Bären bezeichnet, genennet: weil man in der Gegend des Nordpols ein unter diesem Namen bekanntes Sternenbild wahrnimmt. Der südliche Polarzirkel hingegen, wird der Antarktische genennet, weil er dem Arktischen gegenüber stehet.

Die Ekliptik, Tropici und Polarzirkel, sind auf der Erdkugel sowohl, als auf der Himmelskugel gezeichnet: ob man gleich nicht sagen kann, daß die Ekliptik, als ein am Himmel angenommener fester Kreis auf der Erdkugel gehörte; man hat ihn blos zur bequemern Auflösung einiger Aufgaben drauf gesetzt. Es wäre besser gewesen, wenn man diesen Zirkel auf der Erdkugel in Monate und Tage eingetheilet hätte, so könnte man die Auflösung dadurch noch mehr erleichtern.

Nach dieser allgemeinen Erklärung wollen wir nun ein Experiment beschreiben, mittelst welchem man sich einen vollkommnen Begriff von der täglichen und jährlichen Bewegung der Erde ꝛc. Man sehe das vorhergehende 10te Kapitel der Astronomie.

Beschreibung und Gebrauch der Erdkugel.

Zuerst sind auf dieser Kugel die Land- und Seegränzen der ganzen bekannten Welt gezeichnet. Die verschiedenen Königreiche und Länder durch Punkte abgetheilet, und mit Farben belegt, um sie zu unterscheiden. Die Insuln nach ihrer eigentlichen Lage bemerkt. Und allerwärts die Ströme und die vornehmsten Städte angegeben: wie sie durch Ausmessungen und Beobachtungen auf der Erde gefunden werden. Alsdenn sind der Equator, die Ekliptik, die Polarzirkel, und die Meridiane, nach der Beschreibung, die wir im vorhergehenden davon gegeben, darauf gezeichnet. Die Ekliptik ist in 12 Zeichen, und jedes Zeichen in 30 Grade abgetheilt; welche oftmals, wenn die Kugel groß ist, noch wiederum in halbe und viertel Grade getheilet sind. Jeder Tropicus ist $23\frac{1}{2}$ Grade vom Equator: und jeder Polarzirkel $23\frac{1}{2}$ Grade von seinem Pole. Alle 10 Grade sind, dem Equatori parallel, bis zu beyden Polen Zirkel gezogen, welche man die Parallelen der Breite nennet. Durch jeden 10ten Grad des Equatoris sind, auf großen Kugeln, Perpendikularzirkel gezogen; auf kleinen durch jeden 15ten Grad: die einander in den Polen durchschneiden. Man nennet diese Zirkel **Meridiane**, oder Längenzirkel: zuweilen auch Stundenzirkel.

Die Kugel selber hänget in einem meßingenen Ring, den man den **Mittagsring** nennet. Sie drehet sich in
jedem

jedem Pol an einer runden Stange, die auf die Hälfte ihrer Dicke in den Mittagsring eingesenkt ist; wodurch die eine Seite des Ringes die Kugel in zwo gleiche Hälften unter dem Namen der östlichen und westlichen Hemisphäre, theilet; so wie der Equator sie in zwo andere Hälften, unter dem Namen der Norder- und Süder-Hemisphäre, theilet. Der Ring ist an der Seite, worinn sich die Achse der Kugel drehet, in 360 gleiche Theile oder Grade eingetheilet. Eine Hälfte dieser Grade ist vom Equatore zu den Polen numeriret und gerechnet, wo sie sich mit 90 endigen; ihr Nutzen ist, die Breite der Oerter zu bezeichnen. Die andere Hälfte ist von den Polen zum Equatori numeriret, und endiget sich daselbst mit 90; ihr Nutzen ist, den Nord- oder Südpol nach der Norder- oder Süderbreite eines gegebenen Orts über den Horizont zu erhöhen.

Der Mittagsring ist in zwo Kerben eines breiten flachen hölzernen Ringes eingelassen, den man den Horizont nennet; dessen Oberfläche die Kugel in zwo Hälften, unter dem Namen der obern und untern Hemisphäre, theilet. Eine Kerbe ist in den Norder- und die andere in den Süderpunkt des Horizonts eingeschnitten.

Auf dem Horizont sind verschiedene gleichlaufende Zirkel gezogen, welche die Monate und Tage des Jahrs; die Zeichen und Grade des Ortes der Sonne so damit zutreffen; und die 32 Striche des Kompasses anzeigen. Die eingetheilte Seite des Mittagsringes lieget an der Ostseite: und muß allemal gegen den gerichtet seyn, der die Aufgaben erklären will.

An dem Nordertheil des Mittagsringes ist ein kleiner Stundenzirkel auf die Art befestigt, daß die Stange, die im Norpol der Kugel steckt, den Mittelpunkt dieses Zirkels ausmacht, und einen Zeiger trägt, der, wenn die Kugel rund gedrehet wird, über alle 24 Stunden herumgeht. Oft sind auch 2 Stundenzirkel angebracht, wovon der eine zwischen dem einen Pol der Kugel und dem Mittagring liegt. Es ist dieses eine Erfindung des Herrn Harris: und sie ist sehr bequem, wenn man die Pole der Kugel durch den Horizont stecken, und sie zu niedrigen Breiten erhöhen will; welches nicht wohl angehet, wenn nur ein Stundenzirkel an den Rand des Mittagsringes befestiget ist.

Noch befindet sich dabey ein schmaler Streifen von dünnem Meßing, der Höhen-Quadrant genennet, und der in 90 Grade getheilet ist, die den Graden des Mittagsringes gleich sind. Er wird beym Gebrauch, mittelst einer Nuß und Schraube an den höchsten Punkt des Mittagsringes befestigt. Seine Eintheilungen endigen sich oben an der Nuß, wo er rund gedrehet wird. Wenn man urtheilen will, ob eine Erd- oder Himmelskugel gut gemacht sey: so muß man vorzüglich auf folgende Stücke Acht geben:

1) Daß die Papiere gut und fleißig aufgeklebt sind; welches man daran erkennet, wenn alle Linien und Zirkel genau zusammentreffen, und den ganzen Weg über eben bleiben; so daß sie nicht in Bögen abgebrochen; oder die Papiere zu kurz; oder übereinander geklebt sind.

2) Daß

der Erdkugel.

2) Daß die Farben durchscheinend, und nicht zu dick aufgelegt sind: damit sie die Namen der Oerter nicht verdecken.

3) Daß die Kugel zwischen dem Mittagsring und Horizont gerade und eben hänge: und sich nicht nach einer Seite mehr neige als nach der andern.

4) Daß sie, ohne sich zu reiben, so genau als möglich an den Mittagsring und Horizont anschliesse; weil man sich sonst leicht irren kann, wenn man den Grad des Meridians oder des Horizonts für einen gewissen Ort bestimmen will.

5) Daß der Equator oder die Equinoktiallinie mit dem Horizont rund herum genau zusammentreffe, wenn der Pol auf 90 Grade erhöhet ist.

6) Daß die Equinoktiallinie den Horizont, in allen Erhöhungen, von 0 bis 90 Grade, allemal in die Punkte von Osten und Westen durchschneide.

7) Daß der Grad, der am Mittagsringe mit 0 bezeichnet ist, ganz genau über die Equinoktiallinie sey.

8) Daß allemal die Hälfte des Mittagsringes über den Horizont sey; so, daß wenn man eine der Decimal-Abtheilungen des Ringes zum Nordpunkt des Horizonts bringet, ihr Complement zu 90 im Südpunkte liege.

9) Daß wenn der Höhen-Quadrant in gleicher Weite vom Equatore an den Mittagsring befestiget ist, als der Pol über den Horizont erhöhet, der An-

Q fang

fang der Grade am Quadranten genau mit der Horizontalfläche zusammentreffe.

10) Daß in der Zeit, daß der Stundenzeiger (durch die Umdrehung der Kugel) von einer Stunde auf die andere zeiget, jedesmal 15 Grade des Equatoris unter den Mittagsring durchgehen.

11) Daß der hölzerne Horizont stark und feste gemacht sey, weil bey den meisten Kugeln derselbe fast immer am ersten schadhaft wird.

Noch ist zu bemerken. Daß es eine allgemeine Regel: die Ostseite des Horizonts nach sich zu stellen, wenn man die Kugeln gebrauchet (es sey denn, daß ein oder anderes Problem die Umdrehung erfodert); welche durch das Wort Osten am Horizont bezeichnet ist. Alsdenn hat man die eingetheilte Seite des Mittagsringes gegen sich; den Höhen-Quadranten vor sich; und die Kugel wird durch diese Fläche des Ringes genau in zwey gleiche Theile getheilet.

Ferner ist es zuweilen nöthig, daß man bey der Erklärung einiger Aufgaben die ganze Kugel herumdrehe, und die Westseite vor sich nehme: wodurch die Kugel leicht verschoben werden, und der Grad, der vorher zum Horizonte oder Meridiane recht gestellet war, verrückt werden kann. Dieses kann man dadurch vermeiden, wenn man zwischen den Mittagsring und der Kugel eine Federspule steckt; wodurch die Kugel nicht beschädigt, und zugleich gehalten wird, daß sie sich nicht verrücken kann.

Erste

der Erdkugel.

Erste Aufgabe.
Die Breite und Länge eines gegebenen Ortes zu finden.

Man drehe die Kugel um ihre Achse, bis der gegebene Ort unter die eingetheilte Seite des Mittagsringes kommt, und bemerke alsdenn, unter welchen Grad des Ringes er liegt; so ist dieser Grad seine Breite; und zwar Norder- oder Süderbreite, je nachdem der Ort nach Norden oder Süden vom Equatore liegt.

Hierauf lasse man die Kugel unverrückt stehen, und sehe, welcher Grad des Equatoris unter den Mittagsring liegt; dieser Grad ist seine Länge, vom ersten Meridiane der Kugel; und zwar östliche oder westliche Länge, je nachdem der Ort nach Osten oder Westen vom ersten Meridiane liegt.

Auf den englischen Kugeln ist der Londoner Meridian der erste. Auf den französischen der Pariser. Und auf den deutschen gewöhnlich der Meridian der Insul Ferro.

Zweyte Aufgabe.
Wenn die Breite und Länge eines Ortes gegeben ist, diesen Ort auf der Kugel zu finden.

Man suche den Grad der gegebenen Länge am Equatore, und zähle vom ersten Meridiane der Kugel an nach Osten oder Westen, (nachdem die Länge des Ortes östlich oder westlich angegeben ist); bringe diesen Grad

Grad zum Mittagsringe, und zähle an demselben die Grade, vom Equatore an, nach Norden hinauf oder nach Süden hinunter, (nachdem die Breite Norden oder Süden angegeben); so findet man unter dem Grad der gegebenen Breite den verlangten Ort.

Dritte Aufgabe.
Den Unterschied der Länge oder der Breite zwischen zween gegebenen Oertern zu finden.

Man bringe jeden von diesen Oertern zum Mittagsringe, und bemerke seine Breite; liegen sie beyde an gleicher Seite des Equators, so ziehe man die kleinere Breite von der größern ab; liegt der eine aber an der Norder- und der andere an der Süderseite des Equatoris, so addire man sie zusammen: und das Product giebt den gesuchten Unterschied der Breite.

Hierauf zähle man die Zahl der Grade, welche am Equatore zwischen beyde Oerter eingeschlossen sind: wenn vorher jeder besonders zum Mittagsringe gebracht worden. Ist sie weniger als 180, so bestimmt sie an und für sich schon den gesuchten Unterschied der Länge, ist sie aber mehr, so ziehe man sie von 360 ab, alsdenn giebt das Ueberbleibende den gesuchten Unterschied.

Oder: man bringe den einen der beyden Oerter zum Mittagsringe, und stelle den Stundenzeiger auf 12. Bringe hierauf den andern Ort ebenfalls zum Mittagsringe, und sehe wo der Zeiger nun steht: alsdenn giebt

der

der Kugel.

der Unterschied der Stunden und Stundentheile den gesuchten Unterschied der Länge. Man rechnet nämlich für jede Stunde 15 Grade, und für jede 4 Min. 1 Grad.

Wenn wir sagen, man solle einen Ort zum Mittagsringe bringen, so verstehen wir dieses immer von seiner eingetheilten und numerirten Seite.

Vierte Aufgabe.
Alle Oerter zu finden, die mit einem gegebenen Ort gleiche Länge und Breite haben.

Man bringe den gegebenen Ort zum Mittagsringe: und alle Oerter, welche alsdenn unter ebenderselben Seite des Ringes von Pol zu Pol liegen, haben mit diesem Orte gleiche Länge. Hierauf drehe man die Kugel um ihre Achse: und alle Oerter, welche unter eben dem Grad durchgehen, unter welchem der gegebene Ort gelegen, haben mit diesem Orte gleiche Breite. Weil alle Breiten vom Equatore: und alle Längen vom ersten Meridiane an gerechnet werden: so ist klar, daß der Punkt des Equatoris, wo ihn der erste Meridian durchschneidet, weder Breite noch Länge habe. Die größte Breite ist 90 Grade; weil kein Ort mehr als 90 Grade vom Equatore liegt; und die größte Länge ist 180 Grade: weil kein Ort mehr als 180 Grade vom ersten Meridiane liegt.

Q 3 Fünfte

Fünfte Aufgabe.

Die *) Antoeci **), Perioeci ***), und Antipoden eines gegebenen Ortes zu finden.

Man bringe den gegebenen Ort zum Mittagsringe, und nachdem man seine Breite gefunden, lasse man die Kugel

*) Antoeci nennet man diejenigen, die an der andern Seite des Equatoris, unter gleichem Meridiane und auf gleicher Breite wohnen. Da sie unter gleichem Meridiane sind, so haben sie gleiche Stunden; das ist, sie haben zu gleicher Zeit Mittag und Mitternacht ꝛc. Da sie gleiche Polhöhen haben, so ist die Länge der Tage und Nächte bey beyden gleich. Nur ihre Jahrszeiten sind verschieden, oder vielmehr gerade umgekehrt; weil sie an verschiedenen Seiten des Equatoris leben.

**) Perioeci nennet man diejenigen, die in gleicher Parallele der Breite, aber unter dem gegenüber liegenden Meridian wohnen; so daß ihre Breite einerley, ihre Länge aber 180 Grade unterschieden ist. Da sie unter gleicher Breite wohnen, so haben sie gleiche Polhöhen, gleiche Abwechslung der Jahrszeiten, und gleiche Tag- und Nachtlängen. Allein, da ihre Meridiane einander entgegen liegen; so ist es bey den einen Mittag, wenn es bey den andern Mitternacht ist.

***) Antipoden nennet man diejenigen, die auf der Erdkugel einander gerade gegenüber wohnen: so daß ihre Füsse, unter entgegenliegenden Meridianen und Parallelen, einander zugekehrt stehen. Weil sie an unterschiedenen Seiten des Equators leben, so haben sie unterschiedene Jahrszeiten: so, daß wenn es bey den einen Winter, es bey den andern Sommer ist; und umgekehrt. Weil sie gleich weit vom Equatore liegen, so haben sie gleiche Polhöhen; nur daß die einen Norder- und die andern Süderbreite haben. Weil sie unter entgegenliegenden Meridianen leben, so ist bey den einen Mittag, wenn es bey den andern Mitternacht ist; und weil die Sonne von den einen weggeht, wenn sie sich den andern nähert, so sind, zu einer und ebenderselben Zeit, die Tage bey den einen so lang, als die Nächte bey den andern.

der Erdkugel.

Kugel in der Stellung stehen, zähle hierauf eben so viele Grade vom Equatore gegen den andern Pol, so hat man auf der Stelle die Antoeci des gegebenen Ortes. Diejenigen, so gerade unterm Equator wohnen, haben gar keine Antoeci.

Nun stelle man den Stundenzeiger auf die obern 12, und drehe die Kugel bis der Zeiger auf die untern 12 stehet, so hat man an dem Ort, der nun unter dem Mittagsring auf der nämlichen Breite liegt, die Perioeci des gegebenen Ortes.

Die bey den Polen wohnen, haben gar keine Perioeci.

Die Antipoden des gegebenen Ortes, sind diejenigen, die in dieser Stellung der Kugel (den Zeiger auf die untere 12) unter dem Punkt des Mittagsringes liegen, wo vorher die Antoeci stunden. Denn ein jeder Punkt auf der Kugel hat seine Antipoden.

Sechste Ausgabe.

Die Weite zwischen zween Oertern, nach Graden und Meilen, auf der Kugel zu finden.

Man lege die eingetheilte Seite des Höhen-Quadranten über beyde Oerter, und zähle die Grade, so zwischen ihnen sind; vermehre alsdenn die Zahl dieser Grade mit 15, so giebt das Produkt die Weite in geographischen deutschen Meilen.

Q 4   Oder:

Oder; man nehme die Weite zwischen zween Plätzen mit einem Zirkel, und messe sie am Equatore nach Graden: so ist die Zahl derselben, die zwischen beyde Zirkelspitzen eingeschlossen ist, die Weite in Graden eines großen Zirkels; die, wie oben, in geographische Meilen zu bestimmen.

Hiebey müssen wir bemerken; daß jeder Zirkel, der die Kugel in zwo große Hälften theilet, als der Equator oder Meridian, ein großer Zirkel genennet wird; und daß jeder Zirkel, der sie in zwo ungleiche Theile theilet, ein kleinerer Zirkel genennet wird. Da nun jeder Zirkel, er sey groß oder klein, 360 Grade enthält, und ein Grad des Equatoris oder Meridians 15 geographische Meilen ausmacht: so ist klar; daß ein Grad der Länge des Equatoris mehrere Meilen in sich fasse, als ein Grad der Länge einer andern Parallele der Breite. So, daß obgleich alle Grade der Breite auf einer künstlichen Erdkugel gleich lang sind: die Grade der Länge hingegen nach dem Maaße abnehmen, als die Breite zunimmt. Die folgende Tabelle zeiget den Inhalt eines Grades der Länge in geographischen Meilen, und 100 Theilen einer Meilen, für jeden Grad der Breite vom Equatore zu den Polen; jeden Grad des Equatoris zu 15 geographischen Meilen gerechnet.

Tabelle

der Erdkugel.

Tabelle
die Anzahl der Meilen für jeden Grad der Länge auf einem gegebenen Grad der Breite zu finden.

Grade.	100 Th. Meilen.	Grade.	100 Th. Meilen.	Grade.	100 Th. Meilen.	Grade.	100 Th. Meilen.
1.	14. 99.	24.	13. 70.	47.	10. 23.	70.	5. 13.
2.	14. 98.	25.	13. 59.	48.	10. 4.	71.	4. 87.
3.	14. 96.	26.	13. 48.	49.	9. 84.	72.	4. 62.
4.	14. 95.	27.	13. 37.	50.	9. 64.	73.	4. 37.
5.	14. 93.	28.	13. 24.	51.	9. 44.	74.	4. 13.
6.	14. 90.	29.	13. 12.	52.	9. 23.	75.	3. 87.
7.	14. 88.	30.	13. 0.	53.	9. 2.	76.	3. 62.
8.	14. 86.	31.	12. 86.	54.	8. 81.	77.	3. 37.
9.	14. 82.	32.	12. 72.	55.	8. 60.	78.	3. 12.
10.	14. 79.	33.	12. 58.	56.	8. 38.	79.	2. 86.
11.	14. 74.	34.	12. 43.	57.	8. 17.	80.	2. 60.
12.	14. 69.	35.	12. 28.	58.	7. 94.	81.	2. 33.
13.	14. 64.	36.	12. 13.	59.	7. 72.	82.	2. 9.
14.	14. 56.	37.	11. 97.	60.	7. 50.	83.	1. 83.
15.	14. 49.	38.	11. 81.	61.	7. 27.	84.	1. 61.
16.	14. 41.	39.	11. 64.	62.	7. 4.	85.	1. 30.
17.	14. 34.	40.	11. 47.	63.	6. 81.	86.	1. 5.
18.	14. 28.	41.	11. 30.	64.	6. 58.	87.	0. 81.
19.	14. 19.	42.	11. 14.	65.	6. 34.	88.	0. 52.
20.	14. 10.	43.	10. 96.	66.	6. 10.	89.	0. 25.
21.	14. 2.	44.	10. 78.	67.	5. 86.	90.	0. 00.
22.	13. 90.	45.	10. 60.	68.	5. 62.		
23.	13. 81.	46.	10. 41.	69.	5. 37.		

Siebende Aufgabe.

Wenn ein Ort auf der Kugel, und sein Abstand von einem andern Orte, gegeben ist: alsdenn alle übrigen Oerter zu finden, die in gleicher Weite von ihm liegen.

Man bringe den gegebenen Ort zum Mittagsringe, und schraube den Höhen-Quadranten über diesen Ort an; alsdenn halte man die Kugel in der Stellung feste, und führe den Quadranten rund herum, so wird der Grad des Quadranten der den zweyten Ort berühret, im Herumführen alle die übrigen Oerter berühren, die von dem gegebenen Orte gleich weit entfernt sind.

Oder; man nehme einen Zirkel und setze den einen Fuß auf den gegebenen Ort, und den andern auf den zweyten Ort; wenn man alsdenn die Spitze in dem ersten Ort stehen lässet, und die andere rund herumführet, so wird sie über alle die Oerter weggehen, die von dem gegebenen gleich weit entfernt sind.

Achte Aufgabe.

Wenn die Stunde des Tages für einen gewissen Ort gegeben ist, alsdenn alle die Oerter zu finden, welche zu der Stunde Mittag haben.

Man bringe den Ort zum Mittagsringe, und stelle den Zeiger auf die gegebene Stunde; drehe hierauf die Kugel

der Erdkugel.

Kugel bis der Zeiger auf die obere 12 stehet, so haben diejenigen Oerter zu der Zeit Mittag, die alsdenn unter dem Mittagsring liegen.

NB. Die obern 12 bezeichnen immer Mittag, und die untern 12 Mitternacht.

Neunte Aufgabe.

Wenn die Stunde des Tages für einen Ort gegeben ist, zu finden, welche Stunde es zur selbigen Zeit an einem andern
Ort ist.

Man bringe den Ort zum Mittagsringe, und stelle den Zeiger auf die gegebene Stunde; drehe hierauf die Kugel bis der andere Ort zum Mittagsringe kommt, so zeigt der Zeiger wie viel es daselbst an der Zeit sey.

Zehnte Aufgabe.

Den Ort der Sonne in der Ekliptik und ihre Deklination *) für einen gegebenen Tag
im Jahre zu finden.

Man suche auf dem Horizont den gegebenen Tag, so findet man gerade drüber, den Grad des Zeichens, wo die Sonne an dem Tage Mittags um 12 Uhr stehet.

---

*) Die Deklination der Sonne ist ihr Abstand von der Equinoktiallinie, und ist entweder nordlich oder südlich.

het. Diesen nämlichen Grad des Zeichens suche man nun auf der Kugel in der Ekliptik, bringe ihn zum Mittagsringe, und bemerke den Grad der über den Ort der Sonne stehet, so hat man die Deklination der Sonne vom Equatore.

Eilfte Aufgabe.

Alle die Oerter zu finden, über welche die Sonne an einem gegebenen Tag senkrecht steht.

Man suche den Ort der Sonne in der Ekliptik auf dem gegebenen Tag, bringe ihn zum Mittagsringe und bezeichne den Punkt der drüber stehet; alsdenn drehe man die Kugel um ihre Achse; und alle Oerter, die unter diesem Punkt weggehen, haben die Sonne an dem Tage senkrecht. Denn weil ihre Breite der Deklination der Sonne gleich ist, so muß die Sonne ihnen des Mittags gerade im Scheitelpunkt stehen.

Zwölfte Aufgabe.

Die beyden Tage im Jahre zu finden, wo die Sonne einem gegebenen Orte in der heissen Zone *) senkrecht stehet.

Man bringe den gegebenen Ort zum Mittagsringe, und bemerke seinen über ihm stehenden Grad der Breite;
drehe

---

*) Die Erdkugel wird in 5 Zonen eingetheilt; eine heisse, zwo gemäsigte und zwo kalte. Die heisse Zone liegt zwischen

der Erdkugel.

drehe hierauf die Kugel um ihre Achse, und beobachte, welche 2 Grade der Ekliptik akkurat unter dieser Breite durchgehen. Alsdenn suche man im Horizont die beyden Tage, die mit diesen beyden Graden der Ekliptik zutreffen, so hat man die gesuchten Tage. Denn an diesen, und keinen andern Tagen des Jahrs, ist die Deklination der Sonne der Breite des Orts gleich, und folglich stehet sie alsdenn des Mittags senkrecht.

Dreyzehnte Aufgabe.

Alle die Oerter der kalten Norderzone zu finden, wo an einem gegebenen Tag, zwischen den 20sten März und 23sten September, die Sonne nicht untergeht.

An diesen beyden Tagen ist die Sonne in der Equinoktiallinie, und bescheinet die Erde von Pol zu Pol; da nun die Erde sich um ihre Achse, die sich in beyde Pole endigt, drehet, so muß jeder Ort derselben durch einen gleichen Theil Licht und Dunkel gehen: und folglich auf der ganzen Erde Tag und Nacht von gleicher Länge seyn. Weil aber die Sonne vom Equatore weggeht,

---

schen beyde Tropicos und ist 47 Grade breit: oder 23 und ein halb Grade an jeder Seite des Equatoris. Die gemäßigten Zonen liegen zwischen die Tropicos und Polarzirkel, oder von 23 und ein halb bis 66 und ein halb Graden Breite an jeder Seite des Equatoris, und begreifen jede 43 Grade. Die kalten Zonen liegen innerhalb der Polarzirkel, 23 und ein halb Grade von jedem Pole. Da die Sonne niemals über die Tropicos hinausgeht, so muß sie einem oder dem andern Orte in der heissen Zone von Zeit zu Zeit senkrecht stehen.

geht, und sich dem Nordpol nähert, so wird sie eben so viele Grade um diesen Pol stets bescheinen, als sie vom Equatore weggegangen ist; folglich wird kein Ort, innerhalb dieser Weite vom Pole, alsdenn mehr Nacht haben, sondern die Sonne wird ihm gar nicht untergehen. Denn da die Deklination der Sonne vom 21sten März bis den 23sten September nordlich ist, so bescheinet sie in dieser Zeit stets den Nordpol: und den Tag, da sie in den Nordertropicum ist, die ganze kalte Zone; folglich hat kein Ort, innerhalb des Nordpolarzirkels, an dem Tage, Nacht.

Dieses zu beweisen, bringe man den Ort der Sonne, für den gegebenen Tag, zum Mittagsringe, und suche ihre Deklination (nach der 9ten Aufgabe); zähle alsdenn am Ringe so viele Grade vom Pole herunter, als die Deklination der Sonne vom Equatore ist, und bezeichne den letzten Grad; drehe hierauf die Kugel um ihre Achse, und sehe, welche Oerter der kalten Norderzone unter dieses Zeichen durchgehen, so findet man die gesuchten Oerter.

Bey der kalten Süderzone kann man dasselbe vom 23sten September bis den 21sten März thun, weil die Sonne in dieser Zeit stets den Südpol bescheint.

Vierzehnte Aufgabe.

Wenn die Stunde eines gewissen Tages gegeben ist, den Ort zu finden, wo die Sonne alsdenn senkrecht steht.

Wenn man zufördert (nach der 9ten Aufgabe) die Deklination der Sonne für den gegebenen Tag gefunden,

den, so bemerke man dieselbe am Mittagsringe, und stelle den Zeiger auf die gegebene Stunde. Drehe hierauf die Kugel bis der Zeiger Mittags auf 12 stehet: und der Ort der Kugel, der alsdenn unter der am Mittagsringe bemerkten Stelle stehet, hat zu der Zeit die Sonne im Zenith, oder senkrecht.

Funfzehnte Aufgabe.

Wenn der Tag und die Stunde für einen gewissen Ort gegeben ist: alle übrige Oerter zu finden, wo die Sonne zu der Zeit aufgeht, untergeht, oder im Mittage ist; folglich wo es zu der Zeit Tag, und wo es Nacht ist.

Diese Aufgabe kann man mit einer Erdkugel, die nach der gewöhnlichen Methode, wenn nämlich der Stundenzirkel auf dem Mittagsring befestigt ist, nicht erklären; es sey denn, daß die Sonne an dem gegebenen Tag in oder nahe bey einem von den Tropicis sey. Mit einer Kugel hingegen, die nach der Erfindung des Herrn Harris verfertiget ist, wo nämlich der Stundenzirkel auf die Oberfläche der Kugel unter dem Mittagsring liegt, kann man sie für einen jeden Tag des Jahrs auflösen. Seine Methode ist folgende:

Nachdem man den Ort gefunden, über den die Sonne in der gegebenen Stunde senkrecht stehet, erhöhe

höhe man den Pol so viele Grade überm Horizont als die Breite des Orts ist, und bringe den gefundenen Ort zum Mittagsringe. Alsdenn gehet allen Oertern, die in dem westlichen Halbzirkel des Horizonts liegen, die Sonne auf, und denen im östlichen, unter: die unter dem obern Halbzirkel des Mittagsringes liegen, haben Mittag; und die unter dem untern Halbzirkel, Mitternacht. Alle Oerter, die überm Horizont sind, werden von der Sonne erleuchtet, und die Sonne stehet ihnen so hoch, so viele Grade sie selbst übern Horizont erhoben sind; und diese Höhe kann man mit dem Höhen=Quadranten messen, wenn man ihn über den Ort anschraubt, dem die Sonne senkrecht stehet, und ihn über jeden andern Ort legt. An allen Oertern, die 18 Grade unter dem westlichen Halbzirkel des Horizonts liegen, fänget die Morgendämmerung an: und an allen, die 18 Grade unter dem östlichen liegen, höret sie auf. An allen Oertern aber, die tiefer als 18 Grade liegen, ist es stockfinster.

Bringet man einen Ort zum obern Halbzirkel des Mittagsringes, und stellet den Zeiger auf 12, drehet alsdenn die Kugel ostwärts, bis der Ort am westlichen Halbzirkel des Horizonts kommt, so zeiget der Zeiger die Zeit des Sonnenaufgangs; und wenn er am östlichen Halbzirkel kommt, ihres Unterganges. Denen Oertern hingegen, die nicht untern Horizont kommen, gehet die Sonne an dem Tage gar nicht unter, und denen, die nicht übern Horizont kommen, gehet sie nicht auf.

Sechs

der Erdkugel.

Sechzehnte Aufgabe.

Wenn der Tag und die Stunde einer Mondfinsterniß gegeben ist, alle die Oerter zu finden, wo sie sichtbar seyn wird.

Bekanntlich wird der Mond zu keiner andern Zeit verfinstert, als wenn er voll ist, und der Sonne gerade gegenüber stehet, so daß der Schatten der Erde auf ihn fallen kann. Wenn also die Sonne einem Orte der Erde, er sey welcher er wolle, senkrecht stehet, so stehet der Mond den Antipoden dieses Orts senkrecht: und folglich muß der einen Hälfte der Erde, die Sonne, und der andern der Mond sichtbar seyn. Man suche demnach den Ort, wo die Sonne in der gegebenen Stunde senkrecht stehet (nach der 14ten Aufgabe); erhöhe den Pol zur Breite des Orts, und bringe ihn (wie bey der vorigen Aufgabe) zum Mittagsringe. So wie nun die Sonne allen denen Oertern sichtbar seyn wird, die übern Horizont sind; so wird der Mond, zur Zeit seiner größten Verfinsterung, allen denen sichtbar seyn, die unterm Horizont sind.

Bey den Sonnenfinsternissen ist es nicht möglich, mittelst einer Erdkugel diejenigen Oerter zu bestimmen, wo sie sichtbar seyn wird. Denn weil der Mondsschatten nur einen kleinen Theil der Oberfläche der Erde bedecket, und seine Breite, oder Abweichung von der Ekliptik, seinen Schatten in so verschiedenen Richtungen auf die Erde wirft, so muß man eine weitläuftige Berechnung zu Hülfe nehmen, wenn man die Oerter bestimmen will, wo er hinfällt.

Siebenzehnte Aufgabe.

Wie man die Kugel, nach der Breite eines Orts, dem Zenith *), und dem Orte der Sonne recht stellet.

Man suche (nach der ersten Aufgabe) die Breite des Orts, und erhöhe, wenn der Ort auf der nördlichen Halbkugel liegt, den Nordpol so viele Grade übern Horizont (indem man vom Pole des Mittagsringes herunter zählet), als die Breite des Orts ist. Ist er auf der südlichen Halbkugel, so erhöhe man den Südpol auf eben die Art. Alsdenn drehe man die Kugel bis der Ort zum Mittagsringe kommt, und befestige den Höhen-Quadranten, an dem Grad der Breite des Ortes, oder im Zenith. Wenn dieses geschehen, so bringe man den Ort der Sonne in der Ekliptik für den gegebenen Tag (nach der 10ten Aufgabe) zur eingetheilten Seite des Mittagsringes, und stelle den Stundenzeiger auf die obere 12; so stehet die Kugel recht.

> **Anmerkung.** Die Breite eines Orts ist der Erhöhung des nächsten Himmelspols über den Horizont dieses Ortes gleich: und die Himmelspole sind gerade über die Pole der Erde; 90 Grade von der Equinoktiallinie.

---

*) Unter Zenith verstehet man, im allgemeinen Verstande, den höchsten Punkt des Mittagsringes übern Horizont. Im eigentlichen Verstande aber, den Punkt des Himmels, der über einem gegebenen Platz, zu einer gegebenen Zeit, senkrecht stehet.

Wir mögen daher seyn, auf welcher Stelle der Erde wir wollen, so sehen wir, woferne die Gränze unsers Gesichtskreises durch keine Berge unterbrochen ist, die eine Hälfte des ganzen Himmels rund um uns herum; oder 90 Grade von dem Punkte der über unserm Kopf ist. Und wenn wir unterm Equator stehen, so liegen die Pole des Himmels in unserm Horizont, oder in der Gränze unsers Gesichtskreises. Gehen wir vom Equatore zu einem der Pole, so sehen wir denselben Pol des Himmels nach und nach über unsern Horizont heraufgehen, und zwar genau eben so viele Grade als wir vom Equatore weggegangen sind: und stünden wir endlich bey einem der beyden Erdpole, so würde der Himmelspol gerade über unserm Kopf stehen.

Folglich ist die Erhöhung, oder die Polhöhe eines Orts eben so viele Grade über seinen Horizont erhoben, als die Zahl der Grade ist, die derselbe Ort vom Equatore liegt.

Achtzehnte Aufgabe.

Wenn die Breite eines Orts, die nicht über 66½ Grade *), und der Tag des Monats gegeben ist; alsdenn die Zeit des Sonnen-Auf- und Unterganges: folglich seine Tag- und Nachtlänge zu finden.

Zuförderst stelle man die Kugel nach der Breite des Orts, und der Sonne in der Ekliptik für den gegebenen Tag (wie in der vorigen Aufgabe); alsdenn bringe man den Ort der Sonne in der Ekliptik, an der Ostseite zum Horizonte, so zeigt der Stundenzeiger die Zeit des Sonnen-Aufganges. Hierauf drehe man die Kugel, bis der Ort der Sonne zur Westseite des Horizonts kommt, so zeigt der Zeiger die Zeit des Sonnen-Unterganges. Wenn alsdenn die Stunde des Unterganges verdoppelt wird, so hat man die Tageslänge: und wenn die Stunde des Aufganges verdoppelt wird, die Nachtlänge.

---

*) Alle Oerter, deren Breite mehr als 66 und ein halb Grade, liegen in der kalten Zone, und diesen gehet die Sonne während einer gewissen Anzahl Tage nicht unter. Daher ist die Bestimmung der Breite von 66 und ein halb Graden entstanden.

der Erdkugel.

Neunzehnte Aufgabe.

Wenn die Breite eines Ortes, und der Tag des Monats gegeben ist: die Zeit der Morgen- und Abenddämmerung für diesen Ort zu finden.

Diese Aufgabe leidet oftmals einige Einschränkung. Denn wenn die Sonne nicht tiefer als 18 Grade unterm Horizont gehet, so wäret die Dämmerung die ganze Nacht; zwischen 49 und $66\frac{1}{2}$ Graden der Breite, im Sommer viele Nächte hinter einander; und je näher die Breite an $66\frac{1}{2}$ Grade, je größer ist die Zahl der Nächte. Die Zeit aber, wenn die Dämmerung anfängt und aufhört, lässet sich auf folgende Art beweisen.

Man stelle zuförderst die Kugel richtig, und bringe den Ort der Sonne in der Ekliptik, nach Osten im Horizont; alsdenn zeichne man den Punkt der Ekliptik, der nun in der Westseite des Horizonts, dem Orte der Sonne gegenüber liegt, mit ein wenig Kreide. Wenn dieses geschehen, so lege man den Höhen-Quadranten über gedachten Punkt, drehe die Kugel ostwärts, und halte den Quadranten auf das Kreidezeichen, bis es 18 Grade an demselben heraufgegangen; so wird der Stundenzeiger den Anfang der Morgendämmerung anzeigen; weil der Ort der Sonne alsdenn 18 Grade unter der Ostseite des Horizonts ist.

Nun bringe man den Ort der Sonne an der Westseite im Horizont, so wird der Kreidepunkt eben in Osten heraufgehen; alsdenn lege man abermal den Höhen-Quadranten drüber, bis der Kreidepunkt, durch die

Umdrehung der Kugel, 18 Grade an denselben heraufgegangen, so zeiget der Zeiger die Stunde, wenn die Abenddämmerung sich endigt, weil der Ort der Sonne 18 Grade unter dem westlichen Horizont ist.

Zwanzigste Aufgabe.

Den Tag im Jahre zu finden, wenn die Sonne einem gegebenen Orte der kalten Norderzone nicht untergeht, und wie lange sie dieses thue.

Man berichtige die Kugel für die Breite des Orts, und drehe sie herum, bis ein oder anderer Punkt der Ekliptik zwischen dem Widder und Krebs, mit dem Nordpunkt des Horizonts, da wo ihn der Mittagsring durchschneidet, zusammentrift; alsdenn suche man am Horizont, welchen Tag im Jahre die Sonne in diesem Punkt der Ekliptik sey: weil dieses der Tag ist, wo die Sonne an dem gegebenen Ort nicht mehr untergeht. Hierauf drehe man die Kugel, bis ein oder anderer Punkt zwischen dem Krebs und der Wage abermal auf eben die Art zusammentrift, und suche wiederum am Horizont den Tag, wo die Sonne in diesem Punkt ist; so hat man den Tag, wenn die Sonne wiederum anfängt auf und unter zu gehen. Die Anzahl der natürlichen Tage *), von allen 24 Stunden, die zwischen den beyden, auf obige Art gefundenen Tagen verflossen, bestimmen

---

*) Unter einem natürlichen Tag verstehet man die volle Zeit von 24 Stunden: unter einem gewöhnlichen hingegen die Zeit, wo die Sonne überm Horizont ist.

der Erdkugel.

men die Länge der Zeit, die die Sonne übern Horizont verweilet, ohne unterzugehen; weil der Theil der Ekliptik, der zwischen die beyden Punkte lieget, die den Horizont in Norden durchschneiden, niemal unter den Horizont gehet; dagegen aber von dem gegenüber liegenden Theile der Ekliptik eben soviel über denselben nicht heraufgeht; folglich die Sonne im Winter gerade eben so lange unterm Horizont verweilet, als sie im Sommer drüber bleibet.

Man siehet hieraus, wenn man die Erdkugel mit Aufmerksamkeit betrachtet, daß alle Oerter auf der ganzen Erde das wohlthätige Licht der Sonne eben so lange genießen, als sie dessen beraubt sind. Denn beym Equator sind die Tage und Nächte von gleicher Länge; und an allen übrigen Oertern sind die Tage zu einer Jahreszeit, den Nächten der andern Jahreszeit völlig gleich.

Ein und zwanzigste Aufgabe.

Die Breite zu finden, wo die Sonne, ohne unterzugehen, scheinet: und wo diese Zeit weniger als $182\frac{1}{2}$ *) unserer Tage und Nächte ausmacht.

Man suche einen Punkt in der Ekliptik, der halb so viele Grade vom Anfange des Krebses (entweder

---

*) Die Ursache der Einschränkung von 182 und ein halb unserer Tage und Nächte kommt daher, weil sie ein halbes Jahr ausmachen, und weil dieses die längste Zeit ist, da die Sonne, selbst bey den Polen der Erde, nicht untergehet.

gegen den Widder oder der Wage) entfernt ist, als natürliche Tage gegeben sind, und bringe den Punkt zur Nordseite des Mittagsringes, wo die Grade vom Pole zum Equatore bezeichnet sind. Hierauf halte man die Kugel, damit sie sich nicht um ihre Achse drehen könne, und schiebe den Mittagsring so lange, bis der vorgedachte Punkt der Ekliptik zum Nordpunkt des Horizonts kommt; so wird die Polhöhe der gesuchten Breite gleich seyn.

Zwey und zwanzigste Aufgabe.

Wenn die Breite eines Ortes, doch nicht über 66½ Grade, und der Tag des Monats gegeben ist, der Sonnen-Amplitudo, oder den Punkt des Kompasses zu finden, wo sie an dem Tage auf- und untergeht.

Man stelle die Kugel recht, und bringe den Ort der Sonne im Osten zum Horizonte; alsdenn beobachte man, welcher Punkt des Kompasses diesem Orte der Sonne am Horizont gerade gegenüber stehet; so hat man ihre Amplitudo beym Aufgehen. Alsdenn drehe man die Kugel, bis der Ort der Sonne zur Westseite des Horizonts kommt, so hat man den Punkt ihrer Amplitudo beym Untergehen. Oder man kann auch die aufgehende Amplitudo, von dem Grade des Ostpunkts am Horizonte bis zu dem Grad zählen, wo ihn

der

der Ort der Sonne schneidet: und die untergehende Amplitudo, von dem Westpunkte des Horizonts bis zum Orte ihres Unterganges.

Drey und zwanzigste Aufgabe.

Wenn die Breite, der Ort der Sonne, und ihre Höhe *) gegeben ist: die Stunde des Tages, und das Azimuth der Sonne: oder, die Zahl der Grade zu finden, die sie vom Meridiane ist.

Man stelle die Kugel recht, und bringe den Ort der Sonne am Höhen-Quadranten auf die gegebene Höhe; und zwar, wenn die Zeit Vormittags ist, an der Ostseite des Horizonts, und wenn sie Nachmittags, an der Westseite desselben; alsdenn wird der Stundenzeiger die Stunde anzeigen; und die Zahl der Grade, die zwischen dem Höhen-Quadranten und dem Südpunkt eingeschlossen sind, ist das wahre Azimuth der Sonne für die gefundene Zeit.

Wenn bey Auflösung einer Aufgabe vom Höhen-Quadranten die Rede ist, so verstehen wir dieses immer von der eingetheilten Seite desselben.

---

*) Die Höhe der Sonne zu einer gewissen Zeit, ist die Zahl der Grade, die sie zu der Zeit übern Horizont erhoben ist.

Bey Gelegenheit obiger Aufgabe müssen wir anmerken; daß wenn diese Auflösung zur See gemachet würde, und man das gefundene Azimuth mit dem vergleichet, wie es der Kompaß angiebt; so ist die Folge: daß die Nadel keine Abweichung habe, wenn sie beyde übereintreffen; thun sie dieses aber nicht, so weicht die Nadel ab: und zwar so viel als der Unterschied beträgt.

Vier und zwanzigste Aufgabe.

Wenn die Breite, die Stunde des Tages, und der Ort der Sonne gegeben ist; alsdenn die Sonnenhöhe und ihr Azimuth zu finden.

Man stelle die Kugel recht, und drehe sie, bis der Zeiger auf die gegebene Stunde zeiget; alsdenn lege man den Höhen-Quadranten auf den Ort der Sonne in der Ekliptik: so ist der Grad des Quadranten, der den Ort der Sonne schneidet, ihre dermalige Höhe übern Horizont; und der Grad, den der Quadrant im Horizont schneidet, ihr Azimuth; von Süden an gerechnet

der Erdkugel.

Fünf und zwanzigste Aufgabe.

Wenn die Breite, die Höhe der Sonnen, und ihr Azimuth gegeben ist; alsdenn die Stelle der Sonne in der Ekliptik, den Tag des Monats, und die Stunde des Tages zu finden, wenn sie gleich alle verlohren wären.

Man stelle die Kugel auf die gegebene Breite, schraube den Höhen-Quadranten im Zenith *) feste, und lege ihn am Horizonte im Azimuth; halte ihn daselbst an, und drehe die Kugel um ihre Achse, bis die Ekliptik den Quadranten auf der gegebenen Höhe schneidet: so ist der Punkt der Ekliptik, wo der Quadrant sie durchschneidet, der Ort der Sonne; und der damit übereinstimmende Tag des Monats findet sich am Horizont. Nun halte man den Quadranten ferner in der nämlichen Lage, bringe den Ort der Sonne zum Mittagsringe, und stelle den Stundenzeiger auf 12, drehe die Kugel wieder zurück, bis der Ort der Sonne den Quadranten abermal schneidet, so zeiget der Zeiger die Stunde an.

Weil zwey Punkte der Ekliptik, die vom ersten Grade des Krebses oder des Steinboks gleich weit abliegen, einer-

---

*) Hier verstehen wir unter Zenith den Grad der gegebenen Breite am Mittagsringe.

einerley Breite und Azimuth in ebenderselben Stunde haben, obgleich die Monate unterschieden sind; so wird bey dieser Aufgabe einige Vorsicht erfordert, damit man sich in dem Monat und dem Tag des Monats nicht irren möge. Zu dem Ende ist es nöthig; daß man vom 20sten März bis den 21sten Junius den Theil der Ekliptik nehme, der zwischen dem Anfang des Widders und des Krebses ist; vom 21sten Junius bis den 23sten September, den zwischen dem Krebs und der Wage; vom 23sten September bis den 21sten December, den zwischen der Waage und dem Stein: bock; und vom 21sten December bis den 20sten März, den zwischen dem Steinbock und Widder. Auf die Art kann man immer wissen, in welchem Vierteljahre man die Sonnenhöhe und ihr Azimuth nehmen muß, weil obige Eintheilung der Ekliptik immer in den dazu ge: hörigen Monat und Tag zurecht weiset.

Sechs und zwanzigste Aufgabe.

Die Länge des längsten Tages für einen jeden gegebenen Ort zu finden.

Liegt der Ort an der Norderseite des Equatoris, so suche man seine Breite (nach der ersten Aufgabe), und erhöhe den Nordpol auf diese Breite; bringe hier: auf den Anfang des Krebses zum Mittagsringe, und stelle den Zeiger auf 12. Hat der Ort Süderbreite, so verfährt man auf die nämliche Art mit dem Südpol: nur daß alsdenn der Anfang des Steinboks genommen

werden

der Erdkugel.

werden muß. Wenn dieses geschehen, so drehe man die Kugel westwärts, bis der Anfang des Krebses oder Steinbocks (nachdem die Breite Norden oder Süden) zum Horizont kommt, so zeiget der Zeiger den Punkt des Sonnen-Unterganges, und ist über alle Nachmittagsstunden weggegangen. Diese Stunden doppelt genommen, geben die ganze Länge des Tages vom Aufgange bis zum Untergange der Sonne.

Sieben und zwahzigste Aufgabe.

Zu finden, in welcher Breite der längste Tag von einer gegebenen Anzahl Stunden weniger als 24, sey.

Man bringe, nachdem die Breite Norden oder Süden ist, den Anfang des Krebses oder des Steinbocks zum Mittagsringe, und erhöhe den einen oder den andern Pol auf $66\frac{1}{2}$ Grade. Alsdenn stelle man den Stundenzeiger auf die obere 12, und drehe die Kugel westwärts, bis der Zeiger die Hälfte der gegebenen Stunden zeigt; wenn dieses geschehen, so halte man die Kugel, daß sie sich nicht verrücke, und schiebe den Mitttagsring nieder, bis der obgedachte Punkt der Ekliptik (nämlich Krebs oder Steinbock) zum Horizont kommt, so ist die Polhöhe der gesuchten Breite gleich.

Acht

Acht und zwanzigste Aufgabe.

Wenn die Breite eines Ortes, die nicht über 66½ Grade, gegeben ist; alsdenn zu finden, in welchem Klimate *) der Ort liege.

Man suche die Länge des längsten Tages, (nach der 26sten Aufgabe,) und verdopple die Zahl der Stunden, die über 12 sind: so giebt die Summe das Klima, worinn der Ort liegt.

Neun und zwanzigste Aufgabe.

Wenn die Breite, und der Tag des Monats gegeben ist: die Stunde des Tages zu finden.

Man setze den Horizont genau wagerecht, und stelle, mittelst eines guten Kompasses, den Mittagsring gerade nach

---

*) Unter Klima verstehet man, eine Strecke Land auf der Oberfläche der Erde, die, vom Equatore zu den Polarzirkeln, zwischen zwoen solchen Parallelen der Breite eingeschlossen ist, wo der längste Tag der einen, den längsten Tag der andern um eine halbe Stunde übertrift. Dagegen ist von den Polarzirkeln bis zu den Polen, wo die Sonne, ohne unterzugehen, lange über den Horizont verbleibet, zwischen jedem Klimate und dem so ihm das nächste ist, ein ganzer Monat Unterschied. Vom Equator bis zu jedem Polarzirkel rechnet man 22 Klimate: und von jedem Polarzirkel bis zu seinem Pole 6.

der Kugel.

nach Norden und Süden; alsdenn richte man die Kugel, und stecke in den Ort der Sonne in der Elliptik eine feine Nadel, dem Theile der Oberfläche der Kugel perpendikulär: drehe die Kugel um ihre Achse, bis die Nadel zum Mittagsringe kommt und stelle den Zeiger auf 12. Denn drehe man die Kugel wieder um ihre Achse, bis die Nadel gerade zur Sonne zeigt (welches sie alsdenn thut, wenn sie gar keinen Schatten wirft), so zeigt der Zeiger die Stunde.

Dreyßigste Aufgabe.

Wie man auf eine angenehme Art zeigen könne; welche Oerter auf der Erde von der Sonne beschienen werden, und welche Stunde es sey.

Man nehme die Erdkugel aus dem Horizont und aus dem Mittagsring heraus, und setze sie auf ein Fußgestelle im Sonnenschein: und zwar so, daß der Nordpol gerade gegen den Nordpol des Himmels, und der Meridian des Ortes, wo man ist, gerade gegen Süden gerichtet sey. Alsdenn bescheinet die Sonne eben dieselben Oerter auf der Kugel, die sie auf der Erde bescheinet, und gehet den einen auf, und den andern unter; welches man an der Stelle der Kugel wahrnehmen kann, wo die erleuchtete Hälfte der Kugel durch die Gränze des Lichts und Schattens von der dunklen Hälfte getrennet wird; und aus der Ursache haben alle Oerter, die von der Sonne beschienen werden, zu der Zeit Tag und die übrigen haben Nacht.

Wenn

Wenn man nun einen schmalen Streifen Papier rund um den Equator ziehet, und solchen in 24 gleiche Theile theilet: so das man bey dem Meridian seines Orts anfängt, und die Stunden auf die Art zu den Theilungen setzet, daß die eine von den beyden Sechsen gerade auf dem Meridian stehet: so wird die Sonne, wenn sie des Mittags auf diesem Meridian steht, ganz genau die beyden Zwölfen bescheinen; um Ein Uhr die beyden Einen u. s. f. Und die Stelle, wo die erleuchtete Hälfte der Kugel sich von der beschatteten in diesem Stundenzirkel trennet, wird die Stunden des Tages anzeigen.

Dieses wären die vornehmsten Aufgaben zum Gebrauche der künstlichen Erdkugel. Jetzt wollen wir noch einige allgemeine Bemerkungen hinzufügen; und alsdenn zum Gebrauche der Himmelskugel übergehen.

1) Die Breite eines Ortes, ist der Höhe des Pols über den Horizont dieses Ortes gleich: und die Höhe des Equatoris ist dem Complement der Breite gleich; oder demjenigen, was die Breite weniger ist als 90 Grade.

2) Die Oerter, die gerade untern Equator liegen, haben gar keine Breite, weil die Breite allda anfängt: und die Oerter, die unter dem ersten Meridian liegen, haben gar keine Länge, weil die Länge allda anfängt. Folglich hat der Ort der Erde, wo der erste Meridian den Equatorem durchschneidet, weder Länge noch Breite.

3) An

der Erdkugel.

3) An allen Oertern der Erde kann man die Punkte des Kompasses im Horizont unterscheiden, nur nicht bey den Polen. Denn vom Nordpole ist jeder Ort Süden: und vom Südpole jeder Ort Norden. Da nun die Sonne bey jedem Pole ein halbes Jahr wechselsweise übern Horizont ist: so kann man nicht sagen, daß sie von dem Meridiane des einen oder des andern Pols ein ganzes halbes Jahr weggegangen sey. Folglich kann man jeden Augenblick der Zeit beym Nordpol ein halbes Jahr hindurch Mittag nennen; und der Wind mag wehen von welcher Gegend er wolle, so muß er immer aus Süden, und beym Südpol immer aus Norden wehen.

4) Weil eine Hälfte der Ekliptik über den Horizont des Pols ist, und die Sonne, der Mond, und die Planeten sich in (oder beynahe in) der Ekliptik bewegen, so gehen sie den Polen sämtlich auf und unter. Wogegen die Sterne, da sie ihre Abweichungen vom Equatore nimmer verändern (wenigstens nicht merklich in einem Zeitalter), niemal unter den Horizont eines Pols gehen, wenn sie einmal über denselben sind: und niemal über denselben heraufgehen, wenn sie einmal drunter sind.

5) Alle Oerter der Erde geniessen, in Ansehung der Zeit, das Licht der Sonne gleich lange: und sind dessen gleich lange beraubt.

6) An allen Oertern beym Equatore, sind die Tage und Nächte, zu jeder Jahrszeit, gleich lang; nämlich 12 Stunden. Denn obgleich die Sonne wechselsweise gegen Norden und Süden abweicht,

so muß sie dennoch während der einen Hälfte ihres täglichen Umlaufs stets über der Erde, und während der andern Hälfte stets unter derselben verbleiben, weil der Horizont des Equatoris, alle Parallelen der Breite und der Deklination in die Mitte durchschneidet.

7) Wenn die Deklination der Sonne größer ist, als die Breite eines Orts, so kommt diesem Orte die Sonne zweymal des Vormittags, und zweymal des Nachmittags, zu ein und eben dasselbe Azimuth, oder Punkt des Kompasses; das ist: sie gehet, so lange ihre Deklination größer bleibt, als die Breite des Orts, jeden Tag zweymal zurück. Z. E. Man setze, die Kugel sey nach der Breite von Barbados, welches auf 13 Grade Norderbreite lieget, richtig gestellet: und die Sonne wäre in der Ekliptik, zwischen die Mitte des Stiers und des Löwen. Wenn man alsdenn den Höhen=Quadranten ohngefähr 18 Grade von Norden nach Osten im Horizont leget, den Ort der Sonne mit einem Kreidepunkt bezeichnet, und die Kugel westwärts um ihre Achse drehet, so wird besagtes Zeichen ein wenig nordwärts von dem Quadranten am Horizont heraufgehen, und im Aufsteigen den Quadranten gegen Süden kreutzen; ehe es aber zum Mittagsringe kommt, wird es den Quadranten noch einmal kreuzen, und nordwärts von Barbados den Meridian paßiren. Wenn hierauf der Quadrant ohngefähr 18 Grade Norden nach Westen geleget wird, so wird das Zeichen, im Niedersteigen vom Mittagsringe zum Horizonte, ihn des Nachmittags abermal zweymal kreuzen.

8) Wenn

8) Wenn die Sonne in der Equinoktiallinie ist, so haben alle Oerter auf der ganzen Erde Tag und Nacht von gleicher Länge; nämlich 12 Stunden. Denn alsdenn ist auf allen Polhöhen die eine Hälfte des Equatoris oder der Equinoktiallinie überm Horizont, und die andere Hälfte unter demselben.

9) Tag und Nacht sind zu keiner andern Zeit im Jahre gleich lang, als nur, wenn die Sonne in die Zeichen des Widders und der Wage tritt. In allen andern Theilen der Ekliptik wird der Kreis der täglichen Sonnenbahn vom Horizont in zweene ungleiche Theile getheilet.

10) Je näher ein Ort dem Equatore liegt, je kleiner ist daselbst der Unterschied zwischen der Tag- und Nachtlänge; und je weiter er davon liegt, je grösser ist derselbe. Denn die Kreise, die die Sonne alle 24 Stunden am Himmel beschreibt, sind im ersten Falle gleicher, und im letzten ungleicher durchschnitten.

11) Alle Oerter, die auf einer und ebenderselben Parallele der Breite liegen, haben Tage und Nächte von einerley Länge oder Kürze; denn wenn die Kugel nach der Deklination der Sonne richtig gestellet worden, und alsdenn rund gedrehet wird, so werden alle Oerter dieser Parallele gleich lange über, und gleich lange unter dem Horizont verbleiben.

12) Jedem Orte zwischen den Tropicis stehet die Sonne zweymal im Jahre senkrecht; unter den Tropicis einmal; sonst aber nirgends. Denn zwischen den Tropicis kann kein Ort seyn, ohne daß daselbst zwey Punkte in der Ekliptik wären,

deren Deklination vom Equatore der Breite des Ortes gleich sey. Dagegen ist nur ein Punkt in der Ekliptik, dessen Deklination der Breite der Oerter unter den Tropicis gleich ist, und die der Punkt trift. Und da die Sonne niemalen über die Tropicos hinausgeht, so kann sie auch keinem einzigen Orte, der über die Tropicos hinaus liegt, senkrecht stehen.

13) Alle Oerter in der heissen Zone haben die kürzeste Dämmerung, weil die Sonne daselbst beynahe senkrecht gehet. In der kalten Zone hingegen ist sie am längsten, weil die Sonne daselbst mit dem Horizont beynahe parallel gehet; und weil die Dämmerung noch immer fortwährt, wenn auch die Sonne schon 18 Grade unter den Horizont gegangen. In den gemäßigten Zonen ist sie zwischen beyden, weil die Schräge der Sonnenbewegung ebenfalls zwischen beyden ist.

14) Alle Oerter, die unmittelbar unter die Polarzirkel liegen, haben die Sonne, wenn sie im nächsten Tropico ist, 24 Stunden übern Horizont; weil kein Theil dieses Tropici unter ihren Horizont ist. Dagegen haben sie die Sonne, wenn sie im andern Tropico ist, 24 Stunden untern Horizont, weil kein Theil dieses Tropici über ihren Horizont heraufgeht. Zu allen andern Jahrszeiten aber gehet sie ihnen, gleich den übrigen Oertern, wechselsweise auf und unter; weil alle Kreise, die dem Equatore parallel zwischen die Tropicos gezogen werden können, weniger oder mehr vom Horizont durchschnitten werden, je nachdem sie

dem

der Erdkugel.

dem Tropico, der ganz übern Horizont ist, weiter oder näher sind: und weil die Sonne, wenn sie nicht gerade in einem von den beyden Tropicis ist, einen oder den andern dieser Kreise durchlaufen muß.

15) Alle Oerter der nordlichen Hemisphäre, vom Equatore bis zu den Polarzirkeln, haben den längsten Tag und die kürzeste Nacht, wenn die Sonne im Nordertropico ist; und den kürzesten Tag und die längste Nacht, wenn sie im Südertropico ist. Weil kein Kreis des täglichen Laufes der Sonne so hoch übern Horizont, und so wenig drunter ist als der Nordertropicus: und keiner so wenig drüber und so sehr drunter als der Südertropicus. In der südlichen Hemisphäre ist es umgekehrt.

16) Allen Oertern zwischen den Polarzirkeln und den Polen gehet die Sonne eine gewisse Anzahl Tage (oder vielmehr 24 Stunden) nicht unter: und in der andern Jahrszeit nicht auf; weil ein Theil der Ekliptik im ersten Falle nicht unter, und im andern Falle nicht über den Horizont heraufgehet. Und je näher oder je weiter diese Oerter vom Pole liegen, desto länger oder kürzer ist die Zeit, wo die Sonne nicht unter und nicht aufgeht.

17) Wenn ein Schiff aus einem oder dem andern Hafen abgehet, und ostwärts rund um die Erde segelt, so hat die Besatzung, oder die Mannschaft des Schiffs, bey ihrer Zurückkunft (sie geschehe in kürzerer oder in längerer Zeit) nach demselben Hafen, einen ganzen Tag in ihrer Zeitrechnung gewonnen; das ist, sie rechnet einen Tag mehr als die Einwohner des Orts, die daselbst zurückgeblie-

S 3 ben

ben sind. Denn da sie dem täglichen Laufe der Sonne entgegen gegangen, und jeden Abend weiter vorgerückt sind, so hat ihr Horizont so viel gegen die untergegangene Sonne gewonnen; welches sie nicht würden gethan haben, wenn sie auf einer und derselben Stelle geblieben wären. Und indem sie auf die Art von der Länge eines jeden Tages einen Theil abgeschnitten, der mit ihrer Fortschreitung im Verhältnis stehet, so haben sie dadurch bey ihrer Zurückkunft einen ganzen Tag gewonnen; ob sie gleich in der absoluten Zeit keinen Augenblick mehr gewonnen, als denen verflossen ist, die im Hafen zurückgeblieben. Wären sie westwärts rund um die Erde gesegelt, so haben sie bey ihrer Zurückkunft einen Tag weniger, als diejenigen so im Hafen geblieben sind; denn da sie alsdenn der täglichen Bewegung der Sonne allmählig gefolget, so behalten sie dieselbe so viel länger übern Horizont, so viel ihr Lauf fortrückt, und kürzen dadurch einen ganzen Tag an ihrer Zeitrechnung; ohne daß sie in der absoluten Zeit einen Augenblick verloren.

Wenn also zwey Schiffe zu gleicher Zeit aus einem Hafen abgegangen wären: und das eine segelte ostwärts, und das andere westwärts rund um die Erde, so würden sie bey ihrer Zurückkunft allemal zwey Tage Unterschied in ihrer Rechnung haben. Segelten sie zweymal rund um die Erde, vier Tage u. s. f.

Beschreibung und Gebrauch der Himmelskugel.

Zuförderst ist zu bemerken; daß da der Equator, die Ekliptik, die Tropici, die Polarzirkel, der Horizont, und der Mittagsring, bey beyden Kugeln gleich sind, alle vorhergehende Aufgaben, insoferne sie die Sonne angehen, durch beyde Kugeln auf eine und dieselbe Art aufgelöset werden können. Es ist daher die Methode, nach welcher man die Himmelskugel richtig stellet, mit der, nach welcher man die Erdkugel stellet, völlig einerley. Man erhöhet nämlich den Pol nach der Breite des Orts; schraubet den Höhen-Quadranten im Zenith feste; bringet den Ort der Sonne in der Ekliptik unter der eingetheilten Seite des Mittagsringes, über den Südpunkt des Horizonts; und stellet den Stundenzeiger auf die obern 12.

NB. Der Ort der Sonne an jedem Tag des Jahrs, stehet am Horizont der Himmelskugel gerade über diesen Tag; auf gleiche Art, wie auf der Erdkugel.

Dagegen wird die Breite und die Länge der Sterne, sowohl als der übrigen Phenomenen am Himmel, auf eine ganz andere Art gerechnet, als die Breiten und Längen der Oerter auf der Erde. Denn die Breiten der Erde werden vom Equatore gerechnet, und die Längen von dem Meridiane eines oder des andern merkwürdigen Ortes. Die Breiten des Monds, der Sterne, der Planeten und der Kometen hingegen, werden von den Astronomen aller Nationen, von der Ekliptik, und ihre Längen vom Equinoktial-

Coluro *) gerechnet; und zwar von dem Halbzirkel desselben, wo er die Ekliptik beym Anfange des Widders durchschneidet, ostwärts herum, bis wieder zu demselben Halbzirkel. Folglich haben die Sterne, die zwischen der Equinoktiallinie und der nördlichen Hälfte der Ekliptik liegen, Norderdeklination und Süderbreite; die so zwischen der Equinoktiallinie und der südlichen Hälfte der Ekliptik liegen, Süderdeklination und Norderbreite; und die die zwischen den Tropicis und den Polen liegen, ihre Deklination und Breite nach eben derselben Benennung.

Man findet auf der Himmelskugel sechs große Zirkel, welche die Ekliptik senkrecht durchschneiden, und in zweenen einander gegenüber liegenden Punkten, in den Polarzirkeln zusammentreffen; wovon jeder 90 Grade von der Ekliptik absteht, und ihre Pole genennet werden. Diese Polarpunkte theilen obige Zirkel in 12 Halbzirkel, welche die Ekliptik beym Anfang der 12 Himmelszeichen durchschneiden. Sie gleichen eben so vielen Meridianen auf der Erdkugel; und so wie alle Oerter, die unter einem besondern Meridian-Halbzirkel auf der Erdkugel liegen, gleiche Länge haben; so haben alle die Punkte des Himmels, durch welche einer der obgedachten Halbzirkel gezogen ist, ebenfalls gleiche Länge. — Und so wie auf der Erde die größten Norder- und Süderbreiten in dem

*) Dieses ist der große Kreis, der durch die Equinoktialpunkte beym Anfange des Widders und der Wage, und durch die Weltpole gehet. Der große Kreis hingegen, der durch den Anfang des Krebses und Steinboks, und folglich durch die Pole der Ekliptik und die Weltpole gehet, wird der Solstitial-Colurus genennet.

der Himmelskugel.

dem Nord- und Südpol der Erde liegen; so sind die größten Norder- und Süderbreiten am Himmel in dem Nord- und Südpol der Ekliptik.

Damit sie die Sterne, nach ihrer Lage und Stellung, unterscheiden könnten, theilten die Alten das ganze sichtbare Firmament der Sterne in besondere Abtheilungen, welche sie Sternbilder nenneten, und welche sie in Figuren solcher Thiere und Geschöpfe zusammengezogen, als auf der Himmelskugel gezeichnet sind. Diejenigen Sterne hingegen, die zwischen ihren Figuren lagen, und nicht in ein oder anderes von diesen Bildern hineingezogen werden konnten, nenneten sie, ungebildete Sterne.

Da sie ferner beobachteten; daß der Mond und die Planeten sich in Kreisen bewegen, die die Ekliptik (oder den Kreis der Sonnenbahn) in kleinen Winkeln durchschneiden, und daß sie in der einen Hälfte ihres Laufes durch den gestirnten Himmel, an der Norderseite, und in der andern Hälfte an der Süderseite der Ekliptik sich befinden: niemals aber volle 8 Grade an jeder Seite drüber hinausgehen; so unterschieden die Alten diesen Raum durch zwey kleinere Zirkel, die der Ekliptik, in einer Weite von 8 Graden, an beyden Seiten parallel laufen: und diesen Raum nannten sie den Thierkreis; weil die meisten von ihren darinn gesetzten 12 Sternenbildern einer oder andern lebendigen Kreatur ähnlich seyn sollte.

Die Namen dieser Bilder; oder wie wir sie jetzt gewöhnlich nennen, der Zeichen, haben wir bereits oben bey der Erdkugel angeführt.

Hierbey ist anzumerken, daß in den ersten Zeiten der Astronomie, wo sie gewissermaßen noch in der Kindheit war,

war, diese 12 Sternenbilder an oder nahe bey den Stellen der Ekliptik stunden, wo die Zeichen auf der Kugel angedeutet sind; allein jetzt ist jedes Bild, wegen der Zurücktretung der Equinoktialpunkte, ein ganzes Zeichen weiter vorgerückt. So daß das Sternenbild des Widders nun in dem ehemaligen Platz des Stiers: das Bild des Stiers nun in dem Platz der Zwillinge u. s. f. stehet.

Die Sterne scheinen von unterschiedener Größe zu seyn, und es ist wahrscheinlich, daß solches von ihrer mehreren oder minderen Entfernung herrühret. Die hellesten und größesten nennet man Sterne der ersten Größe. Die, so ihnen an Glanz und Ansehen zunächst folgen, Sterne der zwoten Größe; und so weiter bis zur sechsten Größe: als welches die kleinsten sind, die man mit bloßen Augen sehen kann.

Einigen der merkwürdigsten hat man Namen gegeben: als Castor und Pollux, in den Häuptern der Zwillinge; Sirius, in der Schnauze des großen Hundes; Procyon, in der Seite des kleinen Hundes; Rigel, im linken Fuß des Orion; Arcturus, bey der rechten Lende des Bootes ꝛc.

Dieses wird genug seyn, zur vorläufigen Erklärung dessen was man wissen muß, wenn man die Aufgaben mittelst der Himmelskugel beweisen will. Jetzt wollen wir die nützlichsten dieser Aufgaben anführen, und die so von geringer, oder gar keiner Bedeutung sind, übergehen.

der Himmelskugel.

Erste Aufgabe.

Die gerade Aufsteigung *) und Abweichung **) der Sonne oder eines Fixsterns zu finden.

Man bringe den Ort der Sonne in der Ekliptik zum Mittagsringe: alsdenn ist der Grad der Equinoktiallinie den der Mittagsring durchschneidet, der Sonne gerade Aufsteigung; und der Grad des Ringes, der über den Ort der Sonne stehet, ihre Abweichung.

Bringet man einen Stern zum Mittagsringe, so ist seine gerade Aufsteigung, der Grad, den der Ring in der Equinoktiallinie durchschneidet; und der Grad des Ringes, der über ihm stehet, seine Abweichung.

So daß gerade Aufsteigung und Abweichung, oder Rectascension und Deklination, auf der Himmelskugel das nämliche ist, was Breite und Länge auf der Erdkugel ist.

Zweyte

---

*) Der Grad der Equinoktiallinie der, vom Anfange des Widders gerechnet, mit der Sonne oder dem Sterne zum Mittagsringe kommt, ist ihre gerade Aufsteigung.

**) Der Abstand der Sonne oder des Sterns von der Equinoktiallinie, gegen einen der beyden Pole, ist ihre Abweichung nach Grade gerechnet; und also entweder nordlich oder südlich.

Zweyte Aufgabe.

Eines Sterns Breite und Länge (Latitudo und longitudo) zu finden.

Ist der Stern an der Norderseite der Ekliptik, so schraube man den Höhen-Quadranten an den Nordpol der Ekliptik, da wo die 12 Halbzirkel zusammen laufen, welche die Ekliptik in die 12 Zeichen theilen. Ist er an der Süderseite, so schraube man ihn an den Südpol. Hierauf drehe man den Quadranten, bis sein einge= theilter Rand den Stern schneidet, alsdenn ist die Zahl der Grade, die zwischen der Ekliptik und dem Stern eingeschlossen sind, seine Breite; und der Grad der Ekliptik, den der Quadrant schneidet, seine Länge; nach dem Zeichen gerechnet, worinn der Quadrant liegt.

Dritte Aufgabe.

Den Anblick des gestirnten Himmels, in jeder Stunde der Nacht so vorzustellen, als er von einem gegebenen Orte der Erde gesehen wird.

Man stelle die Himmelskugel auf die gegebene Breite, berichtige das Zenith und den Ort der Sonne, auf eben die Art als in der 17ten Aufgabe bey der Erdkugel gezeiget worden, und drehe sie herum, bis der Zeiger auf die gegebene Stunde zeiget; so wird die

obere

der Himmelskugel.

obere Hälfte der Kugel die sichtbare Hälfte des Himmels zu der Zeit vorstellen, weil alle Sterne der Kugel mit den Sternen am Himmel in gleicher Lage sind. Hat man die Vorsicht gebraucht, die Kugel ganz genau nach Norden und Süden zu stellen, so zeigt jeder Stern der Kugel gegen den nämlichen Stern am Himmel: und man kann dadurch die merkwürdigsten Sterne und Sternenbilder auf eine leichte Art kennen lernen. Alsdenn gehen alle Sterne, die über dem Horizont der Kugel im Osten herauf kommen, am Himmel ebenfalls in Osten auf: und die so unter dem Horizont in Westen hinunter gehen, gehen am Himmel in Westen unter. Ist die Breite nordlich, so stehen alle Sterne, die unter dem obern Theil des Mittagsringes zwischen dem Südpunkt des Horizonts und dem Nordpol sind, auf ihrer größten Höhe; ist sie aber südlich, so stehen die auf ihrer größten Höhe, die zwischen dem Nordpunkt des Horizonts und dem Südpol sind.

Vierte Aufgabe.

Wenn die Breite eines Ortes und der Tag des Monats gegeben ist; alsdenn die Zeit zu finden, wenn ein bekannter Stern aufgeht, untergehet, und im Meridian ist.

Wenn man zuvor die Kugel richtig gestellet, so drehe man sie herum, bis der gegebene Stern in Osten am Horizont kommt, alsdenn zeigt der Zeiger die Zeit

Zeit seines Aufganges. Hierauf drehe man sie abermal bis der Stern in Westen an Horizont kommt, so zeigt der Zeiger die Zeit seines Unterganges. Endlich stelle man den Stern zum Mittagsringe, so hat man die Zeit, wenn er im Meridian ist, oder culminirt.

NB. In den Norderbreiten gehen diejenigen Sterne niemal unter, die dem Pole näher liegen, als seine Erhöhung über dem Nordpunkt des Horizonts beträgt; und diejenigen, die dem Südpole näher liegen, als die Zahl der Grade beträgt, die er unterm Horizont ist, gehen niemal auf. In den Süderbreiten geschiehet das Gegentheil.

Fünfte Aufgabe.

Die Zeit des Jahres zu finden, wenn ein gegebener Stern, zu einer gegebenen Stunde der Nacht, im Meridian ist.

Man bringe den gegebenen Stern zum obern Halbzirkel des Mittagsringes, und stelle den Zeiger auf die gegebene Stunde: denn drehe man die Kugel bis der Zeiger auf die obere 12 stehet, und der obere Halbzirkel des Mittagsringes wird den Ort der Sonne schneiden, der mit dem gesuchten Tag zutrift; welchen Tag man über dem Ort der Sonne im Horizont der Kugel findet.

der Himmelskugel. 287

Sechste Aufgabe.

Wenn die Breite, der Tag des Monats, und das Azimuth *) eines bekannten Sterns gegeben ist; alsdenn zu finden, welche Stunde es sey.

Wenn man die Kugel, in Absicht der Breite, des Zeniths, und des Ortes der Sonne zuvor richtig gestellet hat; so lege man den Höhen-Quadranten auf den gegebenen Grad des Azimuth im Horizont: drehe alsdenn die Kugel, bis der Stern unter den Rand des Quadranten kommt: so zeiget der Zeiger die Stunde der Nacht.

Siebente Aufgabe.

Wenn die Breite des Orts, der Tag des Monats, und die Höhe **) eines bekannten Sterns gegeben ist; alsdenn zu finden, welche Stunde es sey.

Man berichtige die Kugel, wie bey der vorigen Aufgabe, schätze, welche Stunde es ohngefehr sey, und drehe die Kugel, bis der Zeiger auf die Stunde zeiget; denn

leg-

*) Die Zahl der Grade, die die Sonne, der Mond oder ein Stern vom Meridiane ist, es sey nach Osten oder Westen, wird ihr Azimuth genennet.
**) Die Zahl der Grade, die ein Stern, wenn man ihn mit einem Quadranten gemessen, überm Horizont stehet, nennet man seine Höhe.

lege man den Höhen-Quadranten über den bekannten Stern: und wenn der Grad des Quadranten mit der gefundenen Höhe des Sterns am Himmel zutrift, so hat man recht geschätzet. Ist der Stern hingegen auf der Kugel höher oder niedriger, als die beobachtete Höhe am Himmel, so drehe man die Kugel vor- oder rückwärts, und halte den Quadranten auf den Stern, bis sein Mittelpunkt zu der beobachteten Höhe kommt, alsdenn wird der Zeiger auf die wahre Stunde zeigen.

Achte Aufgabe.

Wie man die Stunde der Nacht, mittelst zweener bekannten Sterne, auf eine leichte Art finden könne, ohne daß man weder ihre Höhe noch ihr Azimuth weiß; und wie man alsdenn daraus, sowohl ihre Höhe als ihr Azimuth bestimmen, und zugleich den wahren Meridian finden könne.

Man stelle zuvor die Himmelskugel richtig; alsdenn hänge man ein kleines Bleygewicht an einen Faden, und führe den Faden so lange zwischen das Auge und den gestirnten Himmel langsam herum, bis derselbe zweene bekannte Sterne zu gleicher Zeit schneidet. Nun schätzt man, welche Stunde es ohngefähr sey, und drehe die Kugel, bis der Zeiger auf die gemuthmaßete Stunde zeiget; hierauf lege man den Höhen-Quadranten über einen der beyden Sterne, die der Faden durchschnitten; schneidet der Quadrant den zweyten Stern zu gleicher

der Himmelskugel.

gleicher Zeit, so hat man die Stunde recht gemuthmaßet: thut er dieses nicht, so drehe man die Kugel rück- oder vorwärts, bis er beyde Mittelpunkte der Sterne schneidet, und alsdenn zeiget der Zeiger die wahre Stunde. Der Quadrant wird nun, da wo er liegt, den Grad des Horizonts bezeichnen, der das Azimuth beyder Sterne von Süden ist, und ihre Höhe zeigen die Grade des Quadranten, unter welchen sie sich befinden. Wofern man nun in diesem Augenblick einen gewöhnlichen Azimuthal-Kompaß wagerecht auf den Fußboden setzet; so daß die beyden Sterne am Himmel eben dieselbe Richtung auf dem Kompaß haben (die Abweichung der Nadel abgerechnet) die der Quadrant im Horizont der Kugel hat, so wird eine Schnur, die man über den Nord- und Südpunkt des Kompasses ausspannet, gerade im Meridian liegen, und wenn man nach dieser Richtung eine Linie auf dem Fußboden ziehet, und im südlichen Ende derselben einen geraden Stift einschlägt, so wird der Schatten des Stifts genau auf diese Linie fallen, sobald die Sonne im Meridian ist.

Neunte Aufgabe.

Den Ort des Monds oder eines Planeten zu finden; und zugleich die Zeit wenn er aufgeht, untergeht, und im Meridian ist.

Man suche in den Tabellen oder Ephemeriden den geocentrischen *) Ort des Monds oder des Planeten

---
*) Der Ort des Monds oder des Planeten, wie er von der Erde gesehen wird, wird sein geocentrischer Ort genennet.

T

ten in der Ekliptik für den gegebenen Tag, und bezeichne ihn, nach der in den Ephemeriden berechneten Länge und Breite, mit einem Kreidepunkt auf der Kugel. Alsdenn stelle man die Kugel richtig, und drehe sie westwärts um ihre Achse: so wird, wenn der Punkt in Osten und Westen zum Horizont, und im Mittagsringe kommt, der Zeiger die Zeit zeigen, wenn der Planet aufgeht, untergeht, und im Meridian ist. Auf gleiche Art als bey einem Firsterne.

Zehnte Aufgabe.
Die Phänomene des Herbst=Monds zu erklären.

Hierbey müssen wir folgende Punkte voraussetzen.

1) Daß da die Sonne die Ekliptik in einem Jahre durchläuft, sie nur einmal im Jahre in einem besondern Punkt derselben seyn kann; und daß ihre Bewegung alle 24 Stunden ohngefähr einen Grad ausmachet.

2) Daß da der Mond die Ekliptik in 27 Tagen 8 Stunden durchläuft, er täglich ohngefähr $13\frac{1}{2}$ Grad darin fortrückt.

3) Daß da die Sonne nur durch einen Theil der Ekliptik geht, in der Zeit der Mond sie ganz durchläuft, der Mond niemal in dem Theil der Ekliptik wiederum mit der Sonne in Opposition oder Conjunktion seyn kann, wo er es das nächstvorhergehendemal war; sondern daß er so viel

weiter

der Himmelskugel.

weiter gehen muß, als die Sonne in der Zeit fortgerückt ist; welches, weil es $29\frac{1}{2}$ Tage sind, beynahe ein ganzes Zeichen ausmacht.

Daher kann

4) Der Mond nur einmal im Jahre, in einem bestimmten Theile der Ekliptik mit der Sonne in Opposition seyn.

5) Daß der Mond nur alsdann voll seyn kann, wenn er in Opposition mit der Sonne; oder ihr gerade gegenüber stehet; weil wir zu keiner andern Zeit seine ganze von der Sonne erleuchtete Hälfte sehen können.

6) Daß wenn ein Punkt der Ekliptik aufgeht, der gegenüberliegende Punkt untergeht. Und also der Mond wenn er der Sonne gegenüber ist, aufgehen muß, wenn die Sonne untergeht *).

7) Daß die Zeichen der Ekliptik unter sehr verschiedenen Winkeln, oder Graden der Schräge mit dem Horizont, aufgehen, besonders auf hohen Breiten. Und daß je kleiner der Winkel, desto größer der Theil der Ekliptik sey, der in einem kurzen Zeitraume aufgeht. Und umgekehrt.

8) Daß in nordlichen Breiten kein Theil der Ekliptik unter einem so kleinen Winkel mit dem Horizont aufgehe als der Widder und die Fische; folglich

---

*) Dieses trift nicht immer ganz genau zu: weil der Mond nicht stets in der Ekliptik bleibt, sondern sie jeden Monat zweymal kreuzet. Indessen ist der Unterschied zu klein, als daß bey dieser allgemeinen Erklärung Rücksicht darauf zu nehmen sey.

lich bey diesen Zeichen ein größerer Theil der Ekliptik in einer Stunde aufgeht, als bey einem von den übrigen.

9) Daß in den Zeichen der Fische und des Widders der Mond nur in unsern Herbstmonaten voll seyn kann; weil die Sonne zu keiner andern Jahrszeit in den gegenüberstehenden Zeichen der Jungfrau und der Wage ist.

Nunmehro messe man, auf der Himmelskugel, mit einem Zirkel $13\frac{1}{2}$ Grade der Ekliptik; fange bey dem Zeichen der Fische an, und theile mit dieser Weite die ganze Ekliptik durch, und zeichne jeden Punkt des Zirkels mit ein wenig Kreide; so hat man die tägliche Bewegung des Monds, während daß er einmal seine Bahn durchläuft, in der Ekliptik angedeutet. Hierauf stelle man die Kugel richtig, und erhöhe sie zu einer starken Norderbreite (z. E. 54 Grade) und bemerke, indem man die Kugel rund drehet, über wie viel Zeit der Stundenzeiger beym Aufsteigen eines jeden Kreisdepunkts gegangen ist, so wird man finden, daß wenn er über 2 Stunden gegangen, 7 dieser Punkte in den Zeichen der Fische und des Widders nach einander heraufgekommen sind; welches ein größeres Stück der Ekliptik ist, als der Mond in einer Woche durchläuft. Folglich ist der Aufgang des Monds, wenn er in den Zeichen der Fische und des Widders ist, während einer ganzen Woche überhaupt nur 2 Stunden von einander unterschieden. Nun bemerke man die Punkte der gegenüberliegenden Zeichen, der Jungfrau und

der

der Wage; so wird man finden, daß 7 derselben, 9 Stunden zubringen, ehe sie heraufkommen; und folglich ist der Aufgang des Monds, in diesen Zeichen, während einer ganzen Woche, 9 Stunden von einander unterschieden. So viel später demnach jeder Punkt als der zunächst vorhergehende über den Horizont der Kugel heraufgeht, so viel später gehet der Mond jeden Tag an dem damit übereinstimmenden Ort des Himmels auf. Die Punkte im Krebs und Steinbock gehen in der mittleren Zeit, zwischen denen im Widder und der Wage auf. Ob nun gleich der Mond jeden Monat in den Zeichen der Fische und des Widders ist, und also in einer Woche 2 Stunden, oder täglich 17 Minuten, später aufgeht; so ist er doch in diesen Zeichen niemals voll, als nur in unsern Herbstmonaten August und September, wenn die Sonne in der Jungfrau und Wage ist. Folglich kann der Vollmond zu keiner andern Zeit beym Untergange der Sonne aufgehen, oder beydes so nahe zusammentreffen, als in den beyden Vollmonden zur Zeit des Herbstes.

In den Wintermonaten ist der Mond im ersten Viertel, wenn er in den Zeichen der Fische und des Widders ist; und weil diese Zeichen, im Winter des Mittags aufgehen, so können wir den Aufgang des Monds nicht sehen.

In den Frühlingsmonaten wechselt er in diesen Zeichen, und gehet mit der Sonne zugleich auf; folglich ist er uns alsdenn unsichtbar. In den Sommermonaten ist er in diesen Zeichen im letzten Viertel, und gehet um Mitternacht auf, daher er wenig beobachtet wird. In den Herbstmonaten hingegen ist er in diesen Zeichen voll; und weil er der Sonne alsdenn gegenüber, so gehet er auf wenn die Sonne untergeht (oder bald nachher), und scheinet die ganze Nacht.

In den südlichen Breiten gehen die Jungfrau und die Wage unter eben solchen kleinen Winkeln auf, als die Fische und der Widder in den nordlichen; und da unsere Frühlinge zur Zeit ihres Herbstes einfallen; so ist klar, daß ihre Herbst-Vollmonde in den Zeichen der Jungfrau und Wage seyn müssen; folglich alsdenn mit einem eben so kleinen Unterschiede der Zeit aufgehen, als die unsrigen in den Zeichen der Fische und des Widders. Eine ausführlichere Abhandlung von dieser Materie würde hier zu weitläuftig seyn.

Eilfte Aufgabe.

Die Vergleichung, oder den Unterschied der Zeit zwischen einer Uhr und einem richtigen Sonnenzeiger zu erklären.

Da die Bewegung der Erde um ihre Achse jederzeit gleichförmig ist, und folglich eine scheinbare gleichförmige Bewegung des gestirnten Himmels, um diese, bis zu den Polen des Himmels fortgeführte Achse, verursachet; so ist klar; das in gleichen Theilen der Zeit, gleiche Theile der Equinoktiallinie durch den Meridian gehen, weil die Weltachse der Equinoktiallinie
senk-

senkrecht steht. Wenn also die Sonne ihren jährlichen Lauf in der Equinoktiallinie vollführte, so würde sie immer in 24 Stunden ganz genau vom Meridiane zum Meridian wieder kommen, und mit einer Uhr akkurat zutreffen. Allein da sie sich in der Ekliptik bewegt, die sowohl gegen die Equinoktiallinie, als gegen die Pole schief liegt, so kann sie nicht immer in 24 gleichen Stunden vom Meridiane zum Meridian wieder herum kommen, sondern sie muß oft ein wenig früher und oft ein wenig später kommen: weil gleiche Theile der Ekliptik in ungleichen Theilen der Zeit, wegen ihrer schiefen Lage, durch den Meridian gehen. Und dieser Unterschied ist auf allen Breiten gleich.

Dieses auf der Himmelskugel zu zeigen, mache man Kreidepunkte im Equatore und der Ekliptik: und zwar rund herum in gleichen Weiten (z. B. von 10 zu 10 Graden) und fange beym ersten Punkte des Widders oder der Wage an: wo sich die beyden Kreise schneiden. Alsdenn drehe man die Kugel um ihre Achse, so wird man finden, daß alle Punkte im ersten Viertel der Ekliptik, vom Anfange des Widders bis zum Anfange des Krebses, früher zum Mittagsringe kommen, als die so im Equatore gezeichnet sind. Daß die im zweyten Viertel, vom Anfange des Krebses bis zum Anfange der Wage, später kommen. Die im dritten Viertel, von der Wage zum Steinbock, wiederum früher. Und die im letzten Viertel, vom Steinbock zum Widder, abermal später kommen. Die hingegen, die beym Anfange eines jeden Viertels gezeichnet sind, mit denen am Equatore zugleich zum Mittagsringe kommen.

Hier-

Hieraus folget; daß die Sonne, wenn sie im ersten und dritten Viertel der Ekliptik ist, jeden Tag früher zum Meridiane kommt, als sie thun würde, wenn sie im Equatore bliebe: und also geschwinder gehet als eine Uhr; welche stets die Equatorealzeit zeigt. Daß sie im zweyten und vierten Viertel jeden Tag später zum Meridiane kommt; folglich langsamer gehet als eine Uhr. Und daß endlich beym Anfang eines jeden Viertels, Sonne und Uhr gleich sind.

Die Sonne würde also, wenn sie sich in der Ekliptik immer gleichförmig bewegte, 4 Tage im Jahre mit der Uhr zusammen treffen, und zwischen diesen Tagen würde immer ein gleicher Zeitraum verflossen seyn. Allein da sie einmal langsamer, und einmal geschwinder läuft, (indem sie 8 Tage länger in der nördlichen Hälfte der Ekliptik verweilet als in der südlichen) so entstehet daraus eine zwote Ungleichheit: welche mit der vorhergehenden, die von der Schräge der Ekliptik gegen den Equator herrühret, zusammen genommen, den Unterschied ausmacht, der in den gewöhnlichen Vergleichungstabellen zwischen einer guten Uhr und einem richtigen Sonnenzeiger bemerket wird.

Supplemente zu Fergusons Astronomie.

Zweyter Theil.

Vorbericht.

Der Herr Rathsherr Kirchhoff hatte zu einer neuen Auflage dieses Werks verschiedene Supplemente gesammlet. Er wollte sie selbst am gehörigen Orte einschalten. Da er aber durch das wichtige Amt, das er unterdessen bey seiner Vaterstadt erhielt, daran verhindert ward, so habe ich diese Supplemente so abdrucken lassen, wie er sie aufgesetzt hat, und sie der neuen Auflage beygefügt. Es sind auch eine Anzahl Exemplare dieser Supplemente besonders gedruckt, damit sie die Besitzer der ersten Auflage erhalten können.

Der Verleger.

Nach den Worten: seyn können.

Freylich könnte einem der Gedanke beyfallen, daß wenn dem Merkur das Sonnenlicht 7mal stärker, und dem Saturn 90mal schwächer schiene als uns, so müßten die Bewohner des ersten von dem zu starken Lichte geblendet werden; und die Bewohner des letzten beynahe in steter Dunkelheit leben. Denn wenn uns die Sonne 7mal heller schiene, so würden unsere Augen nicht vermögend seyn, ein solches Licht zu ertragen: und wenn sie uns 90mal schwächer schiene, so würden wir den größten Theil unserer gewöhnlichen Arbeit nicht verrichten können. Ehe wir hierauf antworten, wollen wir zuvor eine Anmerkung machen.

Wenn jemand im Winter aus einer beschneieten Straße in sein Wohnzimmer zurücktritt, so ist er nicht vermögend, in demselben Augenblick eine Arbeit vorzunehmen, die ein scharfes Gesicht erfodert. Oder, wenn er aus seinem Hause geht, zu der Zeit, wenn die Sonne auf den Schnee scheint, so ist er nicht im Stande den starken Wiederschein des Sonnenlichts so gut zu ertragen, als wenn er eine halbe

Stunde drinn gegangen. Indeß ist aber dennoch der Wiederschein des Schnees in dieser halben Stunde nicht schwächer geworden, als er vorher war: eben so wenig als das Zimmer dunkler geworden ist. Die Ursache liegt darinn.

Unsere Augen sind so gebaut, daß sie sich ausdehnen, wenn das Licht schwach ist, damit die Pupillen derselben destomehr davon einfallen lassen; und sie ziehen sich zusammen, wenn das Licht stark ist, damit sie destoweniger Stralen aufnehmen. So lange wir im Zimmer sind, sind die Pupillen unserer Augen ausgedehnt; sie fassen daher von dem Wiederscheine des Schnees mit einemmale zu viel Licht, und das ist uns beschwerlich. Sind wir aber eine kurze Zeit drinn gegangen, so ziehen sie sich so enge zusammen, daß sie nicht mehr von dem starken Lichte einlassen, als wir ohne Unbequemlichkeit ertragen können. Tritt man alsdenn in sein Zimmer zurück, so sind die Pupillen noch zusammengezogen, und das Zimmer, das nicht so helle als die Straße ist, scheint uns dunkler zu seyn, als es zuvor war; aber bald darauf dehnen sich die Pupillen wieder nach und nach aus, und lassen so viel Licht ein, daß wir unsere Arbeit bequem verrichten können.

Gesetzt demnach, die Bewohner des Merkur und Saturns wären eben solche Geschöpfe wie wir, (ob man solches gleich verschiedener Ursachen wegen nicht vermuthen kann) so würde den ersten, wenn ihre Augen siebenmal kleiner wären als die unsrigen,

das

das Sonnenlicht doch nicht heller scheinen als uns. Und wenn die Pupillen der Bewohner des Saturns neunzigmal größer wären als die unsrigen, (welches sie seyn würden, wenn der Diameter derselben nur 9½mal größer wäre, und welches ihnen nicht unnatürlich scheinen könnte, wenn alle auf einerley Art gebaut wären, und sie niemals andere Augen gesehen hätten) so würde das Sonnenlicht ihnen nicht schwächer zu seyn scheinen als uns.

Wofern aber auch dieses nicht wäre, so scheint ihnen die Sonne doch noch tausendmal heller als uns der volle Mond. Denn der Unterschied des Lichtes der Sonne und des vollen Monds ist so erstaunlich groß, selbst zu der Zeit, wenn die Sonne mit Wolken bedeckt ist, und wir ihr Licht nur durch den Wiederschein der Wolken genießen, daß, ob wir gleich im hellen Mondschein zur Noth eine mittelmäßige Schrift lesen können, wir dennoch 90 tausend Vollmonde nöthig hätten, um eben so viel Licht zu erhalten, als uns das gewöhnliche Tagelicht gewähret. Und da zwey Vollmondsbreiten beynahe einen Grad ausmachen, so würden alle diese Monde unsern ganzen Gesichtskreis ausfüllen.

Der Beweiß ist folgender.

Wenn man den Mond beym letzten Viertel nach Sonnenaufgang hoch übern Horizont sitzen sieht, so ist er viel blasser als des Nachts, und scheint eine kleine weiße Wolke zu seyn. Indeß leuchtet er zu der Zeit dennoch eben so stark als des Nachts.

Der Unterschied kommt daher, weil das stärkere Tagelicht ihm seinen Glanz benimmt. Auf eben die Art als man von einem Lichte, das man in Sonnenschein setzt, kaum die Flamme sieht, obgleich der Schein desselben eben der nämliche ist, womit es in der Nacht leuchtet.

Wenn die Sonne mit Wolken bedeckt ist, so erhalten wir ihr Licht bekanntlich blos durch den Wiederschein der Wolken.

Nun wirft uns aber der Mond das Sonnenlicht des Nachts auf eben die Art zurück, als es bey Tage die Wolken thun. Er kann also bey Tage nicht mehr Licht zurückwerfen, als eine kleine weiße Wolke thut, die gerade so viel Platz einnimmt als der Mond; folglich kann er bey der Nacht auch nicht mehr zurückwerfen. — Und da er nur den 90000sten Theil des Himmels ausfüllt, so ist klar, daß sein Licht dem 90000sten Theil des Tagelichts gleich sey. Nun scheint das Sonnenlicht dem Saturn 90mal schwächer als der Erde, und gewöhnliches Tagelicht ist 90000mal stärker als Mondslicht; theilt man alsdenn 90000 mit 90, bleibt der Quotiente 1000; folglich scheint den Bewohnern des Saturns die Sonne 1000mal heller als uns der volle Mond.

Nach den Worten: glänzen könnten.

Die Schweife der Kometen sind dünne Dünste, die aus ihrem Körper hervorgehen, und keinen Planeten schädlich seyn können, woferne einer derselben zu der Zeit, wenn der Komet die Bahn des Planeten paßirt, dadurch gienge. Denn wären sie Feuer, wie der Pöbel glaubt, so könnten wir nicht sehen, was hinter ihnen ist; so wenig als wir ein Objekt durch die Flamme eines Lichts sehen können; dagegen man durch den Schweif eines Kometen auch die kleinsten Sterne wahrnimmt. Seite 53

Nach den Worten: zu einander neigen.

Ich werde mich immmer der Ausdrücke, Attraktion und Gravitation bedienen, wenn ich von Körpern rede. Es sey, daß sie eine Neigung haben, gegen einander zu fallen: oder, daß sie sich in unermeßlichen Kreisen um einen gemeinschaftlichen Mittelpunkt drehen; oder, daß sie auf die Erde fallen; oder, daß sie sich vereinigen, um einen festen Körper zu bilden; oder, sich in Tropfen rånden, um Fluida zu formiren. Seite 66

Nach den Worten: verlassen können.

Seite 83

Daher sind hoch und niedrig, oder oben und unten blos relative Ausdrücke. Denn, wenn die Sonne uns am niedrigsten steht, so steht sie den Bewohnern eines andern Theils der Erde gerade überm Kopf, oder senkrecht. Weil nun die Erde rund ist, so denkt ein jeder, auf der Stelle wo er steht, stehe er auf der obern Seite der Erde; und wundert sich, daß jemand an der Gegenseite stehen, oder vielmehr, mit dem Kopfe niederwärts dran hängen könne, ohne davon abzufallen. Denn sollten wir wirklich von der Erde abfallen, so müßten wir, im eigentlichsten Verstande, aufwärts fallen, welches doch höchst widersinnig wäre.

Die Kraft also, die alle Körper an der Oberfläche der Erde fest hält, ist das, was wir ihr Gewicht, oder ihre Schwere nennen: und die durch Attraktion bewirkt wird.

Denn die Erde zieht alle Körper, die sich auf ihrer Oberfläche, oder nahe an derselben befinden, so wie alle Partikeln ihrer Materie, an allen Seiten mit gleicher Kraft zu ihrem Mittelpunkte. Aus dieser Ursache erhalten diejenigen Körper, die die größte Menge materieller Partikeln in sich fassen von dieser Anziehung den größten oder

stärk=

stärksten Druck, und haben folglich, (wie wir es gewöhnlich nennen) das größte Gewicht oder Schwere.

Man kann die Erde mit einem großen Magneten vergleichen: der, wenn er in Eisenstaub herumgewälzt wird, die Partikeln desselben an allen Seiten seiner Oberfläche an sich, zieht und fest hält; ja sie auch noch von einem Tische an sich zieht, so bald sie in den Kreis seiner anziehenden Kraft kommen.

Die Wirkung dieser anziehenden Kraft spüren wir, ohne daß wir es merken, täglich an uns selber. Denn, so glauben wir, z. E. des Morgens um 8 Uhr, wir stünden jetzt auf der obersten Stelle der Erde aufrecht; und des Abends um 8 Uhr glauben wir ebendasselbe, weil wir in unserer Stellung keinen Unterschied bemerken. Indes hat sich doch seit der Zeit die Erde halb rund gedreht, und wir sind nun gerade in der Stellung in der die Person, die uns damals an der andern Seite der Erde gegenüber stand, des Morgens um 8 Uhr war; und die zu der Zeit eben so stark gegen den Mittelpunkt der Erde angezogen ward, als wir jetzt werden: und eben so wenige Gefahr lief, aufwärts zu fallen; als wir niederwärts.

———

Nach

Nach den Worten: der Erde gelten.

Seite 92

Wir hätten also nunmehr die jährliche Bewegung der Erde um die Sonne nach den allgemeinen Gesetzen der allen Körpern vom Schöpfer mitgetheilten Anziehungs- oder Schwerkraft; und der in gleichem Verhältnisse empfangenen Flugkraft erwiesen. Allein da es eine so wichtige Materie ist, so wollen wir versuchen, ob wir sie in ein und andern Stücken noch etwas deutlicher machen können.

Gesetzt demnach, es fiele jemanden der Gedanke ein; daß wenn die Erde um die Sonne laufe, und die Sonne stille stehe; welche Kraft die Erde denn verhindere daß sie nicht auf die Sonne falle, und die Sonne dagegen unverrückt auf ihrer Stelle erhalte.

Wir haben oben gesagt, daß wenn ein Körper zur Erde falle, solches einzig und allein durch die anziehende Kraft der Erde bewirkt werde, weil es sonst nicht möglich sey, daß er an allen Seiten der Erde in gegenseitigen Richtungen fallen könnte, und daß die Neigung der Körper zum Fallen, ihre Schwere, (gravitation) und die Kraft die ihnen dieselbe mittheilt, Anziehung (attraction) genennet werde.

zu Fergusons Astronomie.

Gesetzt demnach, die Sonne wäre der einzige Körper in dem ganzen Weltgebäude, und wäre auf einer ihr vom Schöpfer bestimmten Stelle hingestellt worden; so ist klar, daß weil kein anderer Körper da ist, der sie an sich zieht, so kann sie auch nach keiner andern Stelle in diesem gränzenlosen Raume hinfallen, sondern sie muß unverrückt auf einer und derselben Stelle bleiben.

Gleichwohl ist sie ein Körper, und, gleich allen übrigen Körpern, mit einer anziehenden Kraft begabt, die mit der Vielheit ihrer Materie, oder der Anzahl Materieller Partikeln, im Verhältniß steht; folglich muß ihre anziehende Kraft, der uns geheuren Größe ihres Körpers wegen, sich viele Millionen Meilen weit erstrecken.

Wenn daher ein kleinerer Körper in den Kreiß ihrer anziehenden Kraft käme, und dieser Körper wäre eine Millionmal kleiner, so würde derselbe mit einer Millionmal stärkeren Kraft von ihr angezogen werden, und auf sie fallen.

Dieses wäre nun der Fall mit unserer Erde, wenn beyde, nach dem Verhältniß ihrer Größe, von gleicher Dichtigkeit oder Festigkeit wären. Da aber dieses nicht ist; sondern da der Inhalt der Sonnenpartikeln nur 200,000mal größer ist, als der Erdpartikeln; so folgt, daß die Sonne die Erde mit einer 200,000mal stärkeren Kraft anziehe, als die Erde die Sonne. Es müßten daher Erde und
Sonne

Sonne dennoch zusammenfallen, nur mit den Unterschiede, daß die Erde 200,000mal schneller gegen die Sonne fiele, als die Sonne gegen die Erde.

Hier entsteht nun die ganz natürliche Frage: Aber aus welcher Ursache geschieht dieses denn nicht? und was ist das für eine Kraft, die solches hindert?

Wir wollen, um es sinnlicher zu machen, es durch ein ganz bekanntes Beyspiel erklären. Wenn jemand einen Stein in eine Schleuder legt, so fühlt er, indem er sie herumschwingt, daß der Stein einen Antrieb hat, aus der Schleuder wegzufliegen: und daß dieser Antrieb immer stärker wird, je geschwinder er die Schleuder schwingt; so daß er mehrere Kraft anwenden muß, den Stein zu halten als vorher. Lässet er aber den Schleuderdrat loß, so fliegt der Stein in gerader Linie davon.

Auf gleiche Art haben alle Körper, die sich in einem Zirkel, oder im Kreise bewegen, eine stete Neigung aus diesen Kreisen wegzufliegen, und diese Neigung nennet man ihre Flug- oder Centrifugalkraft. Damit sie aber dieses nicht können, so muß, eben wie bey der Schleuder, im Mittelpunkte ihrer Kreise eine andere, oder vielmehr zwote Kraft seyn, die sie daran verhindert, und ihrer Flugkraft das Gleichgewicht hält; und diese nennet man ihre anziehende Kraft, oder Attraktion.

Jetzt

Jetzt wollen wir die Anwendung machen. Die Erde läuft bekanntlich in einem beynahe zirkelförmigen Kreis um die Sonne. Sie würde also, auf eben die Art als der Stein aus der Schleuder, sobald er losgelassen worden, wegfliegen, woferne die Sonne sie nicht anzöge und festhielte.

Dagegen mußte aber die Erde auch wiederum eine solche Flugkraft ganz nothwendig haben, sonst würde sie durch ihre Schwere, (Gravitation) die durch die anziehende Kraft der Sonne bewirkt wird, auf die Sonne fallen.

Weil sie aber, als Körper, ebenfalls eine anziehende Kraft besitzt, so wird die Sonne auch von der Erde, obgleich in geringerem Maaße, angezogen. Es war daher nothwendig, daß die Sonne sich gleichfalls in einem kleinen Kreise bewegte, sonst würde sie, ohngeachtet ihrer ungeheuren Größe, dennoch durch die anziehende Kraft der Erde von ihrer Stelle gerissen werden. Auf eben die Art als der Stein in der Schleuder, so lange er herumgeschwungen wird, die Hand nachzieht, daß man Mühe hat, sie fest zu halten, obgleich der Stein nur klein ist.

Und nun lehrt uns die Erfahrung, daß die Bewegung aller himmlischen Körper gerade nach diesen Gesetzen von der Weisheit des Schöpfers sey angeordnet worden.

Denn

Denn die Sonne bewegt sich wirklich in einem Kreiß, eben wie die Erde, nur daß der Kreiß der Sonne nach dem Verhältnisse so viel kleiner ist, als ihr materieller Inhalt den materiellen Inhalt der Erde übertrifft.

Da sie aber ihre beyderseitigen Kreise in gleichem Zeitraume durchlaufen, so folgt, daß die Sonne sich so viel langsamer bewege, so viel ihr materieller Inhalt größer ist als der materielle Inhalt der Erde.

So daß, was der Sonne an Geschwindigkeit der Bewegung abgeht, durch die größere Quantität ihrer Materie, und was der Erde an Quantität der Materie abgeht, durch ihre größere Flugkraft wieder ersetzt wird; folglich ihre Zentrifugalkräfte ihrer gegenseitigen Attraktion gleich sind.

Und so wie ihre anziehenden Kräfte sie halten, daß sie nicht aus ihren Kreisen wegfliegen: so halten ihre Flugkräfte sie hinwiederum, daß sie nicht auf einander fallen.

Und das ist die große Wahrheit, die Newton entdeckte; das herrliche Gleichgewicht der Natur; dessen Erforschung, mit Recht, der Stolz und die Ehre des menschlichen Verstandes genannt zu werden verdient.

Wir wollen es durch folgende Figur noch deutlicher zu machen suchen.

Es sey demnach A die Sonne; B die Erde, und C die Direktionslinie, worinn sie sich gegenseitig ansehen. Nun nehme man auf dieser Linie in g einen Punkt an, der dem Mittelpunkte von A so viel näher ist als dem von B, um so viel der materielle Inhalt von B kleiner ist als der von A: und lasse h den Mittelpunkt von A, und i den von B seyn.

Tab. X. fig. 1.

Wenn nun A und B die Freyheit hätten, durch die Kraft ihrer beyderseitigen Attraktion gegeneinander zu fallen: so würde in eben der Zeit, daß A durch die Weite h g fällt, B durch die Weite i g fallen, und sie würden beyde in g zusammentreffen, weil B gerade um so viel schneller fallen würde als A, so viel der Inhalt seiner Materie, (folglich auch seine anziehende Kraft) geringer ist als der von A.

Dagegen durchläuft aber der kleine Körper B in eben der Zeit den großen Zirkel a b c, in welcher der große Körper A den kleinen Zirkel d e f durchläuft, und dadurch erhält jeder eine Zentrifugalkraft, die ihrer anziehenden Kraft das Gleichgewicht hält. Der Punkt g hingegen ist der Mittelpunkt der beyde Körper unterstützt, und folglich auch der Mittelpunkt des Zirkels den jeder von ihnen beschreibt. Man nennet diesen Punkt den gemeinschaftlichen Schwerpunkt beyder Körper; oder ihr centrum gravitatis.

X Nach

Supplemente

Nach den Worten: als bey den Polen.

Seite 94

Wir wollen dieses noch etwas näher erklären, um den Beweiß der Umdrehung der Erde um ihre Achse desto vollständiger zu machen.

Die Sonne ist wenigstens eine Millionmal größer als die Erde. Es würde daher (wenn wir die Vergleichung wagen dürfen) eben so ungereimt seyn, zu sagen, sie drehe sich um die Erde, die doch in Vergleichung ihrer nur ein Punkt ist, als es uns im gemeinen Leben scheinen würde, wenn jemand einen kleinen Vogel am Spieß steckte, und an statt den Vogel herum zu drehen, das Feuer um den Vogel drehete.

Allein wir haben noch eine Bemerkung, die uns den überzeugendsten Beweiß giebt, daß die Erde sich um ihre Achse drehe.

Bekanntlich fließt alles Wasser, seiner Natur nach, von denen höhern Theilen der Erde, oder vielmehr von denen, die am weitesten vom Mittelpunkte derselben sind, zu denen niederwärts die niedriger, oder näher am Mittelpunkte der Erde sind. Und dieses bewirkt die zentrale Anziehungskraft der Erde, die das Wasser, sowohl als alle übrige Körper, dahin nach sich zieht.

Gesetzt

Gesetzt nun, die Erde wäre vollkommen rund und glatt wie eine polirte Kugel; so würden folglich alle Theile ihrer Oberfläche von ihrem Mittelpunkte gleich weit entfernt seyn, und das Wasser könnte auf der Erde gar nicht fliessen. Daraus würde nothwendig folgen, daß, da $\frac{3}{4}$ der Oberfläche der Erde mit Meere bedeckt ist, die eine Gemeinschaft untereinander haben, die anziehende Kraft der Erde (die rund um, in gleicher Entfernung vom Mittelpunkte, gleich stark ist) die Oberflächen der Meere allenthalben mit gleicher Stärke an sich zöge, und sie, wenn sie sich nicht um ihre Achse drehete, dadurch eine völlig kugelrunde Figur bekäme. Denn wenn jede Partikel Wasser mit einer gleichen Kraft zum Mittelpunkte gezogen würde, so könnte, weil sie sich einander berühren, die eine nicht näher kommen als die andre.

Gesetzt aber; die Erde fienge an, sich um ihren Mittelpunkt oder Achse zu drehen, was würde denn entstehen?

Alsdenn würde die Oberfläche des Meers bey den Polen niedriger werden, und die am weitesten von den Polen ist, würde anschwellen.

Und daß dieses wirklich der Fall sey, beweisen Ausmessungen und Erfahrung.

Denn beyde haben gezeigt, daß die Erde bey den Polen wirklich ein wenig flächer, hingegen beym

Equator etwas höher sey; so, daß der Unterschied des Polar- und Equatoreal-Durchmessers 8 Meilen betrage.

Stünde nun die Erde stille, und behielte diese nämliche Figur, so müßte das Wasser nothwendig von den Equatorealgegenden nach den Polargegenden hinfließen, und sie viele hundert Meilen weit überschwemmen; und alsdenn würde Deutschland selbst noch größtentheils unter Wasser liegen.

Es mußte daher der Schöpfer das feste Land beym Equator höher als bey den Polen machen, weil das Wasser, durch die schnelle Bewegung der Equatorealtheile sich daselbst anhäuft. Und daß dieses wirklich geschehen sey, erhellet daraus, daß man in der Gegend des Equators große Strecken Landes und eine Menge kleiner Inseln findet, die nicht überschwemmt werden.

Vielleicht könnte jemand sagen, daß wenn die Erde wirklich eine solche Figur hätte, so müßte man dieses bey einer Mondfinsterniß wahrnehmen können, wo der Schatten doch immer völlig rund erscheint.

Allein dieses widerlegt sich, so bald man bedenkt, daß die Erde 5400 Meilen im Umkreis habe; und daß eine Abflachung von 4 Meilen an jeder Seite ihrer Pole eben so wenig zu spüren sey, als man es einer künstlichen Erdkugel in der Entfernung

fernung von 5 bis 6 Schritten würde ansehen können, ob das Papier in den Polargegenden etwas abgeschabt sey; sie würde doch noch immer wie eine völlig runde Kugel aussehen.

Nach den Worten: bey den Polen.

Wollte man sagen, daß diese langsamere Schwingung des Pendulums von der großen Hitze unter der Linie herrühren könne, die bekanntlich das Metall ausdehnt; so wird man finden, daß die stärkste Sommerhitze eine Stange von 30 Fuß nicht mehr als ohngefähr eine Linie ausdehne; hingegen Richer, bey seinen Versuchen zu Cayenne, seine Pendule von 3 Fuß 8 Linien Länge, 1¼, 1½, ja selbst 2 Linien hat verkürzen müssen.

Seite 95

Nach den Worten: wieder niederfallen.

Denn ein Beobachter, der sie in freyer Luft betrachten könnte, und an der Bewegung der Erde keinen Theil nähme, würde sehen, daß sie nicht in einer

Seite 96

einer geraden senkrechten, sondern in einer krummen Linie auf und niedergienge. Wenn zwo Personen an beyden Enden eines langen Boots sitzen, das nahe am Ufer schnell hinsegelt, und sich wechselsweise einander einen Ball zuwerfen, so glauben sie, der Ball gehe immer in gleicher Linie hin und her; da es doch ausgemacht ist, daß der Ball eben sowohl eine fortrückende Bewegung machen muß als das Boot. Denn wenn er dieses nicht thäte, so könnte die gegenübersitzende Person (weil sie immer weiter vorwärts rückt) den Ball nicht fangen; er würde immer zu kurz fallen. Und wenn der Ball gleich allen denen die im Boote sind, in gerader Linie hin und her zu gehen scheint, so wird doch ein Beobachter der am Ufer steht, und an der Bewegung des Boots keinen Theil hat, wahrnehmen, daß der Ball sich im Zigzag bewegt, und niemals in der nämlichen Linie zu der Person wieder zurückfliegt, worinn sie ihn abgeworfen hat.

Nach den Worten: untereinander beunruhigen.

Seite 110 Wir können diese wichtige Materie nicht verlassen, ohne zuvor einen Versuch zu machen, ob wir den Lehrsatz, daß die anziehende Kraft nach den

Quadraten der Weite der Planeten von der Sonne abnehme, in ein etwas näheres Licht setzen können.

Da wir oben im zweyten Kapitel gesagt haben, daß der Merkur auf seiner Bahn jede Stunde 20400 Meilen; der Saturn hingegen nur 4000 Meilen jede Stunde fortrückt; so erhellet hieraus, daß je weiter der Planet von der Sonne ist, desto längere Zeit gebraucht er, nicht nur seine Bahn zu durchlaufen, sondern desto langsamer bewegt er sich in jedem Theile seiner Bahn.

Die Ursache liegt darinn, daß je näher der Planet der Sonne ist, desto stärker wird er von ihr angezogen; er mußte daher eine so viel stärkere Flugkraft haben, um der vermehrten Anziehungskraft das Gleichgewicht zu halten.

Und dieses Gleichgewicht der beyden Kräfte ist, nach dem Verhältnisse des Abstandes eines jeden Planeten, mit solcher erstaunenden Genauigkeit bestimmt, daß man die unermeßliche Macht und Weisheit des Schöpfers bewundern muß; der nicht nur diesen großen Körpern einen so unbegreiflichen Grad der Geschwindigkeit mitgetheilt; sondern diesen schnellen Flug auch so genau abgemessen, daß er den verschiedenen Graden der Anziehungskraft der Sonne, nach dem Verhältniß des Abstandes eines jeden Planeten, das Gleichgewicht halten konnte.

Nun ist die Frage:

Nimmt denn die Anziehungskraft der Sonne und die Weite des Planeten in gleichem Verhältnisse gegen einander ab und zu?

Nein! Das thut sie nicht; sondern man findet durch Beobachtungen und Berechnungen, daß sie, nach dem Maaße des Abstandes eines Planeten, nach den Quadraten ab- oder zunimmt. So daß sie in der doppelten Weite vom Zentro der Sonne 4mal; in der dreyfachen 9mal; in der vierfachen 16mal u. s. f. stärker oder schwächer ist. Wenn also vier Planeten so gestellet wären, daß der Abstand des zweyten noch einmal so weit von der Sonne wäre, als der Abstand des ersten. Des Dritten dreymal. Und des Vierten viermal so weit als des ersten. So wird der Vierte nur mit dem 16ten; der Dritte mit dem 9ten; und der Zweyte mit dem 4ten Theil der Kraft angezogen womit der erste angezogen wird.

So weit sind wir, wie gesagt, durch Beobachtungen und Berechnungen gekommen. Die Ursache aber, wie und wodurch dieses geschieht, hat selbst Newton mit allem seinen Tiefsinn nicht ergründen können, sondern sie ist und bleibt immer ein unmittelbares Werk der Allmacht des Schöpfers, der der Materie diese Kraft nach unwandelbaren Gesetzen gleich bey ihrem Daseyn mitgetheilt hat.

Wirkte

zu Fergusons Astronomie.

Wirkte die Anziehungskraft blos nach dem Verhältniß der Oberfläche des angezogenen Körpers, so könnten wir uns noch wohl einigermaßen davon einen Begriff machen.

Wir wollen versuchen, ob wir sie nach dieser Voraussetzung erklären können.

Es sey demnach A der Mittelpunkt der Sonne, und Aa, Ab, Ac, Ad, die Linien der anziehenden Kraft, wodurch die drey vierecten Platten B, C, und D nach A gezogen werden.

Astronomie Tab. VI. Fig. 1.

Ob nun gleich in der Figur die Linien blos die Ecken der Platten berühren, so müssen wir doch annehmen, daß der ganze Zwischenraum mit einer unendlichen Menge solcher Linien angefüllt sey, die sie in allen möglichen Punkten ihrer Oberflächen anziehen und zu sich reissen.

Nun sey die Platte C noch einmal so weit vom Mittelpunkte der Sonne als die Platte B, und D sey dreymal so weit: die anziehenden Kräfte aber auf jeder Platte gleich. Auf ebendieselbe Art als wenn die vier Linien Aa, Ab, Ac, Ad, Schnüre wären, die alle Platten mit gleicher Kraft nach A zögen.

Indeß ist aber die Platte C 2mal so lang und 2mal so breit als B; und D ist 3mal so lang und breit. Folglich enthält C 4mal so viel Oberfläche als B, und D 9mal so viel. Und wenn sie alle gleich dick sind, auch 4 und 9mal so viel Materie als B.

Wenn also alle Zwischenlinien, die innerhalb den Eckinien eingeschlossen werden können, so dichte zusammengebrängt wären, daß sie jeden Punkt der Oberfläche der Platte B berührten; so ist klar, daß sie nur den 4ten Theil der Oberfläche von C, und nur den 9ten von D würden berühren können. Folglich, würde der Platte C ¾, und der Platte D ⅛tel von derjenigen Kraft fehlen, die sie haben mußten, wenn sie eben so schnell nach A gezogen werden sollten als die Platte B.

Allein nun kommt das unerklärbare Problem, daß die Anziehungskraft nicht im Verhältniß der Oberfläche, sondern im Verhältniß der Materie wirkt.

Denn, wenn die Platte D auf einer Waagschale gewogen, nachher in 9 gleiche Quadrate zerschnitten, und abermals gewogen wird, so wägen diese eben so viel als vorher die ganze Platte. Oder, man stellt die 9 Quadrate in eben der nämlichen Entfernung von A hintereinander; so daß sie gleichsam nur einen Körper ausmachen; so zeigt der Augenschein, daß sie nur den 9ten Theil der vorigen Oberfläche in sich fassen; und dem ohngeachtet, ist die Anziehungskraft der Sonne auf diesen Körper ganz genau ebendieselbe.

Es

Es bleibt also ausgemacht wahr, daß wir uns keinen Begriff machen können, auf welche Art die Schwere oder Gravitation wirke;; da wir sehen, daß die vermehrte oder verminderte Oberfläche eines Körpers nichts dazu beytrage. Wir müssen sie daher blos einem bestimmten Gesetze des Schöpfers zuschreiben.

Doch können wir nicht umhin, nochmals zu erklären, daß wenn wir von Gravitation oder Schwere gesprochen, wir niemals die Sache an und für sich darunter verstehen, sondern die Wirkung einer Ursache die wir nicht begreifen.

Vornehmlich da wir wissen, daß wenn die Schwere nach dem Verhältnisse der Größe, oder der Oberfläche eines Körpers wirkte, so würde ein Stück Bley und ein Stück Kork von gleicher Größe auch gleich schwer seyn.

Nach dem Schlusse des sechsten Kapitels.

Ich hatte dieses sechste Kapitel größtentheils wörtlich nach dem Ferguson übersetzt: und mich vorzüglich bemühet, den Sinn desselben in unserer Sprache so getreu zu übertragen, als es mir möglich war. Gleichwohl habe ich hören müssen, daß Ferguson

guson doch noch zu viel vorausgesetzt hätte, und überhaupt das Newtonische System nicht deutlich genug vorgetragen sey.

Dieses hat mich bewogen, mehrere Schriftsteller zu Rathe zu ziehen, und es auf eine andere Art einzukleiden, so daß ich nicht nur die Geschichte dieses Systems: oder vielmehr die Veranlassung, wodurch der große Mann zuerst auf den Gedanken gekommen, mit berühret habe; sondern auch demnächst die Folgen entwickelt, die er daraus hergeleitet, und die durch die Erfahrung bestätiget worden sind.

Ich bin aber dadurch genöthiget, etwas wieder zurückzugehen; und den Lehrsatz des Fallens der Körper nochmals, und zwar nach einem andern Verhältnisse, zu erklären. Wobey denn alles dasjenige, was im vorhergehenden bereits angeführt ist, die Sache um so viel faßlicher machen wird.

Ein Körper, der von der Höhe eines Thurms herunter fällt, fällt, nach den Beobachtungen des berühmten Hugens, durch die Kraft seiner Gravitation in der ersten Sekunde 15 Fuß.

Zwar glaubte man vordem, daß wenn er in der ersten Sekunde 15 Fuß gefallen, so müsse er in der zwoten Sekunde 30 Fuß; in der dritten 45; in der zehnten 150; und in der sechzigsten, oder am Ende einer Minute 900 Fuß gefallen seyn.

Man

zu Fergusons Astronomie. 325

Man entdeckte aber, daß er alsdenn 54000 Fuß gefallen sey.

Dieser Lehrsatz, so unwichtig und unbedeutend er auch beym ersten Anblick scheinen mag, hat dennoch die nächste Veranlassung gegeben, daß Newton sein großes System darauf gebauet, und die Folgen daraus hergeleitet, die wir jetzt näher untersuchen wollen.

Ein Körper wird durch sein eigen Gewicht zur Erde niedergetrieben.

Diese Kraft, sie sey welche sie wolle, die ihn antreibt, in der ersten Sekunde 15 Fuß zu fallen, wirkt jeden Augenblick gleichförmig; denn weil sie durch nichts aufgehalten oder verändert wird, so muß sie nothwendig immer die nämliche seyn.

Folglich hat der Körper in der zwoten Sekunde, die Kraft die er jeden Augenblick der ersten Sekunde bekam; und die Kraft, die er jeden Augenblick der zwoten bekömmt.

Da er nun mittelst der Kraft die ihn in der ersten Sekunde antrieb 15 Fuß fiel: so hat er noch dieselbe Kraft in der zwoten Sekunde; vermehrt mit einer Kraft von 15 Fuß, die er erlangte nach dem Maaße er in dieser zwoten Sekunde fiel, macht 30. Er behält aber überdem auch noch in

dieser

dieser zwoten Sekunde seine erste Kraft 15 Fuß zu durchlaufen, macht 45.

Denn durch die, jeden Augenblick zunehmende Kraft der ersten Sekunde fällt er 15 Fuß; folglich fällt er die auch in der zwoten Sekunde; und noch überdem 30 Fuß, die er durch die jeden Augenblick zunehmende Geschwindigkeit der zwoten Sekunde überkommt, macht 45 Fuß.

Aus eben der Ursache durchläuft, oder fällt er in der 3ten Sekunde 75 Fuß. In der 4ten 105 Fuß, u. s. f. vid. Astronomie p. 70.

Hieraus folgt:

1) Daß ein fallender Körper, in jedem unendlich kleinen gleichen Zeitraume, unendlich kleine Grade Geschwindigkeit erhält, die seine Bewegung zum Mittelpunkte der Erde so lange beschleunigen, bis er einen Widerstand antrifft.

2) Daß die Geschwindigkeit die er erhält, mit der Zeit seines Fallens im Verhältniß stehe.

3) Daß die Progreßion der Weiten die er durchfällt, sich verhalten wie die ungeraden Zahlen 1, 3, 5, 7, 9 ꝛc. Und

4) daß die ganze Weite die er gefallen, das Quadrat der Zeiten, oder der Geschwindigkeit ausmache.

Folgen-

zu Fergusons Astronomie.

Folgende kleine Tabelle wird es noch deutlicher machen.

In 1 Sek. 1 mal 15 sind 15, überhaupt 15 Fuß
— 2 —   3 — 15 — 45, — —   60 —
— 3 —   5 — 15 — 75, — — 135 —
— 4 —   7 — 15 — 105, — — 240 —
— 5 —   9 — 15 — 135, — — 375 —
— 6 — 11 — 15 — 165, — — 540 —
— 7 — 13 — 15 — 195, — — 735 —
— 8 — 15 — 15 — 225, — — 960 —
— 9 — 17 — 15 — 255, — — 1215 —
— 10 — 19 — 15 — 285, — — 1500 —

in 10 Sekunden 1500 Fuß

Es ist demnach

Die Zeit des Fallens gleich — 1. 2. 3. 4. 5. 6 ꝛc.
Die Zunahme der Geschwindigkeit — 1. 3. 5, 7, 9 ꝛc.
und die ganze Weite die der Körper in jeder Sekunde gefallen, gleich dem Quadrate.

Z. E. In der 5ten Sekunde fiel er 135 Fuß, und war überhaupt gefallen 375 Fuß.

Also in 1 Sekunde 15 Fuß, wie viel in 5

5 mal 5 ist 25, das Quadrat von 5; und
25 mal 15 ist — — 375

10 mal 10 ist 100, das Quadrat von 10; und
100 mal 15 ist — — 1500.

60 mal 60 ist 3600, das Quadrat von 60; und
3600 mal 15 ist — — 54000 Fuß,

welche

welche der Körper in 60 Sekunden, oder einer Minute fällt.

Diese neuentdeckte Kraft, oder vielmehr Progreßion vom Fallen der Körper, gab unter den Gelehrten der damaligen Zeit zu manchen Hypothesen Gelegenheit. Allein man verwickelte sich in Systeme, davon das eine oft noch unerklärbarer war als das andere. Zudem war das, der Zeit fast allgemein, besonders in Frankreich, angenommene System des Cartesius von den Wirbeln und der subtilen Materie, das Lieblingssystem, worauf man alles reduzirte. Es fehlte demselben aber unglücklicherweise an solchen Beweisen die mit der Erfahrung übereinstimmten, und war im Grunde nichts als Geschwätz.

Endlich entwarf Newton im Jahre 1666 den ersten Plan zu seinem System von der Gravitation nach dem Gesetze des Fallens der Körper; und berechnete, daß, wenn seine Voraussetzungen wahr wären, und das System, welches er in Ansehung der Bewegung des Monds hierauf gebauet, seine Richtigkeit hätte; so müßte nothwendig folgen, daß alsdenn jeder Grad der Breite auf der Erdkugel 25 französische, oder beynahe 70 englische Meilen halte. Dieses traf aber nicht zu. Denn Richer, Caßini, de la Hire, und noch einige andere, maßen zu wiederholtenmalen in Frankreich verschiedene Grade der Breite; allein das Resultat kam niemals mit Newton seinen Berechnungen überein.

Er

Er legte daher sein System bey Seite.

Endlich erfuhr er, daß ein gewisser Norwood in England, schon im Jahre 1636 die nämliche Operation, bloß zu seinem Vergnügen, gemacht; und die Grade der Breite von London bis York, und von da nach den weiter gegen Norden liegenden Theilen Englands gemessen, und daß er diese Grade der Breite ganz genau so gefunden hätte, wie Newton sie berechnet; nämlich von 25 französischen, oder beynahe 70 englischen Meilen.

Er untersuchte hierauf Norwoods Verfahren mit der strengsten Genauigkeit; und wie er fand, daß solches in allen Stücken richtig sey; so gründete er darauf die erhabene Theorie, die seinem Geiste, und überhaupt dem menschlichen Verstande so viele Ehre macht.

Seine Prinzipia sind folgende:

Die Schwere der Körper auf unserer Erde, steht mit den Quadranten der Weite die ein Körper vom Mittelpunkte der Erde entfernt ist, im Verhältniß; folglich, je größer diese Weite ist, je geringer ist die Schwere eines Körpers.

Diese Kraft, sie sey welche sie wolle, wirkt auf alle Körper, nicht nach dem Maaße ihrer Oberfläche, sondern ihres materiellen Inhalts.

Wirkt sie in der einen Entfernung, oder Weite, so muß sie auch in allen Weiten wirken.

Wirkt sie im umgekehrten Verhältniß des Quadrats der Weiten, so muß sie auch stets nach dieser Proportion auf alle Körper wirken, die sich nicht untereinander berühren.

Wenn daher diese Kraft einen Körper auf unserer Erde in 60 Sekunden 54000 Fuß fallen macht, so muß ein Körper der 60 halbe Durchmesser vom Mittelpunkte der Erde entfernt ist, in 60 Sekunden 15 Fuß fallen.

Nun ist der Mond, in seiner mittlern Bewegung, ohngefähr 60 halbe Durchmesser vom Mittelpunkt der Erde entfernt, und rückt alsdenn in einer Minute 187961 Fuß auf seiner Bahn fort; er müßte also, wenn er fiele, in einer Minute 15 Fuß fallen.

Wir wollen dieses untersuchen.

Tab. XI. Fig. 2. Gesetzt demnach; der Mond wäre, in seiner mittlern Bewegung, auf seiner Bahn von A nach B gefallen. Er hätte also der Flugkraft gehorcht, die ihn in der Tangente A C wegtrieb: und zugleich auch der Schwerkraft die ihn nach der Linie AD, die mit BC gleich ist, würde fallen machen.

Nun nehme man die Kraft, die ihn von A nach C treibt, weg; so bleibt eine Kraft, die durch die Linie CB bezeichnet wird, übrig: und diese Linie CB ist der Linie AD gleich.

Es ist aber bewiesen, daß, wenn der Bogen AB 187961 Fuß ist, so ist die Linie AD oder CB 15 Fuß. Obgleich dieses Verhältniß sich durch keine Figur ausdrücken läßet. Folglich wäre der Mond, wenn er nach B oder nach D, welches hier gleich ist, gefallen, in einer Minute 15 Fuß gefallen.

Fällt er aber 15 Fuß in einer Minute, so fällt er ganz genau 3600mal langsamer als ein Körper auf unserer Erde.

Nun ist 3600 just das Quadrat seiner Entfernung: folglich wirkt die Gravitation, die auf alle Körper auf der Erde wirkt, auch zwischen der Erde und dem Mond im umgekehrten Verhältniß des Quadrats der Weiten.

Lenkt aber diese Kraft der Gravitation den Mond auf seiner Bahn, so muß sie auch die Erde auf ihrer Bahn lenken; und die nämliche Wirkung, auf den Planeten, die Erde, hervorbringen, die sie auf den Planeten, den Mond, hervorbringt.

Und ist sie durchs ganze System eine und ebendieselbe; so müssen auch die übrigen Planeten, und selbst die Sonne ihrem Gesetze unterworfen seyn.

Giebt es endlich gar kein ander Verhältniß, woraus sich die Bewegung der Planeten gegen einander herleiten lässet, als dasjenige was eine nothwendige Folge dieser Kraft der Gravitation ist, so ist unläugbar, daß sie das allgemeine Gesetz der Natur sey.

Dieses sind in einem kurzen Auszuge die ersten allgemeinen Sätze, nach welchen Newton schloß, und darauf er sein System gründete. Wir wollen seine Beweise ebenfalls ganz kurz zusammenfassen.

Fig. b. Ein Körper der sich in einen Kreis bewegt, erhält durch diese Bewegung einen Antrieb, von jedem Punkte seines Bogens nach einer geraden Linie wegzufliegen.

Er erhält aber diesen Antrieb dadurch; weil jeder Körper, an und für sich, gegen Ruhe und Bewegung gleichgültig ist, und nach dieser innern Beschaffenheit, die eine Eigenschaft der Materie ist, nothwendig der Linie folgen muß, in welcher er bewegt wird.

Es folgt aber jeder Körper, der um einen Mittelpunkt läuft, jeden Augenblick einer unendlich kleinen geraden Linie, die eine unendlich lange gerade Linie würde, wenn er keinen Widerstand anträfe.

Die

Die Folge dieses Satzes ist demnach.

Ein Körper der einer geraden Linie folgt, folgt beständig einer geraden Linie. Es muß daher eine zwote Kraft seyn, die ihn antreibt im Zirkel zu laufen. Diese zwote Kraft aber würde verursachen, daß er jeden Augenblick niederfiele, so bald die nach der geraden Linie fortlaufende Kraft aufhört.

Er würde folglich entweder jeden Augenblick nach A, nach B, oder nach C weglaufen, wenn er in Freyheit wäre; oder von A, von B, oder C zum Mittelpunkte fallen; denn seine Bewegung ist aus zwoen Arten Bewegungen zusammengesetzt; der fortlaufenden nach einer geraden Linie, und der ihm eigenthümlichen, des Fallens zum Mittelpunkte.

Fig. c.

Es ist aber auch schon dadurch, daß der Körper die Tangenten A B C beschreiben würde, bewiesen; daß eine Kraft da seyn müsse, die ihn jeden Augenblick davon zurückhält, so bald er sie beginnt.

Wir müssen daher als erwiesen annehmen; daß jeder Köper, der sich in einen Bogen bewegt, von zwoen Kräften zugleich bewegt werde. Eine, die ihn antreibt, den Tangenten zu durchlaufen, und daher die Centrifugalkraft (vis centrifuga) genennet wird.

Und

Und die zwote, die ihn zum Mittelpunkte zieht, und daher die Anziehungskraft, Attraktion, Gravitation, (vis centripeta) genennet wird, und welche seine eigenthümliche Kraft ist.

Fig. d. Auf gleiche Art als ein Körper, der nach der Horizontallinie GE, und nach der Perpendikulärlinie GF zugleich bewegt wird, diesen vereinten Kräften jeden Augenblick folgt, indem er die Diagonallinie GH durchläuft.

Hieraus folgt ferner, daß jeder Körper der sich in einen Zirkel, in einer Ellipse, oder in einen andern Bogen bewegt, um einen Mittelpunkt laufe, gegen den er zu fallen geneigt ist. Und daß er, welchen Theil der Krümme er auch durchlaufe, in seinem größten, und in seinem kleinsten Bogen gleiche Areas zu gleicher Zeit beschreibe. So, Fig. e. daß z. E. der Körper, der in einer Minute die Weite ABC, deren Area 100000 ist, durchläuft: in 2 Minuten eine andere Weite BCD, deren Area 200000 ist, durchläuft.

Dieses Gesetz, das den Alten gänzlich unbekannt war, ward vor beynahe 200 Jahren von Keplern entdeckt. Kepler fand, daß alle Planeten demselben unwiederruflich folgen; allein die Ursache dieser Regel war ihm zu ergründen unmöglich. Sein Scharfsinn fand die Wirkung; der Geist Newton fand die Ursache.

Das

Das Wesentliche der Demonstration Newtons ist folgendes.

Gesetzt, ein Körper werde in einer sehr kurzen Fig. Zeit von A nach B bewegt, und von B treibe ihn f. eine ähnliche Bewegung nach C, (denn eine beschleunigte Bewegung findet hier nicht Statt). Er findet aber in B eine Kraft, die ihn nach der Linie B, H, S, treibt, er folgt also weder der Linie B, H, S, noch der Linie A, B, C; man ziehe das Parallelogramma C, D, B, H; sondern der Körper, der durch die Kraft B, C, und durch die Kraft B, H, zugleich bewegt wird, folgt der Diagonale B, D. Nun sind aber diese Linien B, D, und B, A, die man sich unendlich klein denkt, die ersten Anfangspunkte eines Bogens; folglich muß der Körper sich in einen Bogen bewegen. Er muß aber auch gleiche Weiten in gleichen Zeiten beschreiben; denn die Weite des Triangels S, B, A, ist gleich der Weite des Triangels S, B, D. Diese Triangel sind gleich; folglich sind auch die Areas gleich; folglich macht jeder Körper, der gleiche Areas zu gleicher Zeit in einem Bogen durchläuft, seinen Umlauf um den Mittelpunkt der Kraft die ihn nach sich zieht; und folglich werden die Planeten zur Sonne gezogen, und laufen um die Sonne, und nicht um die Erde. Denn nimmt man die Erde zum Mittelpunkte an, so sind die Areas im Verhältniß der Zeiten ungleich. Nimmt man aber die Sonne zum Mittelpunkte an, so treffen sie genau zusammen. Ausgenommen, daß dann und wann

eine

eine kleine Abweichung entsteht, die von der Gravitation der Planeten, wenn sie einander nahe kommen, herrührt.

Damit man dasjenige, was wir unter Areas die den Zeiten proportionirt sind, desto besser verstehen; und mit einem Blick den Vortheil der uns aus diesen Kenntnissen erwächst, einsehen möge; so Fig. wollen wir annehmen, die Erde werde auf ihrer g. elliptischen Bahn um ihren Mittelpunkt, die Sonne S herumgewälzt. Wenn sie alsdenn von B nach D läuft, so bestreicht sie einen eben so großen Raum, als wenn sie durch den großen Bogen H, K, läuft; weil der Abschnitt H, K, S, dasjenige an der Breite gewinnt, was der Abschnitt B, S, D, in der Länge voraus hat.

Nur muß der Körper, um die Areas dieser Abschnitte in gleichen Zeiten gleich zu machen, sich von H nach K geschwinder bewegen, als von B nach D. Folglich muß auch die Erde, und jedweder anderer Planet, sich in seinem Perigeo; oder, wenn er der Sonne am nächsten ist, geschwinder bewegen, als in seinem Apogeo, wenn er am weitesten von ihr ist.

Man kennet also mittelst der Areas, die der Planet beschreibt, seinen Mittelpunkt, und die Figur seiner Bahn die er durchläuft. Und man weiß, daß jeder Planet in der größten Entfernung vom

Centro

Centro seiner Bewegung weniger gegen daſſelbe an=
gezogen wird, als wenn er ihm am nächſten iſt.

Weil nun die Erde im Winter der Sonne
600000 Meilen näher iſt als im Sommer, ſo
wird ſie im Winter ſtärker von der Sonne ange=
zogen als im Sommer; folglich muß ſie im Win=
ter ſo viel geſchwinder laufen.

Das berechnete N e w t o n in ſeiner Studir=
ſtube. Und nun kam die Erfahrung, und ſagte,
N e w t o n hat Recht. Wir haben $8\frac{1}{2}$ Tage län=
ger Sommer als Winter; weil die Sonne ſo viel
länger in den nordlichen Zeichen verweilt als in den
ſüdlichen.

Aus allen dieſem ſchlieſſen wir nunmehr mit
Recht.

Daß, weil alle Körper die zur Erde fallen,
dem Geſetze der Gravitation im umgekehrten Ver=
hältniſſe des Quadrats der Weiten folgen. Weil
der Mond daſſelbe Geſetz in Anſehung ſeines Mit=
telpunkts die Erde beobachtet. Weil alle Plane=
ten eben dieſem Geſetze in Abſicht auf ihrem Mit=
telpunkte, die Sonne. Und die Monde der Pla=
neten gegen ihren Hauptplaneten unterworfen ſind;
ſo iſt bewieſen.

**Daß die Gravitation, oder Attraktion auf
alle bekannte Körper wirke.**

Dieſes

Dieses wären die ersten allgemeinen Sätze und Beweise des Newtonischen Systems der Attraktion und Zentrifugalkraft; so weit es sich in einem kurzen Auszuge hat wollen thun lassen. Die Erfahrung hat alles völlig bestätigt, und der Lauf aller Planeten und ihrer Monde stimmet damit überein.

Es ist auch keine Veränderung im Laufe unsers Monds; in seinen Entfernungen von der Erde; in der Figur seiner Bahn, die sich bald einer Ellipse, bald einem Zirkel nähert: und in allen seinen übrigen Abweichungen, zu gedenken, die sich nicht daraus herleiten, und beweisen lassen.

Wir wollen indeß, um diesem Beweise desto größere Stärke zu geben, den Lauf unsers Monds, weil er uns so nahe ist, nochmals genau betrachten: und sehen, ob er sich wirklich nach den Gesetzen der beyden vereinten Kräfte richte: und ob die Abweichungen, die er auf seiner Bahn macht, eine nothwendige Folge derselben sind.

Der Mond hat nur eine einzige gleichförmige regelmäßige Bewegung; nämlich seine Umdrehung um seine Achse. Alle seine übrigen Bewegungen, worinn er um die Erde läuft, sind ungleich; und sie müssen es seyn, wenn das Gesetz der Gravitation wahr ist.

Wir wollen dieses untersuchen.

Der

Der Mond ist zu einer gewissen Zeit, und in einem bestimmten Punkte, der Sonne näher als zu einer andern Zeit. Seine Massa bleibt aber immer ebendieselbe.

Weil nun sein Abstand verändert ist, so muß folglich, da die Attraktion der Sonne nach dem Quadrate des Abstandes auf ihm wirkt, sich sein Lauf verändern: und er muß zu gewissen Zeiten geschwinder laufen, als er durch die Attraktion der Erde allein läuft. Denn durch diese durchläuft er gleiche Areas in gleicher Zeit; wie wir oben bewiesen haben.

Gesetzt demnach. Es sey A der Mond; Fig. A, B, N, Q die Bahn des Monds; S die Sonne; und B der Ort, wo der Mond im letzten Viertel ist. Folglich ist er zu der Zeit eben so weit von der Sonne, als die Erde von der Sonne ist. Denn der Unterschied der schrägen Linie des Monds zur Sonne kann für nichts gerechnet werden. Und folglich ist die Gravitation der Erde und des Monds gleich.

Indessen läuft die Erde auf ihrer jährlichen Bahn von T nach V weiter fort, und der Mond geht auf seiner monatlichen Bahn nach Z.

In Z aber wird er unläugbar stärker durch die Sonne S angezogen, weil er derselben näher ist als die Erde. Sein Lauf wird also von Z nach N beschleu-

beschleunigt, und seine Bahn verändert. Aber, wie wird sie verändert? Sie wird ein wenig flächer, und nähert sich von Z nach N einer geraden Linie. Folglich giebt die Attraktion dem Laufe und der Form der Ellipse, worinn sich der Mond bewegt jeden Augenblick eine veränderte Figur.

Hingegen muß, aus ebenderselben Ursache, sein Lauf verzögert, und die Figur seiner Bahn verändert werden, wenn er von der Konjunktion in N zu seinem ersten Viertel Q zurückgeht. Denn so wie er von seinem letzten Viertel seinen Lauf beschleunigte, und seine Bahn in Z flächer wurde, so muß er auf die nämliche Art seinen Lauf verzögern, wenn er von der Konjunktion zu seinem ersten Viertel wieder heraufgeht.

Denn da er, während der Zeit er von diesem ersten Viertel zum Vollmond hinaufsteigt, weiter von der Sonne ist; folglich weniger von derselben angezogen wird, so senkt er sich destomehr zur Erde. Dadurch beschleunigt er abermals seinen Lauf, und der Bogen den er beschreibt, flächet sich auf eben die nämliche Art wieder ein wenig ab als vorher bey der Konjunktion. Und das ist die Ursache, woher der Mond in seinen Vierteln weiter von uns ist als in der Konjunktion und Opposition.

Es

Es müßte also der Bogen den er beschreibt, Fig. eine Ovale, ohngefähr von der Figur 1 seyn, weil 1. die Sonne, der er jeden Augenblick näher oder ferner ist, jeden Augenblick die Figur seines Laufs verändert.

So mußte es nach den Gesetzen der Gravitation seyn; und nun lehrt uns die Erfahrung, daß die Bahn des Monds wirklich eine solche Figur habe.

Der Mond hat sein Apogeum, und sein Perigeum; seine große und seine kleinste Weite von der Erde; allein die Punkte dieser Weiten sind veränderlich. Er hat seine Knoten, oder Punkte, wo seine Bahn die Bahn der Erde schneidet; allein diese Knoten müssen sich auch verändern.

Er hat seinen Equator, der sich zum Equatore der Erde neigt; allein dieser Equator, der bald mehr, bald weniger angezogen ist, muß seine Neigung ändern. Er folgt der Erde, ohngeachtet aller dieser Veränderungen, und begleitet sie auf ihrem jährlichen Laufe.

Nun ist aber die Erde im Winter der Sonne 600'000 Meilen näher als im Sommer. Was wird die Folge davon seyn? Wenn wir seine übrigen Abweichungen auch nicht rechnen.

Die

Die Anziehungskraft der Erde wirkt im Sommer mit einer vollern ungestörtern Kraft auf den Mond, und er vollendet seinen monatlichen Lauf ein wenig geschwinder.

Im Winter hingegen wird die Erde selber ein wenig stärker von der Sonne angezogen; und weil sie dadurch geschwinder geht als im Sommer, so wird der Lauf des Monds ein wenig verzögert. Folglich müssen seine Wintermonate ein wenig länger seyn als seine Sommermonate.

Und da die Erfahrung auch dieses bestätigt, so ziehen wir nun aus den Ungleichheiten die der Mond durch die Gesetze der Attraktion und Zentrifugalkraft auf seiner Bahn beobachtet, den Schluß; daß zwey benachbarte Planeten, die groß genug sind unmerklich auf einander zu wirken, nimmermehr in zirkelrunden Kreisen und selbst nicht einmal in regelmäßigen Ellipsen um die Sonne laufen können.

Wir finden auch, daß die Bahnen des Jupiter und Saturns eine Abänderung leiden, wenn sie miteinander in Konjunktion sind. Denn wenn sie sich so nahe als möglich, und von der Sonne am weitesten sind, so vermehrt sich ihre gegenseitige Gravitation und die Attraktion der Sonne vermindert sich.

Da nun diese vermehrte, und, nach dem Verhältniß der Weite, verminderte Gravitation der Bahn der meisten Planeten eine irregulaire elliptische Figur bezeichnet; so ist das Gesetz der Gravitation nicht die Folge des Laufs der Planeten, sondern ihre Bahn die sie beschreiben, ist eine Folge der Gravitation. Und wenn diese Gravitation nicht im umgekehrten Verhältniß des Quadrats der Distanzen wirkte, so könnte das Weltgebäude nicht in seiner gegenwärtigen Ordnung bestehen.

Daß die Bahn der Monde des Jupiter und Saturns sich mehr der Runde eines Zirkels nähert, rührt daher, daß sie so große Planeten zum Mittelpunkte haben, und so weit von der Sonne sind. Aus der Ursache kann die Wirkung der Sonne den Lauf ihrer Monde nicht so stark abändern, als den Lauf des unsrigen. Ein abermaliger Beweiß, daß die Gravitation ein nothwendiges Gesetz bey der Einrichtung der Welt gewesen ist, und sein mußte.

Es ist auch zu unsern Zeiten kein vernünftiger Astronom mehr, der nicht die von Keplern entdeckten, und von Newton bewiesenen Gesetze der Bewegung als wahr annähme; und der nicht den Geist dieser großen Männer bewundere. Zugleich aber auch die Weisheit des großen Urhebers der Natur mit der tiefsten Demuth erkenne und verehre.

Nach den Worten: Bewegung der Erde.

Seite 138 Einer Einwendung, die hier gemacht werden könnte, müssen wir zuvorkommen.

Man könnte sagen: ja wenn wir auch zugeben, daß diese geschwinde Fortpflanzung des Lichts in Ansehung der Sonne ihre Richtigkeit habe, da die Stralen derselben unmittelbar zu uns kommen; so ist dieses dennoch in Ansehung der Jupiterstrabanten nicht erwiesen, weil wir deren Licht nur durch den Wiederschein sehen. Wer beweißt uns also, ob das wiederscheinende Licht sich mit derselben Geschwindigkeit fortpflanze als das unmittelbar ausfliessende Licht.

Wir antworten:

Flösse das Licht nicht eben so schnell von dem Planeten wieder ab, als es ihm zufließt, so müßte nothwendig nach und nach eine Anhäufung des Lichts auf ihm entstehen, und wir müßten ihn jede Nacht heller werden sehen. Flösse hingegen das Licht schneller von ihm ab, als es ihm zufließt, so müßte er jede Nacht dunkler werden. Von beyden geschieht aber nichts, sondern sein Glanz ist immer derselbe.

Noch eine Einwendung mögte gemacht werden. Werden denn aber alle Stralen, die die Sonne auf den Planeten wirft, wieder zurückgeworfen;

und

und können nicht ein großer Theil derselben, durch die Materie daraus er besteht, verschlungen werden? Und wenn dieses wäre, schwächt es denn nicht den Beweiß?

Ganz und gar nicht. Woferne nämlich die verschluckten Stralen eine stete Proportion zu der ganzen Zahl der Stralen behalten, die den Planeten in einer ununterbrochenen Folge erleuchten. Und dies ist unstreitig der Fall. Denn die Theile der Oberfläche des Planeten, die in diesem Augenblick die Stralen, entweder zurückwerfen, oder verschlucken, werden es in dem nächstfolgenden auch thun: und es wird folglich einerley Verhältniß zwischen den zurückgeworfenen und verschluckten Stralen: oder vielmehr, zwischen denselben, und der ganzen Masse des Lichts das auf den Planeten zufließt, erhalten werden müssen.

Wie aber, wenn einige Theile der Oberfläche des Planeten entweder durch Dürre mehr gehärtet, oder durch Nässe mehr erweicht werden, wie auf unserer Erde geschieht. Oder sie wären sonst noch auf eine oder die andere Art fähig, die Sonnenstralen zu dieser und jener Zeit mehr zu verschlucken, oder zurückzuwerfen; würde das nicht die Proportion verändern?

Wenn wir in der Vergleichung mit unserer Erde hierüber urtheilen sollen, wo die Abwechselung von Trockne und Nässe; Härte und Weiche; Glätte und Rauhigkeit ihrer Oberfläche; in soferne sie von der Veränderung der Witterung entstehen; und in soferne man sie über die Hälfte unserer Erdkugel durchs ganze Jahr mit einander vergleicht, sich, wo nicht ganz genau, doch beynahe das Gleichgewicht halten: so dürfen wir behaupten, daß sich ebendasselbe auch auf den übrigen Planeten ereigne, und also dadurch die obenerwähnte Proportion nicht werde merklich verändert werden.

Nach den Worten: Tage seyn.

Seite 155. Man kann dieses Experiment noch auf eine andere Art machen.

Man stecke einen dünnen Metalldrat durch die Pole einer kleinen Erdkugel, und lasse die Enden ein wenig hervorragen. Fasse alsdenn das Ende des Nordpols, halte die Kugel senkrecht, und führe sie um ein brennend Licht herum; so, daß das Licht dem Equator gegenüber steht, und die Kugel von Pol zu Pol erleuchtet; alsdenn ist die eine Hälfte der Kugel helle, und die andere dunkel; gleich als wenn es auf der einen Seite Tag und auf der andern Nacht wäre.

Nun

Nun drehe man die Kugel, während daß man sie ums Licht herumführt, zugleich um ihre Achse; so wird man sehen, daß alle Theile ihrer Oberfläche von Norden bis Süden, durch gleich viel Licht und Schatten gehen; und daß, wenn die Kugel in 24 Stunden einmal um ihre Achse gedrehet, und in einem Jahre um das Licht herumgeführet würde, sie an allen Theilen ihrer Oberfläche von Pol zu Pol 12 Stunden Licht, und 12 Stunden Dunkel durchs ganze Jahr haben müßte. Folglich in dieser Lage die Tage und Nächte im ganzen Jahre von gleicher Länge wären, weil das Licht keine Bewegung von einer Seite des Equators zur andern macht.

Jetzt neige man die Achse des Nordpols etwas gegen das Licht, und drehe die Kugel um ihre Achse: so wird man sehen, daß das Licht eben so weit über den Nordpol hinüber scheint, als die Achse gegen das Licht geneigt ist; und daß diejenigen Oerter der nordlichen Halbkugel, die durch den Schatten gehen, durch weniger Schatten als Licht gehen; folglich ihre Tage länger als ihre Nächte sind.

Weil aber nunmehr das Licht, da es an der Norderseite des Equators ist, dem Südpol gerade um so viel fehlt, als es über den Nordpol hinüber scheint; so gehen alle Oerter der südlichen Halbkugel mehr durch Schatten als durch Licht; folglich sind ihre Tage kürzer als ihre Nächte.

Nun neige man die Achse des Nordpols, so weit man sie vorher gegen das Licht gesenkt hat, von dem Lichte ab, und drehe sie abermals herum: so wird das Licht auf die nämliche Art den Südpol erleuchten, als es vorher den Nordpol erleuchtete: und man wird dieselben Erscheinungen um den Südpol bemerken, die man vorher am Nordpol wahrnahm.

Tab. X. fig. 2.
Folgende Figur dient zur näheren Erklärung. Gesetzt, es sey A, B, C, D, E, F, die Bahn der Erde; und I, sey die Erde, die ihren Lauf um die Sonne nach der Ordnung der Buchstaben A, B, C, D ꝛc. in einem Jahre vollführt.

Nun nehme man an: daß rund um die Erde ein großer Zirkel durch ihren Nordpol P, und ihren Südpol p gezeichnet; und Q der Equator sey.

Diesen großen Zirkel P, u, I, p, x, theile man in 360 Grade, uud setze $23\frac{1}{2}$ Grade von P nach u ab. Denn ziehe man, in der Weite P u vom Nordpol, den Nordpolarzirkel; und auf der andern Seite den Südpolarzirkel. Neige hierauf die Achse der Erde P p rechter Hand gegen die Platte, und führe die Erde I, während daß sie sich $365\frac{1}{2}$mal um ihre Achse dreht, auf ihrer Bahn A, B, C, D um die Sonne herum; doch daß ihre Achse stets $23\frac{1}{2}$ Grade gegen die rechte Hand der Platte geneigt sey.

zu Fergusons Astronomie.

So wird man bemerken, daß, wenn die Erde in I ist, der ganze Nordpolarzirkel in den erleuchteten Theil der Erde falle; und alle nordlichen Oerter zwischen dem Equator Q, und dem Nordpolarzirkel u, mehr Licht als Schatten haben; folglich die Tage allda länger, und die Nächte kürzer sind; und die Sonne eben so weit Norden vom Equator Q reicht, als sie rund um den Nordpol P scheint; weil, wie die gerade Linie R anzeigt, die Weite Q, T, nach Norden vom Equator, der Weite P, u vom Nordpol, oder $23\frac{1}{2}$ Grade, gleich ist. Das ist der Stand der Erde am 21sten Junius, wenn unsere Tage am längsten, und unsere Nächte am kürzesten sind.

Jetzt beschreibe man rund um die Kugel den Zirkel T, und ziehe ihn, dem Equator parallel, $23\frac{1}{2}$ Graden nordlich. Da nun die Sonne diesem Zirkel, in der geraden Linie R, gegenüber steht, und nicht weiter Nordwärts gehen kann, sondern gleichsam Südwärts von demselben zurücktritt, so nennet man diesen Zirkel den Nordertropikus; oder, die Gränze der größten nordlichen Sonnen-Deklination vom Equator.

So wie die Erde auf ihrer Bahn von I nach K fortrückt, so neigt sich ihre Achse der Sonne immer mehr Südwärts. Sie behält aber immer eine und ebendieselbe Richtung als da sie in I war. Hierdurch werden die nordlichen Gegenden immer mehr von der Sonne abgekehrt, und ihre Tage werden folglich kürzer, und ihre Nächte länger.

Kommt sie nach K, so neigt sich ihre Achse weder zu, noch von der Sonne, sondern die Sonne ist ihr Seitwärts; so, daß sie dem Equator gerade gegenüber ist, und die Erde ganz genau von Pol zu Pol erleuchtet. Und da ihre Umdrehung alsdenn, alle die Theile ihrer Oberfläche die zwischen beyde Pole liegen, durch gleichviel Licht und Schatten führt, so sind Tag und Nacht auf der ganzen Erde gleich lang.

Das ist der Stand der Erde am 23. September. Geht sie auf ihrer Bahn von K nach L weiter fort, so wird nicht nur der Nordpol P, sondern auch alle nordliche Gegenden immer weiter von der Sonne abgekehrt; und alle Oerter der nördlichen Halbkugel gehen durch einen größern Theil Schatten als Licht; folglich werden ihre Tage kürzer und ihre Nächte länger.

Kommt die Erde nach L, so ist ihr Nordpol eben so weit von der Sonne abgekehrt, als er ihr, wie sie in I war, zugekehrt stand. Folglich ist der ganze Nordpolarzirkel im Dunkeln, und die Sonne reicht, (wie die gerade Linie y zeigt) 23½ Grade, Südwärts vom Equator, bis zum Zirkel t; der der Südertropikus genannt wird; weil er die Gränze der südlichen Sonnen-Deklination ist.

Das ist der Stand der Erde am 21. December, wenn alle Oerter der nördlichen Halbkugel durch den kleinsten Theil-Licht und den größten Theil Schatten gehen; oder wo, bis zum Nordpolarzirkel, die Tage

am

am kürzesten und die Nächte am längsten sind; vom Nordpolarzirkel aber bis zum Pol gar kein Tag ist.

Rückt die Erde auf den Theil ihrer Bahn E, F, von L nach M weiter fort, so wird ihre Achse der Sonne nach und nach seitwärts zugekehrt. Die nordlichen Gegenden treten täglich mehr ins Licht, und die Tage werden daselbst länger und die Nächte kürzer.

Kommt sie am 20sten März nach M, so ist ihre Achse abermals weder zu noch von der Sonne geneigt. Folglich ist sie dem Equator wiederum gegenüber, bescheint die Erde von Pol zu Pol, und Tag und Nacht sind von gleicher Länge.

Geht sie endlich auf dem Theil ihrer Bahn G, H, von M nach I, so nähert sich der Nordpol, und alle nordliche Gegenden mehr und mehr dem Lichte. Die Tage werden daselbst länger und die Nächte kürzer. Bis sie am 20sten Junius nach I kommt, wo der Tag, vom Equator bis zum Nordpolarzirkel, am längsten, und die Nacht am kürzesten; innerhalb dieses Zirkels aber gar keine Nacht ist.

Und auf die Art sieht man deutlich, daß die Neigung der Erd=Achse nach einer und eben derselben Gegend des Himmels (wie in unserer Figur nach der rechten Hand) diese Ursache sey, daß sie der Sonne in unserm Sommer halben Jahre mehr oder weniger zugekehrt; und in unserm Winter halben Jahre mehr oder weniger abgekehrt stehet. Und es also dadurch in der nordlichen Halbkugel Winter seyn müsse, wenn es in der südlichen Sommer ist; und umgekehrt: daß aber beym Equator kein so merklicher Unterschied der Jahrszeiten seyn könne, weil er in der Mitte beyder Pole ist; und diese allemal durch die Gränze des Lichts und Schattens u, x, in gleiche Hälften getheilt wird.

Endlich sieht man auch hieraus, daß gerade unter den Polen, ein halbes Jahr unaufhörlich Tag: und das andere halbe Jahr, unaufhörlich Nacht seyn müsse. Oder, eigentlicher zu reden, im ganzen Jahre nur ein Tag; und eine Nacht, seyn könne.

Nach den Worten: befestigen liesse.

Seite 162 Wir wollen dieses ausführlicher erklären. Bekanntlich läuft der Mond jeden Monat um die Erde: und die Erde in einem Jahre um die Sonne. Folglich muß der Mond ebenfalls mit der Erde um die Sonne laufen.

Weil aber die Erde jede Stunde 12500 Meilen auf ihrer Bahn fortläuft; so wäre es unbegreiflich, daß sie nicht davon flöge, und den Mond hinter sich zurückliesse, wenn wir nicht wüßten, daß
der

der Mond in dem Kreis der Anziehungskraft der Erde liefe, und ihr also beständig folgen müßte. Denn der Stein, der in der Schleuder herumgeschwungen wird, geht immer rund herum, ich mag stille stehen, oder vorwärts, oder in einen Kreis herumgehen. Und die Kraft die ich anwenden muß, die Schleuder zu halten, und den Stein in seinen Zirkel zu begränzen, ist in allen Fällen dieselbe.

Hieraus folgt nun ferner: daß der Mond, indem er um die Erde, und zugleich mit der Erde in einem Jahre um die Sonne geht, nicht nur seinen Kreis von Neumond zu Neumond durchgehen, sondern auch zugleich jedesmal so viel Grade weiter vorwärts rücken müsse, als die Erde in der Zeit auf ihrer Bahn weiter gegangen ist, damit er wiederum mit der Sonne in Konjunktion komme. Auf eben die Art als der Stunden- und Minutenzeiger einer Uhr, die sich zwar um 12 Uhr einander begegnen, eine Stunde nachher solches nicht thun, sondern der Minutenzeiger muß nun schon so viel weiter gehen, bis er den Stundenzeiger wieder einholt. Wie wir bereits im vorhergehenden angeführt haben.

Folgende Figur wird es deutlicher machen.

Es sey A, B, C, D, E, F, G die Hälfte der Erdbahn; S, die Sonne; a, die Erde; h, der neue Mond zwischen der Erde und Sonne; und i, k, l, die Bahn des Monds, auf welcher er sich, nach der Ordnung der Buchstaben h, i, k, l, bewegt, indem er um die Erde, diese aber mit dem Mond

Tab. X. fig. 3.

und seinen (angenommenen) Kreis in einem Jahre um die Sonne läuft.

Wenn nun die Erde in a, ist, so ziehe man den Diameter h, k, der Mondsbahn; so, daß wenn diese Linie fortgeführt wird, sie gerade zum Zentro der Sonne gehe. Alsdenn sieht man, daß wenn der Mond an das Ende dieser Linie in h, zwischen der Erde und Sonne ist, es Neumond seyn müsse.

So wie sich die Erde weiter von a nach b, von b nach c, von c nach d, u. s. f. bewegt, bleibt oberwähnter Diameter k h, k h, k h, k h, allemal der ersten Richtung parallel, die er hatte, wie die Erde in a war. Das ist: er bleibt der Grundlinie H, I, der Figur, perpendikular. Folglich, wenn er einmal gegen einen Firstern zeigt, so bleibt der Punkt h immer zwischen der Erde und demselben Stern, weil der Abstand des Firsterns so unermeßlich groß ist, daß der ganze Diameter der Erdbahn dagegen nur ein Punkt ist.

In der Zeit nun, daß der Mond in der Richtung h, i, k, l, h, abermals von h nach h herumkommt, ist er seine Bahn völlig rund gegangen. Dieses würde er immer von einem Neumond zum andern thun, wenn die Erde stets in a bliebe. Weil sie aber zwischen der Zeit des ersten und des darauf folgenden Neumonds auf ihrer Bahn von a nach b fortgerückt ist; so folgt, daß wenn der Neumond

mond in m, die Erde in b ist, er also schon so viel weiter, als die Weite h, m, beträgt, auf seiner Bahn von h nach h fortgehen müsse. Und da alle Zirkel, sie seyn groß oder klein, 360 Grade enthalten; so hält die Weite h, m, die der Mond, von seinem ersten Neumond in h bis zu seinem zweyten in m, mehr als die Länge seiner Bahn durchgegangen ist, ganz genau eben so viele Grade, und Theile eines Grads, als die Erde während der Zeit auf ihrer Bahn von a nach b fortgerückt ist.

Beym zweyten Neumond, von h an, ist die Erde in c und der Mond in n. In der Zeit ist er seine Bahn zweymal durchgegangen; und noch so viel mehr, als der Theil seiner Bahn von h nach n ausmacht, welches eben so viel Grade sind, als der Theil der Erdbahn a, b, c beträgt. — Und so ferner durch die ganze Figur. Doch es ist noch ein Umstand zu bemerken, den wir erklären müssen.

Man sieht, daß in der Figur 6 Mondwechsel, als von h nach m, nach n, nach o, nach p, nach q, nach r, gezeichnet sind. — Man bemerkt aber beym letzten Neumond, daß die Erde nicht völlig die Hälfte um die Sonne rund gegangen sey, indem die letzte Konjunktionslinie S, r, g, nicht genau mit der ersten a, h, S, zusammentrifft.

Das muß sie auch nicht. Denn wenn sie richtig gezogen ist, so muß sie um $5\frac{1}{3}$ Grade im letzten halben Jahre gegen die fortrückende Bewegung der Erde

Erde fehlen. Denn 5 Umgänge des Monds von Neumond zu Neumond betragen nur 177 Tage, 4 Stunden, 24 Minuten, und 18 Sekunden; fehlen also an einem vollen halben Jahre von 182 Tagen 12 Stunden, 5 Tage, 7 Stunden, 35 Minuten, und 42 Sekunden. Und in dieser Zeit geht die Erde auf ihrer Bahn etwas mehr als 5 Grade weiter vorwärts.

Wir haben im vorhergehenden gesagt: daß die Zeit von einem Neumonde zum andern 29 Tage, 12 Stunden, 44 Minuten, 3 Sekunden ausmache, und der Mond seine Bahn in 27 Tagen, 7 Stunden, 43 Minuten, und 5 Sekunden durchlaufe.

Nun rückt die Erde aber von einem Neumond bis zum nächstfolgenden 29 Grade, 6 Minuten, 25 Sekunden weiter fort. Folglich muß der Mond ebenfalls, von einem Neumond zum andern, 29 Grade, 6 Minuten, 25 Sekunden weiter laufen, als die Länge seiner Bahn ist.

Die Zeit, in welcher der Mond seine Bahn durchläuft, nennet man seinen periodischen Umlauf. Und die Zeit, in welcher er von Neumond zu Neumond herumkommt, seinen synodischen Umlauf.

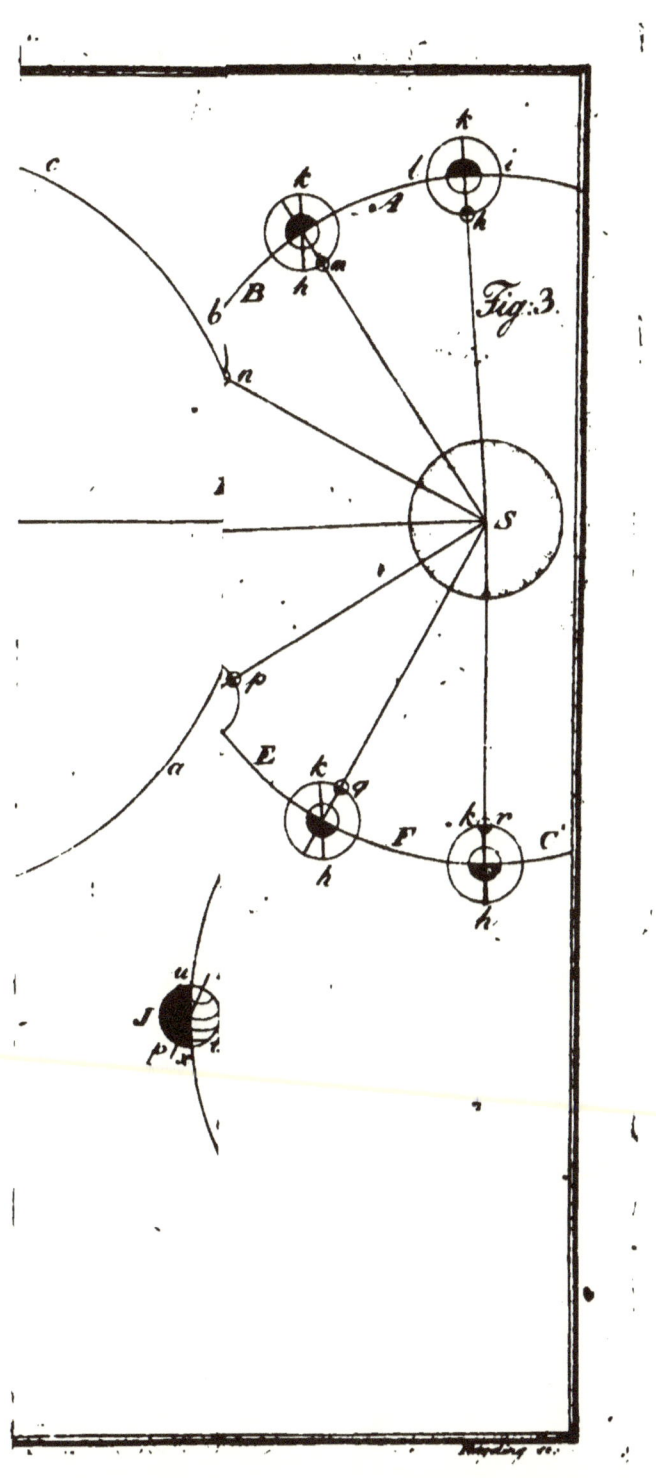

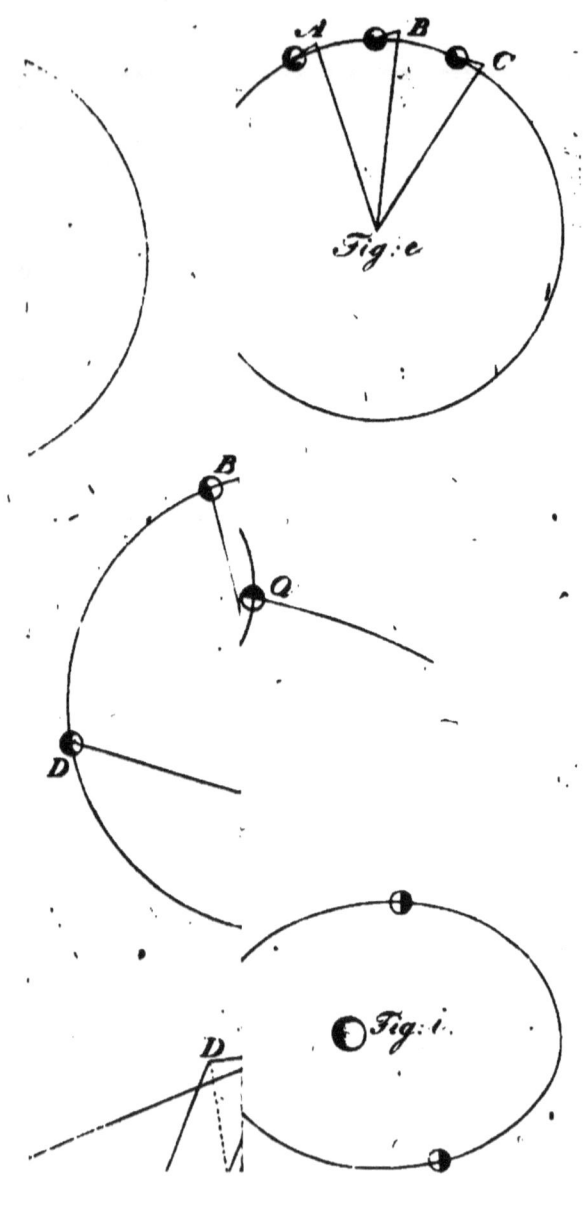

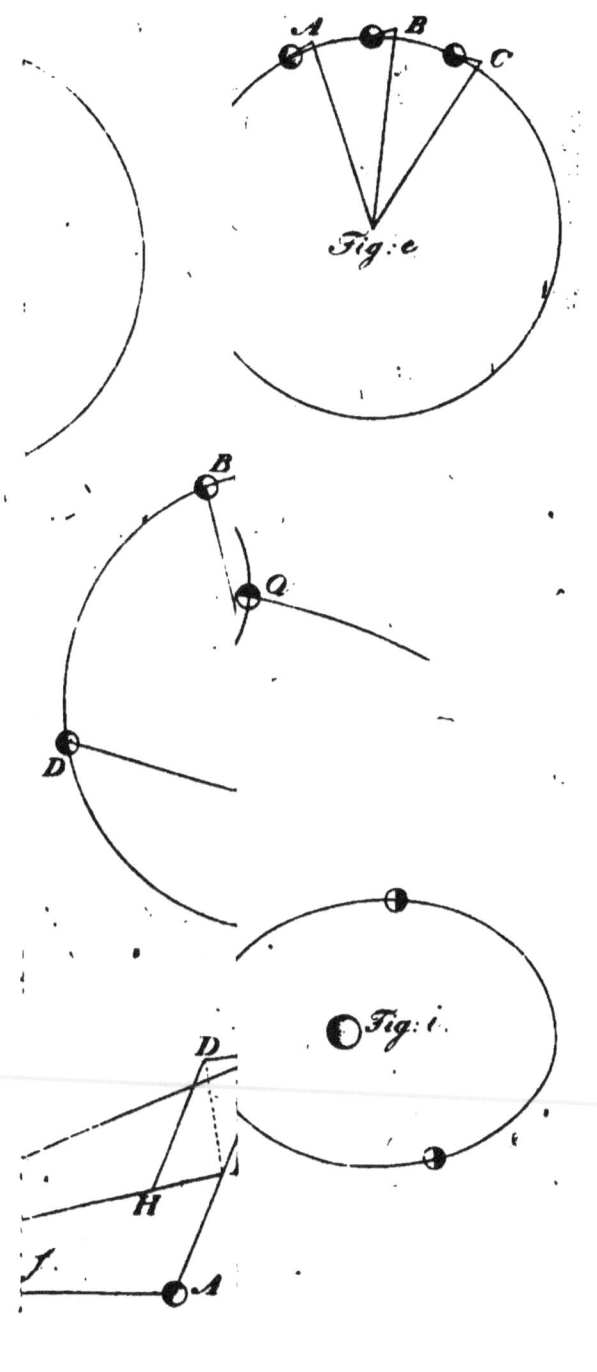

www.ingramcontent.com/pod-product-compliance
Lightning Source LLC
Chambersburg PA
CBHW020316240426
43673CB00039B/819